中公新書 2845

伊藤 聡著

神道とは何か 増補版

神と仏の日本史

中央公論新社刊

目次

神道とは何か

神と仏の日本史

序章　「神道」の近代

神仏判然令と廃仏毀釈

慶応三年十二月九日（西暦一八六八年一月三日）、「王政復古《おうせいふっこ》」の大号令が布告された。このときより、明治国家の歩みが始まる。では、ここでいう復すべき「古」とはいつを指していたのだろうか。源頼朝《みなもとのよりとも》の鎌倉開府以前であろうか。それとも摂関《せっかん》期以前だろうか。そうではない。大号令の宣旨《せんじ》に「諸事神武《じんむ》創業之《の》始《はじめ》ニ原《もとづ》キ」とあるように、神武天皇の時代にあったと信ぜられた、祭政一致の政体に回帰することを意味したのである。そして、その実現のために、新政府が目指したのが神道の国教化であった。

慶応四年（明治元年）、五箇条御誓文《ごかじょうのごせいもん》が発布される前日の三月十三日、太政官《だじょうかん》より祭政一致・神祇官《じんぎかん》再興が布告、翌明治二年七月には神祇官が設置された。さらに翌年正月には大教《たいきょう》宣布の詔が発せられる。「大教」とは神道の意味である。政府は各地に宣教使を派遣し、神道の国民教化を図ったのだった。神道国教化の意図するところは、外に向けてはキリスト教の流入の阻止であり、内においては、神道を「神武創業之始」の「純粋」な姿に復すること、つまり、神仏習合的信仰の排除（神仏分離）にあった。

まず、慶応四年の祭政一致の布告の四日後の三月十七日には、社僧（神社に所属する僧侶）の還俗《げんぞく》が命ぜられ、さらに二十八日に神仏判然令《はんぜんれい》が発せられた。この法令により、権現《ごんげん》・牛頭《ごず》天王《てんのう》などの、仏教に由来する神名の使用が禁ぜられた。そして、仏像を神体とするところは取り替え、鰐口《わにぐち》（軒先につるす打具）・梵鐘《ぼんしょう》など仏教関係の用具を取り除くことが命令されたのである。

併せて、寺院の廃合や、僧侶・修験者《しゅげんじゃ》の還俗が進められた。その結果、多くの堂舎・経巻・仏像が破却されることとなった。いわゆる廃仏毀釈《はいぶつきしゃく》である。すでに江戸時代より、岡山藩・水戸藩・津和野《つわの》藩・会津《あいづ》藩など排仏的傾向が強い藩主を戴《いただ》く藩領では同様の施策が実行されていたが、ここに至って日本全土に拡大したのである。

廃仏毀釈の嵐は、以後数年にわたって、全国に吹き荒れ、文化的、歴史的価値のある文物が失われ、あるいは巷間《こうかん》に流出した。これを主導したのは、排仏思想を担っていた平田《ひらた》派および津和野派の国学者・神職、水戸学の同調者、およびこれらの影響を受けた新政府が派遣した行政担当者といった者たちだった。実行された期間自体は短かったが、組織的かつ徹底的だったため、その被害は甚大であった。

たとえば、日吉山王《ひえさんのう》（今の日吉《ひよし》大社）は、比叡山《ひえいざん》の地主《じしゅ》の神として、最澄《さいちょう》の開創以来、延暦《えんりゃく》寺《じ》とともに発展した神社であった。布告直後の四月一日、同社の神官だった神祇官権判事《ごんのはんじ》樹下茂国は、徒党を組んで大宮（今の東本宮）以下の社殿の鍵をこじ開け、中の仏像・経巻その他の仏具を徹底的に焼却・破壊した。

藤原氏の氏寺として中世では大和一国の国主でもあった興福寺《こうふくじ》は、春日《かすが》大社と一体だったために廃寺となり、僧侶全員が還俗させられた。五重塔が二十五円で売られたという有名な話はこのときのことである（『神仏分離史料』）。結局、五重塔自体は残ったが、食堂《じきどう》をはじめとする堂舎や一乗院《いちじょういん》・大乗院《だいじょういん》などの院家は収公・破却されてしまった。その後興福寺は再興されたものの（明治十四年）、往時の姿に戻ることはなかった（現在、金堂などの再建事業が進められつつある）。また石上《いそのかみ》神宮の神宮寺であり、大和国の有力寺院のひとつだった永久寺《えいきゅうじ》も破却されて地上から文字通り「永久」に消えてしまった（現在、天理市にその跡が残る）。

各地においては、排仏思想にかぶれた者が知藩事《ちはんじ》・大参事《だいさんじ》だった場合は、その破壊行為は特に甚だしいものがあった。松本藩、薩摩《さつま》藩、苗木《なえき》藩（美濃《みの》国）、富山藩では、領内のほぼ全ての寺院が破却された。そのなかには旧藩主の菩提寺《ぼだいじ》さえも含まれていたのである（辻一九四九、村上一九七〇、安丸一九七九）。

明治三年の大教宣布により神道の国教化はいよいよ進行すると思われた。ところがその翌年の八月、神祇官は神祇省として太政官の一省に格下げとなり、以後後退し始める。これは特に平田派の国学者たちが主張する、祭政一致の政体の実行が困難だったからで、平田派の人々の多くが神祇省から排除された。さらに、布教・宣教活動の経験に乏しい神道関係者のみによる国民教化は難航した。仏教界の協力なくしては目的の遂行ができないことは明らかだった。そこで、折からの浄土真宗の島地黙雷《しまじもくらい》（一八三八～一九一一）の献策を契機に、明治五年には神祇省は教部省《きょうぶ》に編成替えされた。その教育機関として大教院《だいきょういん》を設置、教導として僧侶なども任用され、神道・仏教が共同して国民教化とキリスト教排斥の体制が出来上がったのである。

しかし、キリスト教の禁令に対する西欧諸国の反発は強く、岩倉《いわくら》使節団の帰朝後は、信教の自由を保証することが要求された。さらに、教部省設置の際の立役者だった黙雷自身が、神道中心の大教院・教部省のあり方に、次第に批判を強めていく。その結果、明治八年には大教院解体、同十年（一八七七）には教部省自体も廃止になり、内務省社寺局に縮小されてしまうのである。

このようにして、神道国教化の政策は事実上放棄されることになる。しかし、神社制度の再編は着実に進行し、世襲神職の禁止、伊勢《いせ》神宮・宮中の祭祀《さいし》の改革、神社祭祀の体系化、社格の整理、神社合祀《ごうし》等が実施されていった。それとともに、挫折《ざせつ》した国教化に代わって、神社神道を宗教の埒外《らちがい》に置く神社非宗教論が台頭するのである。

神仏分離政策は、修験道・陰陽道《おんみょうどう》の廃止をはじめ、日常の伝統的習俗の禁止と連動するもので、「文明化」へ向けて国民の精神生活を再編するための施策の一環として行われたのであった。したがって、仏教界のみが打撃を受けたものではない。修験者・陰陽師・世襲神職等、伝統的宗教者が、軒並みに同様の憂き目を見たのである（西田一九七八b）。そして、仏教の側からも、新時代に適応すべく、旧来の神仏習合的要素を否定・脱却しようとする動きが起こっていったのであった。

神仏習合についての評価

以上のように神仏習合的な信仰形態は、近代に至って、神道側からも仏教側からも否定されたといってよかろう。特に仏教的要素を排除した神道は、新しい宗教として再編成された。現在我々が目にする神社・祭式の姿は、このとき以来のもので、たかだか百数十年を経たに過ぎない。

しかし、日本の神祇信仰および言説は、仏教伝来以降、仏教との関わりのなかで展開してきたのであり、それは神仏習合の歴史そのものである。にもかかわらず、日本の神祇信仰が仏教のなかに完全に融解してしまわずに、「神道」として独自性を保持し得たのはなぜだろうか。

かかる問題設定に対して、神道にとって仏教は外皮に過ぎず、本質的な部分に影響を与えることはなかったとする主張がある。戦前の代表的な神道史家であった宮地直一《みやじなおかず》（一八八六〜一九四九）は、その著『神祇史大系』のなかで、神道史を次のように区分している（宮地一九四一）。

（一）固有の敬神思想を持続せし時代―太古以来凡《およ》そ奈良時代の初期まで
（二）仏教その他の外来思想を混淆《こんこう》せし時代―その後を承《う》けて明治維新の際まで

（三）神仏分離の行はれたる時代―明治維新の後引続き現代に及ぶ

これは、まさに神仏分離を行わせた歴史観そのものである。すなわち、（一）の固有の信仰が（三）に至って再び回帰したということであり、（二）とは、その長い中間（文字通りの意味での「中世」）に過ぎないとの認識である。

戦後になっても、たとえば、宗教学者の堀一郎《ほりいちろう》（一九一〇～七四）は、神道を「日本文化の潜在意志」として捉《とら》え、仏教を中心とする外来文化を区別し続けてきたと主張する（堀一九七五）。また、文化史家の石田一良《いしだいちろう》（一九一三～二〇〇六）は、仏教・儒教・国家主義といった「時代毎《ごと》に変わる「衣裳《いしょう》」または「すがた」にかかわらず、神道の原質はつねにもとのままであ」ったという「神道着せ替え人形論」を唱えている（石田一九八三）。このような見解は、現代に至るまで、日本文化論の文脈に広く見られるものである。神道の名を冠しないものの、柳《やなぎ》田国男《たくにお》（一八七五～一九六二）の「固有信仰」論（柳田一九四六）や丸山真男《まるやままさお》（一九一四～九六）の「古層」論（丸山一九七二）も、仏教に対立する〈日本的〉信仰を想定する点において、この系譜に属するものといえるだろう。

一方で、仏教は日本文化のなかに融け込んでいたのであり、そのあらわれが神仏習合だった、それを暴力的措置によって引き裂いたのだ、という主張もある。その代表的論者として、近代仏教史学の礎を築いた辻善之助《つじぜんのすけ》（一八七七～一九五五）や、戦後の神仏習合研究の第一人者である村山修一《むらやましゅういち》（一九一四～二〇一〇）などがおり、仏教史・仏教学研究者に、このような立場をとる者が多い（辻一九四二、村山一九五七、同一九七四）。神道というべきものは、少なくとも中世までは存在せず、仏教の一部に過ぎなかったという、中世史家の黒田俊雄《くろだとしお》（一九二六〜九三）の主張（後述）も、このなかに含まれよう。

これに対して、神仏習合のなかにあっても、一方で神道と仏教を弁別する意識―神仏隔離―が当初から存したのであるとの反論が、高取正男《たかとりまさお》（一九二六〜八一）などから出されている（高取一九七九、同一九八二）。また、明治維新において、突然神仏分離がなされたのではなく、中世における仏本神迹《ぶっぽんしんじゃく》から神本仏迹《しんぽんぶつじゃく》への反転や、近世を通じての排仏論を含む脱仏教的流れの果てに、神仏分離が行われたのであって、神仏習合が安定した信仰ではなかった、との主張もある（西田一九七八a）。

「神道」の定義

以上の神仏習合[1]の評価をめぐる諸家の見解の相違は、「神道」をどのように定義するかということと、密接に関係してくる。現代の私たちは、「神道」という語を、「日本の民族宗教」の総称として理解している。ところが、歴史的に見た場合、この語は各時代を通じて、そのように理解されていたのではなかった。

歴史学者・思想史家であった津田左右吉《つだそうきち》（一八七三〜一九六一）は、その著『日本の神道』のなかで、歴史用語としての「神道」の意味として、以下の六つを挙げている（津田一九四九）。

①古くから伝えられてきた日本の民族的風習としての宗教（呪術《じゅじゅつ》も含めていう）
②神の権威、力、はたらき、しわざ、神としての地位、神であること、もしくは神そのもの
③民族的風習としての宗教に何らかの思想的解釈を加えたもの（例：両部《りょうぶ》神道、唯一《ゆいいつ》神道、垂加《すいか》神道）
④特定の神社で宣伝されているもの（例：伊勢神道、山王神道）
⑤日本に特殊な政治もしくは道徳の規範としての意義に用いられるもの
⑥宗派神道（例：天理《てんり》教、金光《こんこう》教）

津田によれば、古代における意味は①②のみで、それ以外は中世以降に現れるという。今日、我々が漠然とイメージしている「神道」は①に近い。これに日本人の精神の基底という意味あいを込めて、⑤を重ねて理解していることも多いと思う。③④は中世・近世、⑥は近世後期から近代に起こった神道流派・教派であるから、神道全体を指すものではない。

ところで、日本の文献において、「神道」の語は、養老《ようろう》四年（七二〇）に成立した『日本書紀』において、初めて見いだせる。

（1）天皇仏法を信じ、神道を尊ぶ（用明《ようめい》即位前紀）
（2）仏法を尊び、神道を軽んず〔生国魂社《いくくにたまのやしろ》の樹《き》を斮《き》りたまふ類是《たぐいこれ》なり〕（孝徳《こうとく》即位前紀）
（3）惟神《かんながら》〔惟神は神道に随《したが》ふを謂《い》ふ。亦自《またおの》づからに神道有るを謂ふ〕（大化《たいか》三年〔六四七〕四

月二十六日詔）

この語は同時代の文献（『古事記』『風土記』『万葉集』）には、全く登場せず、『日本書紀』のみの特殊な語彙《ごい》である。ここでいう「神道」とは、何を指しているのであろうか。

津田が指摘しているように、「神道」なる語は、当時中国で使用されていた成語からの借用である。「神道」の語は、中国大陸では古くから使われてきた（以下の用例は、津田一九四九、同一九五〇、福永一九八七等に拠る）。たとえば『易《えき》』観卦象伝《かんのけたんでん》には、「観天之神道、而四時不忒、聖人以神道設教、而天下服矣（天の神道を観るに、四時忒《たが》はず。聖人神道を以《もっ》て教を設けて、天下服す）」とある。『周易正義《しゅうえきせいぎ》』はこれに注して「神道は微妙にして方《ほう》無し。理に知るべからず、目に見るべからず。然《しか》る所以《ゆえん》を知らずして然る、之《これ》を神道と謂ふ」とする。すなわち「神道」を、〈自然の理法〉という義と捉えるのである。この義の派生として、道教や仏教の文献のなかで、自らの教えを「神道」とよんでいる例もある。初期の道教経典である『太平経《たいへいきょう》』（紀元二世紀）の「愚者は道を賤《いや》しみ、下りて地と連なる。仁賢《じんけん》は道を貴び、忽《たちま》ち天門に上る。神道は不死にして鬼道は終す」（巻百三）や、『肇論《じょうろん》』（僧肇《そうじょう》〔三八四～四一四？〕撰）序の「夫《そ》れ神道は形あらざれば、心敏《さと》きものも絵《えが》き難し」などがその例である。

このほか、「神々」という意味で「神道」が使われている。『続高僧伝《ぞくこうそうでん》』（道宣《どうせん》〔五九六～六六七〕撰）巻二十一「慧《え》主《しゅ》伝」に「仏を以て師と為《な》し、尚《ひさ》しく天を敬せず。況《いわん》や神道を礼するをや」とあり、同じく巻二十五「法聡《ほうそう》伝」に「神道の業障《ごうしょう》、多く苦悩有り」とあるのがそれである。つまり、中国での「神道」の語は、当初「霊妙」なる「理法」を意味し、そののち道教や仏教経典に取り入れられ、道・仏それ自体を指して使われてもいる。また、より一般的には、神祇・神霊やその祭祀・呪法を意味するのである。

では『日本書紀』の編述者は、どのような意識を持って、借用したのだろうか。これについて、諸家の説は分かれる。福永光司《ふくながみつじ》（一九一八〜二〇〇一）は、中国の「神道」、すなわち道教などの影響を受けた信仰だったことを示すと考える（福永一九八七）。また、単に神祭りあるいは神祇を意味する普通名詞として借用したとする見解もある。そのほか、日本固有の神祇信仰を仏教と対比するために、「神道」の語を用いたという解釈もある。津田自身は最後の立場に立っており、彼による先の六類型の①は『日本書紀』の用例の意味を指している。

『日本書紀』以降、平安中後期までは「神道」の用例は少なく、六国史《りっこくし》およびその逸文《いつぶん》に八例、それ以外を含めても十数例しかない。それらの用例はほぼ全てが、いずれも津田のいう②の意味で使われている。となると、『日本書紀』のみ、特殊な意味で用いられたとすることになり、用法として孤立している。それならば、むしろ②すなわち「神の権威、力、はたらき、しわざ、神としての地位、神であること、もしくは神そのもの」という意味に解すべきではなかろうか。また仮に、仏教に対する在来の信仰の存在を示すべく「神道」の語を使ったとしても、『日本書紀』のみの特別な用法で、後世に受け継がれなかったことになろう。

その後も、古代・中世を通じて、「神道」の一般的な語義は、②の意味に集約される。一六〇三年に完成した『日葡《にっぽ》辞書』に、「Xinto Camino michi」の意味として「神々および神々に関する事柄」と定義しているのがその証左である。

以上のことから、日本の神信仰やそれにまつわる言説の総体を「神道」とよぶことは、解釈が分かれる『日本書紀』の例を除くと、古代においては存在せず、中世、あるいは近世になって起こってきたと見なすことができる。

本書の視座

現代の我々は、「神道」の語を、以上のような歴史過程のなかで見いだされてきた呼称であるということを棚上げして、日本の民族宗教を指す語として使用している。しかし、「神道」の語をそのように用いることは、上代から現代に至るまで、一貫して「神道」なるものが存在していたかのような印象を与えかねない。実際、縄文《じょうもん》時代の信仰から「神道」史を書き起こす論者もいるし、先に見た堀一郎のように、「日本的」なるもの＝「神道的」との主張もある。しかしながら、このような意識こそ、まさに近世の国学者等が唱えていたことであり、神仏分離を正当化する根拠となったものである。

しかも、「神道」に対して一般的に共有されている意味には、単なる民族宗教というだけでなく、日本人の心性の拠り所、あるいは道徳規範の源泉といったニュアンスを含ませている場合も多い。「神道のこころ」などというのはおおむねこの類である。これは前述の津田の分類の⑤にあたるもので、彼が指摘するように、特に近世以降強調されるようになったものだ。

ところが、「神道」の語を、たとえば古代のカミ信仰に当てはめるとき、意識的・無意識的に歴史を遡《さかのぼ》って、このようなニュアンスを帯びることになる。事実、近世の国学者は、先に見た『日本書紀』大化三年の詔にある「惟神《かんながら》」の語に、「神道」精神の源泉を見いだし、「惟神の道」なる語が生み出されたのである（ただし、一般化するのは近代以後）。

だから、古代研究者によっては、「神道」あるいは「古神道」の用語を避けて、古代の神信仰や祭祀に対して「基層信仰」という呼称を用いたりしている（和田萃一九九五）。また、柳田国男の「固有信仰」にもその意識が働いているといえよう。

右のような問題は、多くの論者によって気づかれていることで、そのため現在と通ずる「神道」（必ずしもそうよんでいなくても）が成立したのがいつかについての議論が存する。たとえば高取正男は、奈良時代から平安時代初期に独自の宗教として自覚されたと考える。それに対して黒田俊雄は、中世までは自律性を持たない土俗信仰に過ぎず仏教の一部に包摂されていたが、伊勢神道から吉田《よしだ》神道に至る「社家神道」の展開のなかで、「民族的宗教」への志向が現れ、近世の儒家神道の段階において「日本の民族宗教としての呼称」が確立、そして最終的に「政治的・道徳的軌範としての「道」」の意味が付与されたと考えた（黒田俊雄一九九〇）。さらに黒田説を批判的に継承した井上寛司は中世独特の神話記述（中世神話、本書第四章参照）が現れた十一世紀から十二世紀が「神道」成立の画期であり、吉田神道によって宗教として独立したとしている（井上寛司二〇〇六、同二〇一一）。また羽賀祥二は、近代神道をそれ以前と切り離し、近代において「神道」が成立したと主張する（羽賀一九九四）。

以上の諸家の見解を踏まえた上で、日本の神信仰と言説の総体が「神道」の名でよばれるようになったのはいつからなのか、さらに道徳的・倫理的ニュアンスを含意するようになるのはいつなのかという問題を、本書では追求していきたい。

ここで私見を先取りすれば、黒田や井上のごとく、私もまた両部・伊勢神道などを生み出した中世の神仏習合的状況こそが、今日「神道」とよびうる存在を作り上げる画期だったと考えている。本書は、このような視点から、中世を中心に、古代から近世に至る神道の形成史を辿《たど》ろうとするものである。その作業を通じて、従来、近世の国学以降の傾向のなかで過小評価されてきた中世神道の意義を見いだしたい。そして〈固有〉〈不変〉ではなく、〈変容〉する宗教として神道を位置づけたいと思っている。

なお、本書では、「神道」の語は、「中世神道」「儒家神道」など学術用語や、言及する著作等で使われる用法に即した場合のみに使用し、通歴史的な、日本の神への信仰を指すときは、「神祇信仰」「神（カミ）信仰」の語を用いることにする。

第一章　神と仏

1　日本の神

「カミ」の語義

漢字の「神（神）」は、祭祀を意味する「示」に音符「申」を付した字で、祭祀および祭祀対象たる神霊の類を指す。また「神祇」とした場合は、地の神である「祇」に対し、天空にいる雷神の類を意味した。あるいは、自然神として、人の霊＝祖霊（祖先神）である「鬼」と区別される。その後、神霊の働き、さらに宇宙における神秘的な作用を指す用例が現れる。『易』繫辞伝《けいじ》で「陰陽不測、之を神と謂ふ」というときの「神」がそれにあたる。さらに、戦国時代になると、心中に宿る精神の意味でも「神」字が用いられるようにもなる（栗田一九四九、津田一九四九、同一九五七等）。

「神」字は、日本においては「カミ」と訓じられ、日本の神霊的存在の総称として定着していく。しからば、「カミ」とは、元来どのような意味を持つ語だったのであろうか。

近世の神道家や和学者・国学者たちは、「カミ」の語源を、さまざまに解釈した。このことについて、穂積陳重《ほづみのぶしげ》は「かむがみ（要覧）」「かがみ（鏡）」「かかみ（赫見）」「あかみ（明見）」「かみ（噛・醸）」「かみ（上）」「かしこみ（畏）」「くしび（奇霊）」「かみ（彼霊）」「かくりみ（隠身）」「かくりみ（隠霊）」「かくれ（隠奇）・みつる（満）」の十二の説を挙げる（穂積一九二六）。また林兼明は、これら以外に「カミ（香美）」「カビ（牙）」「カム（醸ム）」を挙げている（林二〇〇〇）。

右のうち、「上（＝長上者）」説は、新井白石《あらいはくせき》（『東雅《とうが》』）や貝原益軒《かいばらえきけん》（『日本釈名《にほんしゃくみょう》』）等が唱えたもので、江戸時代の儒者に多く見られたエウヘメリズム（神を過去の偉人の伝説化した姿とする説）的神話解釈と合致するゆえに、大いに支持された。しかしながら近代に入り、国語学における仮名遣い研究のなかで、カミ（神）の「ミ」音とカミ（上）のそれは別の音であることが判明した（いわゆる上代特殊仮名遣い）。結局、本居宣長《もとおりのりなが》（一七三〇～一八〇一）が『古事記伝』のなかで「迦微《かみ》と申す名の義はいまだ思ひ得ず」といっているように、語源については、不明というほかない。

宣長は語源についてかくいう一方で、「カミ」の性格を次のように定義している。

凡《すべ》て迦微《かみ》とは、古御典等《いにしえのふみども》に見えたる天地《あめつち》の諸《もろもろ》の神たちを始めて、其の祀《まつ》れる社《やしろ》に坐《いま》す御《み》霊《たま》をも申し、又人はさらにも云《いわ》ず、鳥獣木草のたぐひ海山など、其余何にまれ、尋常《よのつね》ならずすぐれたる徳のありて、可畏《かしこ》き物を迦徴とは云なり。（『古事記伝』三之巻）

つまり、記紀の神をはじめとして、天地・自然の何ものであっても「すぐれた徳」があり、「可畏き」ものをば、「カミ」とよぶというのである。続けて彼は「すぐれた徳」に説明を加え、善いこと、功《いさお》しきことだけではなく、悪しきものや奇《く》しきものであって、凡人より優れた力を持ち畏怖《いふ》すべき存在が「カミ」なのであり、貴賤《きせん》・強弱・善悪にかかわりなくさまざまな「カミ」があるとした。

右の定義は、現在においても、日本の神の性格を的確に示したものとして、しばしば取り上げられる。善悪にかかわらず、何であれ「カミ」になる可能性があるとしていることは重要な指摘である。宣長説を土台にした『岩波古語辞典』「かみ」項の定義では、「上代以前では、人間に対して威力をふるい、威力をもって臨むものは、すべてカミで、カミは人間の怖れと畏《かしこ》みの対象であった」と解説される。

ただ、宣長の定義には、神々の原初的形態だけではなく、後代に現れる新しい要素も含まれている。すなわち、比較的古い非人格的な神霊（「其の祀れる社に坐す御霊」）だけでなく、記紀に見える人格化した神（「古御典等に見えたる天地の諸の神たち」）や、神として祀られる人なども取り上げられているのである。また、東より子が指摘するように、宣長の解釈は、物に宿る神霊ではなく、物そのものが「カミ」となるとすることに特徴があり、彼独特の主張である（東一九九九）。したがって、これをもって、「カミ」の原義とするのは危険であろう。

「カミ」と「タマ」「モノ」「オニ」の関係

ところで、古代における「カミ」と類似した霊的存在を指す語に「タマ」「モノ」「オニ」がある。「タマ」とは霊魂を指す呼称である。全ての存在は「タマ」を持つ。それは人・動物のみならず、植物・鉱物や土地、言葉にも及ぶ。「モノ＝物」はもとより物体全般のことだが、ある霊的存在を、その霊威への恐れゆえに「モノ」とよぶことで名指しすることを憚《はばか》るのである。「オニ」は、漢字「隠」の字音 on に母音 i が付いたもので、隠れて見えない存在をいう（『倭名類聚鈔《わみょうるいじゅうしょう》』）。漢字定着後に発生した新しい呼称である。

このほかにも、語頭・語尾に付いて霊力の存在を示す「チ」（イカツチ、オロチ）、「ミ」（ワタツミ）、「ヒ（ヒル・ヒレ）」（ムスヒ、ヒルメ）等の語辞がある。「カミ」はこれらとどのように区別されていたのだろうか。

これらの関係について、折口信夫《おりくちしのぶ》は、その主著『古代研究』民俗篇のなかで、原初的観念が「タマ」であり、その善の要素が「カミ」となり、悪が「モノ」になり、さらに善悪両用を兼ねる「オニ」の観念が生まれたとする説を唱えた（折口一九三〇）。

また、日本の神話学研究の礎を築いた松村武雄《まつむらたけお》は、折口の取り上げた「モノ」「オニ」は二次的な存在態であるとして、最も根本的な霊格観念として「タマ」「カミ」とともに「チ」を挙げた。松村は、「チ」を「神秘的な力能」、「タマ」を霊魂とし、「カミ」は、これらの観念が発展したものと見なしている（松村一九五八）。

以上の説に対し溝口睦子は、記紀の神名呼称を整理して、

（一）語尾の「神」をとっても名称として独立できるもの

（二）語尾の「神」を切り離すことのできないもの

（三）固有名詞としての名前をもたないもの

に分けた（溝口一九七三～七四）。溝口によれば、（一）でいう語尾は、①「チ」、②「ミ」、③「ヒコ」（ヲ）・「ヒメ」（メ）、④「ヒ」、⑤「ヌシ」、⑥「タマ」、⑦「モチ」に類型化できるという。

『古事記』と『日本書紀』を比較した場合、同じ神でも、『記』は語尾に「カミ」を付すことが多いのに対し、『紀』は付さないことが多く、神名に関していえば『紀』の方が古態を残しているという。一方（二）（三）のような「カミ」のみを冠する神名もあることより、「カミ」は、当初複数ある神霊・霊力呼称のひとつであったが、後になって（溝口は六世紀後半以降とする）、漢字の「神」と結びつくことで、神的存在の総称となっていったとされる。傾聴すべき見解と思われる。

「カミ」の基本的性格

以上の諸家の見解を踏まえて、ここでは「カミ」の基本的性格を、次のように整理しておきたい。

①「カミ」と総称される存在（先の「―チ」「―ミ」なども含む）は、霊的なものとして把握されており、実体的なものと見なされていない。ただし、全ての「タマ」が神なのではなく、強力な霊威・脅威を持つタマが「カミ」と祀られるのである。溝口の指摘にもあるように、神々の呼称のなかに、「タマ」の名を含むものがあることが、それを示す。「カミ」は「タマ」の一種であるのだから、「タマ」と同じ性格を持つ。

②「モノ」「オニ」もまた「タマ」に属する。「カミ」が「神」と結びついた結果、「モノ」「オニ」は、「カミ」と総称される存在の否定的な部分が機能分化して名辞を与えられたものである。「モノ＝名指し得ぬもの」は、後になると特に怨霊《おんりょう》的な存在を指す語となり「モッケ、モノノケ（物＋気）」というようになる。「オニ」は「カミ」の最も荒々しい部分を取り出して出来たものである。しかし、「カミ」は「モノ」「オニ」の語の成立後も、そのような否定的部分を完全に失ってはいない。「猿神」「犬神」「付喪神《つくもがみ》」のように、「…神」といっても、「モノ」「オニ」に近い存在と見なされる場合もあるからである。

③「タマ」と同じく、「カミ」は目に見えないとされた。後には彫刻や絵画によって神を造形的に表現することもあったが、西行《さいぎょう》に仮託された伝承歌に「何事のおはしますかは知らねど

もかたじけなさに涙こぼるる」とあるように、不可視な存在であるという基本理解は、中世以降も失われることはなかった。「隠」字から「オニ」の語が出来たのは、この不可視性に基づく。[1]見えない「カミ」の存在は、依《よ》り付く象徴物（ご神体）によって知覚される。

④「カミ」と人とは直接に接触しない。「カミ」が意志を伝えるとき、巫女《みこ》や子ども等に憑《ひょう》依《い》する（託宣）。あるいは夢に現れる（夢告《むこく》）。このような接触方法もまた「タマ」「モノ」「オニ」と共通する。「タマ」が体から遊離するように、「カミ」も本来の鎮座地より遊離し憑依するのである。

⑤「カミ」の怒りは、「祟り（タタリ）」という形をとる。祟りの多くは疫病や自然災害の形をもって現れる。人々がその領域を支配する「カミ」を正しく祭っている限り、そこの安寧（収穫、天候）は保たれるが、祭りを怠ったり、何らかの禁忌に触れる行為があった場合、祟りが起こる。原初的な「カミ」は慈愛に満ちた存在ではない。人々は祟りを恐れるがゆえに、祭り続けなければならない。「モノ」とは、この祟る存在としての性格を突出させたものである。

「マツリ」と神社

「カミ」を招き、供物等を捧げる行為が「マツリ」である。「マツリ」を行う場所（祭場）は、神霊が依り付くところである。それは岩や樹木であることが多い。前者はイワクラ（磐座、磐境）、後者をヒモロギ（神籬）という。また、人工物である鏡や剣のこともある。さらに、特定の山や島などもそれ自体が神の住所《じゅうしょ》、あるいはご神体と見なされる場合もあった。「オヤマ（大山）」「オンタケ（御岳）」や「ミシマ（三島＝御島）」「イックシマ（厳島＝斎島）」などの呼称は、これに由来する。

このような祭場が「ヤシロ」であり、神社の原型である。もちろん元来社殿のようなものはなく、殿舎を建てることはあったとしても、仮のものでしかなかった。漢字の「社」とは中国では土地神をいう。「ヤシロ」になぜ「社」字が宛《あ》てられたかというと、「社」を祀る聖地にしかるべき木を植えたことに因る。また、「社」を「モリ」と訓ずることも多いのは、森自体が祭場ともなっていたことを示す（直木一九八二）。

ある「カミ」を祭るのは、先にも述べたように祟りを恐れるがゆえである。正しく「カミ」に仕え祭る（斎《いつ》く）ことが、古い時代においては政治そのものであった。だから政治を「マツリゴト」というのである。「マツリゴト」の中心にあったのが「カミマツリ」を行う巫女である。邪馬台国《やまたいこく》の卑弥呼《ひみこ》についての「鬼道に事《つか》へてよく衆を惑はす。（中略）男弟あり、佐《たす》けて国を治む」との『魏志《ぎし》』倭人伝《わじんでん》の記事は、その事情をよく伝えている。王としての巫女である。

また崇神紀《すじん》に登場するヤマトトトヒモモソヒメノミコトは三輪山《みわやま》の神（オオモノヌシ）の神託を伝え、さらに神の妻になったとされるが、これも巫女＝王の面影を持つ。仲哀《ちゅうあい》天皇の皇后であった神功皇后《じんぐう》（オキナガタラシヒメ）などは、憑依して神の意思を夫に伝え、その死後は事実上の「天皇」として（中世までは十五代天皇として歴代に加えるのが普通）、新羅《しらぎ》を攻めている。飛鳥《あすか》・奈良時代に頻出する女帝たちも、曽《かつ》てとは明らかに性格を変えてはいるが、巫女＝王の系譜を引くものといえよう。

一方、大王（天皇）自身も「カミ」を祭るのが、本来の主要な政務であった。大和《やまと》国征服の際、しばしば「ウツシイワイ」を行ったという神武天皇や、オオモノヌシの霊夢（神託）を受けた崇神天皇の伝承は、そのことを如実に示すものである。『古事記』崇神記によると、疫病が多く起こり人民が多く死んだとき、崇神は、自ら神牀《かんどこ》に座して通夜し、夢告を受ける。まさに、神の声を聞き取ることが大王の務め＝「マツリゴト」だったのである。しかし、時代が下るにつれ、中臣《なかとみ》氏や忌部《いんべ》氏といった神事を専門に行う氏族が現れ、大王の神事への直接関与は、新嘗祭《にいなめさい》などの主要なものに限定されていったと考えられる（和田萃一九八六）。

2　神と仏との出会い

仏教伝来

『日本書紀』によると、欽明《きんめい》天皇十三年壬申《じんしん》十月、百済《くだら》の聖明王《せいめいおう》は「西部《せいほう》姫氏《きし》達率《だちそち》怒唎斯致契《ぬりしちけい》等」を派遣し、「釈迦仏《しゃかぶつ》の金銅像一軀《いっく》・幡蓋《ばんがい》若干・経論《きょうろん》若干巻」を天皇に贈ったとされている。

ところが、奈良時代の成立とされている『元興寺《がんごうじ》伽藍縁起并流記資財帳《がらんえんぎならびにるきしざいちょう》』（以下『資財帳』）や

『上宮聖徳法王帝説《じょうぐうしょうとくほうおうていせつ》』（以下『帝説』）では「欽明天皇七年戊午《ぼご》」の年に伝来したと記す。

欽明天皇十三年壬申とは西暦五五二年、欽明七年戊午は五三八年に相当する。欽明七年は『紀』では丙寅《へいいん》の年（西暦五四六年）であり、戊午の年は宣化《せんか》天皇三年となってしまう。

この問題に関して、従来の研究は以下のように考えてきた。『紀』の欽明壬申年は、釈迦の入滅を周《しゅう》の穆《ぼく》王五十三年壬申（紀元前九四九年）としたとき、ちょうど千五百一年目である。これは、末法《まっぽう》第一年（ただし、正法《しょうぼう》五百年、像法《ぞうぼう》千年説）、あるいは五堅固《ごけんご》説（釈迦入滅後を五百年ずつ、解脱・禅定・多聞・造寺・闘諍の五堅固に分ける説）の造寺《ぞうじ》堅固一年にあたることより、日本への仏法伝来の年を、特別なる出来事と位置づけるために、『紀』編者によって造作されたというのである。一方、欽明七年戊午説には、そのような関連づけるものがない。したがって、後者の方が史実に近いのではないか、というのである。

ただ近年では、後者もまた伝承であって、複数の説が併存していたと考えるべきだとする主張も現れている（吉田二〇〇六、神野志二〇〇七）。ここでは、六世紀中葉頃までに、仏教が日本に入ってきたとだけ確認しておこう。

さて、仏教の受け入れをめぐって、賛成派の蘇我《そが》氏と反対派の物部《もののべ》・中臣氏の間に争いが起こったとされ、そのことは、『紀』『資財帳』『帝説』いずれにも記載されている。いわゆる「崇仏論争」といわれるものだ。神道史、神仏関係史の叙述は、ここより書き起こされることが多いが、この「論争」は如何《いか》なるものだったのであろうか。

まず、前記三書とも、仏法が百済より「献上」されたとしており、特に前二書では、百済が日本に、崇仏を勧めてきたとする。そして、その受け入れをめぐって、宮廷内で対立が起こったという叙述の流れになっており、突然もたらされたかのように読める。ところが『隋書《ずいしょ》』倭国伝には「仏法を敬ひ、百済に求めて仏経を得、始めて文字有り」とあり、日本側から望んで仏教を導入したとしているのである。

この時期、日本は百済から、半島・大陸の進んだ文物・知識の移入に余念がなかった（後述）。そのことは、『紀』の他の記載からも窺《うかが》われ、仏教伝来もその一環として捉えるべきである。とすれば、仏教受容をめぐって、激烈な闘争があったとする一連の記事は、相当割り引いて考えた方がよかろう。物部氏による破仏のことは、『紀』では欽明天皇十三年条に続けて記され、寺を焼き仏像を難波《なにわ》の堀に棄《す》てたと記す。奇妙なことに、ほぼ同じ内容が、敏達《びだつ》天皇十四年（五八五）に繰り返される。また『帝説』では、戊午年（五三八）の仏教伝来記事の二十年以上あとの、庚寅《こういん》年（五七〇）に「仏殿仏像を焼き、難波の堀江に流却」したことになっているなど、史料による年代の相違・重複が見られ、これが一種の伝承であり、それを後世になって年代記に当てはめたに過ぎないことを窺わせる。

また物部氏の根拠地にあった渋川《しぶかわ》廃寺（大阪府八尾市）が、あるいは物部氏の氏寺だったと指摘されており、物部氏が単なる仏教反対派といえない可能性も出てきた（安井一九六八）。つまり、蘇我氏と物部氏の対立は事実だったにせよ、それは仏教の導入をめぐってというより、大和朝廷内での権力闘争である側面が強いのである。

新来の神としての仏

以上のように、仏教伝来をめぐる記事は、一種の「説話」として理解すべきものではあるが、仏教が伝来した最初の反応がいかなるものであったかを知るためにいくつかの示唆を与えてくれる（ただ、これについても近年、中国における仏法伝来記事に想を得た全くの虚構とする説が出てきているのだが〔北條二〇〇五、吉田二〇〇六〕）。

『日本書紀』欽明十三年十月条は、次のように続いている。仏像・経論等を贈られた欽明天皇は歓喜《かんぎ》踊躍《ようやく》し、「西蕃《にしのとなりのくに》の献《たてまつ》れる仏の相貌《そうぼう》端厳《たんごん》にして、全《また》ら未だ曽《かつ》て有ず。礼《うやま》ふべきや不《いな》や」と群臣に問うたところ、蘇我稲目《いなめ》は、西の諸国も仏法をもっぱら敬っているのですから、我が国だけが拒むことはありますまい、と述べた。一方、物部尾輿《おこし》・中臣鎌子《かまこ》は、あなたが王でいられるのは、春夏秋冬神々をお祭りしているからではありませんか、それなのに、「方《まさ》に改めて蕃神《あだしくにのかみ》を拝みたまはば、恐るらくは国神《くにつかみ》の怒《いかり》を致したまはむ」と警告した。そこで天皇は、仏像を稲目に託し、私宅を寺として礼拝させたところ、疫病がはやり人民の多くが死んだ。尾輿・鎌子は自分たちのいった通りになったと、天皇の許可を得て、仏像を難波の堀に流し、寺を焼いた。すると、風雲なくして天皇の宮殿にも火がかかり炎上した、という。

右の記事で気づくこととして、まず、仏を「蕃神（あだしくにのかみ）」とよんでいることである。つまり、「仏」とは新来の神のひとつであって、従来からの在地神と質的に相違するものとは考えられていないのである。天皇が仏法に心動かされたのは、文中に記されているように、仏像の「端厳」とした輝きのためであり、教えの内容にではない。蘇我と物部・中臣の対立点も、新来の神を天皇が敬うかどうかにあるのであって、いわゆる異なった宗教間の対立というものではないのである。

また、疫病の発生は国神の祟りというべきものだが、仏像や寺を廃棄・焼却したところ、宮殿が焼けたとの記載が注目される。これは仏の祟りということであろう。仏も一種の神なのであるから、祟るという行為は当然であるという認識があったことをこの記事は示している。もちろん、「罰《ばち》」ということは仏教でもいうが、ここではむしろ「祟り」と見なしているのだろう。このことは『紀』敏達十四年（五八五）二月条に、稲目の息子の馬子《うまこ》が病気になった記事に、その原因として卜者《うらべ》が、「父《かぞ》の時に祭りし仏神《ほとけ》の心《みこころ》に祟れり（お父上のときに祭っていた仏像を廃棄したことの祟りでしょう）」と言ったという記事からも確認できる。

なお、難波の堀に仏像を流すということも、単に遺棄したというだけではなく、百済へ送り返すことを意味する象徴的行為であろう。なぜなら、古代における難波は、外の世界に向かって開かれた大和の入口であり、大陸・半島の文物は瀬戸内海を通って、ここから陸揚げされたのである。後世においても、難波が実体的にも象徴的にも、内外を隔てる境界と見なされたことは、新帝即位の際に、天皇の衣服を振るってその穢れを払う八十《やそ》嶋祭《じまさい》が難波の海浜で行われたこと（滝川一九六六）や、天王寺の西門が極楽の東門（つまり入口）と考えられたこと（岩崎一九七八）に現れている。

右の敏達紀によれば、十三年九月、百済より弥勒菩薩《みろくぼさつ》像などがもたらされたという。蘇我馬子はそれを請い受け仏殿を造り安置した。そして、この仏像に仕えるため、司馬達等《しばのたつと》の娘嶋《しま》、漢人夜菩《やぼ》の娘豊女《とよめ》、錦織壺《にしこりのつふ》の娘石女《いしめ》を出家させたことが見えている（善信尼《ぜんしんに》・禅蔵尼《ぜんぞうに》・恵善尼《えぜんに》）。これが我が国出家者の最初であるが、ここで注目したいのは、それが女性だったことである。

仏教は成立当初より、女性に対して差別的だった。釈迦牟尼《しゃかむに》は、養母マハープラジャーパティーが出家を願い出たとき、いったんは拒んだと伝えられる。事実、具足戒《ぐそくかい》が男性が二百五十戒に対して、女性には三百四十八戒が課され、比丘尼《びくに》が比丘に従うべきことを規定した八敬《はっきょう》法《ほう》（八尊師《はちそんし》法《ほう》・八重法《はちじゅうほう》）が設けられている。さらに、女に五障（女性は梵天・帝釈・魔王・転輪聖王・仏にはなれないという五つの障《さわ》り）ありとして、女性の身のままでの成仏の可能性を否定、仏となるためには、男子に変じなければならないとされた（岩本一九八〇）。

このように、女性に対する差別的性格を根底に持つ仏教が、日本に移入するに際し、女をもって最初の出家者とした理由は何か。これについて高木豊は、三尼は仏という神に仕える一種の巫女と見なされていたのではないかと指摘している（高木一九八八）。これは首肯できる見解である。

『紀』によれば、三人の中心である善信尼は、十一歳だった（『資財帳』では十七歳）。カミの依《よ》り代《しろ》として、その言葉を伝える巫女に、初潮前の少女が選ばれたことが多かったことを考えるとき、ここでもおそらく少女と思われる女性をもって、この新来の神（＝仏）の媒介者（巫女＝尼）としようとしたのだろう。

この新来の神に対し、当初、大王家自体は消極的な態度しかとっていない。そのことは、欽明や敏達の態度からも窺える。一方、仏教の受容に積極的だったのは蘇我氏である。仏教に熱心だった用明天皇・厩戸《うまやど》皇子父子は蘇我氏の身内であって、その仏教信仰圏の内部の人間とすべきだろう。

大王家が仏教に本格的に関わるのは、日本最初の官立寺院である百済大寺《くだらのおおでら》が建立された舒明《じょめい》天皇の頃からであり、それを完全に掌握するのは、蘇我氏が滅亡する乙巳《いっし》の変（西暦六四五年）以降のことである。そして、以後の律令体制の構築へ向かうなか、国家の重要な柱として仏教が位置づけられる。そのなかで、次第に神と仏の質的な相違が認識されていく。このようにして初めて、在地の神々と仏教との葛藤が生まれるのである。

漢神信仰

六世紀から七世紀にかけて、大陸や朝鮮半島から入ってきたのは、もとより仏教だけではない。さまざまな知識と技術が、そして信仰や神々が、日本にもたらされた。たとえば、欽明天皇紀の仏教伝来記事の翌年（十四年）六月条には、百済より「良馬二匹・同船《もろきふね》二隻・弓五十張・箭《や》五十具」が贈られ、さらに「医博士・易博士・暦博士等」の派遣を招請、併せて「卜《ぼく》書《しょ》・暦本・種々《くさぐさ》の薬物」を送ることを要請している。また少し下って、推古《すいこ》天皇紀十年（六〇二）十月条には、百済より僧観勒《かんろく》の派遣記事がある。この人物は暦・天文地理・遁甲方術《とんこうほうじゅつ》に秀でており、大友村主高聡《おおとものすぐりこうそう》、山背臣日立《やましろのおみひたち》等をして、それらの法を学ばせている。『紀』皇極《こうぎょく》元年（六四二）条によると、この年の六月は日照りが続き、群臣が蘇我入鹿《いるか》に、「村々の祝部《はふりべ》の所教《おしえ》の随《まにま》に、あるいは牛馬を殺して、諸の社の神を祭る。あるいは頻《しきり》に市を移す。あるいは河伯《かわのかみ》を禱《いの》る。既に所効《しるし》無し」と報告したと記されている。牛馬を殺して神に捧げる、市場を移す、河伯を祀るといった行為は、全て大陸から来た祭祀・祈禱に基づくものである。特に牛馬を殺して祀る神は「漢神《からかみ》」（『日本霊異記《りょういき》』中巻第五話）とよばれる。漢神祭祀はその後、奈良時代に至るまで続いたが、国家仏教体制の推進のなかで、しばしば禁令の対象となった。そのため、牛馬の代わりに牛馬の絵像を神に捧げるようになったのが絵馬の起源である。

また皇極三年七月条には次のような逸話が載せられている。

富士川の辺の人大生部多《おおふべのおお》と仲間の巫覡《かんなぎ》が、ある虫を「常世《とこよ》の神」と呼んで祀ることを勧め、これを祭る者は富と長寿を得るであろうと触れ回った。そのため、多くの人が財を投げ出すに至った。これに対し秦河勝《はたのかわかつ》が怒り、大生部多を打ち懲らして追放した。この虫は長さ四寸ほどで、斑点《はんてん》があり蚕に似ていた。

この虫神も旧来からの神祇信仰とは明らかに異質で、外から来たったものと考えられる（下出一九七二）。

このほか、大陸系の呪術（符書《ふしょ》、巫蠱《ふこ》）が奈良時代になると盛んに行われ、しばしば禁断の対象となった。たとえば、『類聚三代格《るいじゅうさんだいきゃく》』巻十九・禁制事に収める、宝亀《ほうき》十一年（七八〇）に出された禁令には次のように見える。

近頃、無知な人民どもは巫覡たちとともにいかがわしい祭祀を行い、藁《わら》作りの犬や「符書」の類、「百方恠《ひゃっぽうかい》」（「百怪呪符《ひゃっかいじゅふ》」とよばれる道教系の符）などを作って町中にあふれている。それによって福を求めながら、かえって「厭魅《えんみ》」（呪詛）に陥っている。これはただ朝廷の法に触れるだけではなく、「妖妄《ようもう》」をはびこらすことになるのである。これからは厳禁とする。違反者については五位以上は名前を記録して報告せよ、六位以下は担当機関が処分せよ。ただ、病気のための祈禱は都の外で行え。（禁断京中街路祭祀事）

『律』職制律《しきせいりつ》第三に「凡《およ》そ玄象《げんじょう》の器物《きもつ》、天文、図書、讖書《しんじょ》、兵書、七曜暦、太一雷公式《たいいつらいくうしき》、私家に有《たも》つことを得じ。違《たが》へらば、徒《ず》一年」とあるように、政府は、大陸からの新しい技術として、これらの呪術を導入したが、あくまで国家で管理し、民間に流出することに神経を尖《とが》らせていたのである。
右のような禁令は、僧尼の呪術行為の禁止と一対のものであった。僧尼令第七には次のようにある。

僧尼のなかで、天体を観察して災厄祥瑞《しょうずい》を説き、国政を批判して人民を惑わしたり、兵書を読んだり、あるいは人を殺し、犯し、盗み、また偽って悟りを得たなどと吹聴《ふいちょう》すれば、法律に従って罪科を加える。また、僧尼のなかで吉凶を占い、巫術《ふじゅつ》を以て病気治療を行った者は還俗させる。ただし、仏法の呪によって、病から救おうとするのは禁じない。

やはり仏教こそが、この時代に大陸からもたらされた最大の呪術宗教だったのである。

3　神仏習合の発生

律令体制と神祇制度

七世紀後半以降、日本は律令国家の形成に向かって動き出す。中国を範として、律令の制定（飛鳥浄御原令《あすかきよみはらりょう》→大宝《たいほう》律令→養老律令）、官僚組織の構築（太政官《だいじょうかん》制度）、徴税システムの設計（班《はん》田収授法《でんしゅうじゅのほう》)、恒久的都城の造営(藤原京→平城京)、正史の編纂《へんさん》(『日本書紀』)等の施策が行われた。そして、「大王《おおきみ》」とよばれた倭王を「天皇」とあらため、国号の漢字表記「倭」を「日本」とした(和訓はともに「ヤマト」で変わらない)。そのことによって、中国に対峙《たいじ》するもうひとつの「帝国」として自らを擬したわけである。

日本の「天皇」号は、中国の「皇帝」から発想されているが、君主としての正当性の根拠が大きく違っている。すなわち、中国において皇帝が皇帝たる所以《ゆえん》は、天帝から受命し(天命)、そのことにより「天子」として、天との擬制的な父子関係を結ぶことに求められる。しかし、皇帝が徳を失い、「天子」たる資格を失うと天命が革《あらた》まる。これがすなわち易姓《えきせい》革命である。

それに対して日本は、神の子孫、すなわち「天孫」による統治とすることで、中国との差別化を図った。ここにおいて、皇祖神たる天照大神《あまてらすおおみかみ》が創出され、大王=天皇はその子孫として「現人神《あらひとがみ》」と見なされることとなった。その系譜を記したのが『日本書紀』(およびその編纂途上の副次テキストとしての『古事記』)にほかならない。

祭祀についても、新たなる制度が作られた。従来行われていたさまざまな〈カミマツリ〉を、天皇・国家の安寧に奉仕するものとして、神祇官を中心に再編成した。これが律令祭祀である。

律令祭祀を規定するのが神祇令である。これは飛鳥浄御原令に現れ、大宝・養老令に受け継がれた。神祇令が準拠したのが唐の「祠《し》令《れい》」(唐の祭祀を規定した法令)である。まず祭祀の定義として「天神地祇」を祭ると規定した。さらに従来日本の〈マツリ〉では明確でなかった斎の禁忌・期間（散斎《さんさい》・致斎《ちさい》）や、祭祀の管理・運営に関して、全面的に「祠令」に依拠している。祭祀を大祀《だいし》・中祀《ちゅうし》・小祀《しょうし》に分けたのも、「祠令」に倣ったものである。

ただし、全て模倣したのではなく、日本の実情に合わせた改変が行われている。祠令では、祭る対象により祀（天神）、祭（地祇）、享《きょう》（人鬼〔祖先の霊〕）に分けられる。しかし、日本にはそのような区別はないことから、「祭」に統一された。また「天神地祇」の指す対象についても、中国のような明確な境界を引くことはできず、律令祭祀の対象になった「カミ」を指したものと考えられる。

神祇令に規定される祭祀は、表に示したように、十三種の恒例祭と、即位最初の大嘗祭、二季の大祓《おおはらえ》より成る。このうち祈年祭は、唐の「祈穀郊《きこくこう》」に倣ったものと思われる。また鎮火祭《ひしずめのまつり》や道饗祭《みちあえのまつり》は、本格的な都城が出来て以後に構想されたものであろう。それ以外は伝統的祭祀に由来するが、畿内の特定の神社祭祀であるものも多い。

また、神祇官より全国の主要諸社に対し、定期的に幣帛《へいはく》を頒布することで、地方の神社を管理しようとした。これもまた祠令にはない規定である。ただ、実際のところ、祭祀の細目は当初ははっきりと決まっておらず、平安以後の「式」（弘仁《こうにん》・貞観《じょうがん》・延喜《えんぎ》）により、段階的に細目が決められていったのが実状だった。

	季節	祭祀名	内容
恒例	仲春	祈年祭	その年の豊作を天神地祇に祈念する。諸国神社の神主・祝部を神祇官に集めて、幣帛を頒布する。孟秋にも行う。
	季春	鎮花祭	疫病の退散を祈る。大神神社と狭井神社で行う。
	孟夏	神衣祭	天照大神へ御衣を奉る。伊勢神宮で行う。
		大忌祭	広瀬神社の祭祀。孟秋にも行う。
		三枝祭	率川神社の祭祀。
		風神祭	竜田神社の祭祀。孟秋にも行う。
	季夏	月次祭	祈年祭と同じく幣帛を頒布する。季冬にも行う。深夜「神今食」（天皇が神と共食する）。
		鎮火祭	「宮城四方角」において火災防止を祈願。季冬にも行う。
		道饗祭	「京四方大路最極」において鬼類の侵入を防ぐために行う。季冬にも行う。
	季秋	神嘗祭	伊勢神宮において新穀を神に捧げる祭。
	仲冬	相嘗祭	特定の諸社において、朝廷からの幣帛を受けて行う新穀の祭。
		鎮魂祭	天皇の魂を鎮め、活力を与える祭。新嘗祭の前日に行う。
		大嘗祭（新嘗祭）	天皇がその年の新穀を喫する祭。
臨時		一代一度大嘗祭	天皇即位最初の「新嘗祭」。

六・十二月	大祓	朱雀門に諸官を集め、大祓祝詞を読み、半年の穢れを祓う。

神身離脱

神と仏の関係が変化を見せ始めるのは八世紀に入ってからのことであった。この時期登場するのが神宮寺である。神宮寺とは神社に併設される寺院で、後になると神社を支配下に置くようになった。奈良時代に神宮寺が創建されたと考えられるのが気比《けひ》神宮・若狭比古《わかさひこ》神社・伊勢神宮・鹿島《かしま》神宮などである。

これらの由緒として、たとえば気比神宮（現福井県敦賀市にある。旧越前《えちぜん》国一宮《いちのみや》）の神宮寺について、次のような話が伝わっている。

霊亀《れいき》元年（七一五）のこと、藤原武智《ふじわらのむち》麻呂《まろ》は夢のなかで、容貌《ようぼう》を常人と異にするひとりの不思議な人物に会った。その人は言った。「あなたが、仏法を篤《あつ》く信仰していることは、人も神も共に知るところである。私のために寺を造り、救ってもらいたい。私は前世からの業《ごう》によって、長いこと神のままである。現在、仏道に帰依《きえ》して修行を積んでいるが、まだ因縁を得ていない。だから、あなたにお願いに来たのだ」と。武智麻呂は、これはおそらく気比の神であろうと考え、返事をしようとしたところで目が覚めてしまった。そこで

「神と人とは住んでいる世界が違います。ですから昨夜の夢のなかの人がどのような方か分かりません。神としてもし霊験を示して下されば、必ず寺を建てましょう」と祈りを捧げた。すると神は優婆塞《うばそく》の久米《くめ》勝足《かつたり》を掴《つか》んで、高い木の末に置いて、霊験を示した。武智麻呂は実の神であると知り、遂に一寺を建てた。いま越前に在る神宮寺がこれである。

（『（藤氏）家伝』下・武智麻呂伝）

また、若狭比古神社（現福井県小浜市にある。旧若狭国一宮）の場合は、次のような話である。

養老年中（七一七〜七二四）、疫病が頻発し、病死する者多く、天候不順で穀物も稔《みの》らなかった。そのころ赤麿《あかまろ》なる者（後に若狭比古神社の神主に推される和朝臣宅継《やまとのあそんやかつぐ》の曽祖父）が、仏道に帰依して、深山で修行を行っていた。若狭比古大神はこれに感じ、人に化身して語りかけた。「ここは私が住んでいる処だ。私は神の身を受けたがゆえに、苦悩が甚だ深い。仏法に帰依することで、神という境遇を免れたく思っているが、その願いはいまだ果たされない。だから、このように災害を起こすのだ。あなたは私のために、よく修行してもらいたい」と。そこで赤麿は、この地に道場を建て、仏像を造り、神願寺と名付け、大神の為に修行した。その後には穀物は稔り、人が死ぬこともなくなった。

（『日本後紀』逸文、『類聚国史』巻百八十・仏道七）

気比神は「吾れ宿業《すくごう》に因り、神と為ること固《もと》より久し。今仏道に帰依せんと欲し、福業《ふくごう》を修行すれど、因縁を得ず」、若狭比古神は「我神身を稟《う》け、苦悩甚だ深し。仏法に帰依し、以て神道を免れんと思ふ。期願果たすこと無く、災害を致すのみ」と述べる。双方とも神は自らの存在を苦であると捉え、そこよりの救済のために、造寺造仏を人間に依頼するのである。このような神のありようを、現代の研究者は〈神身離脱〉とよんでいる。

仏による救済対象を衆生《しゅじょう》という。それらが住む世界が六道《ろくどう》（天・人・阿修羅《あしゅら》・畜生・餓鬼・地獄）、その最上位にあるのが天道《てんどう》である。天は人や畜生以下よりずっと優れた存在ではあるが、結局のところ輪廻転生《りんねてんしょう》を免れない衆生に属する。日本の神々は、かかる天道の一種（すなわち「神道」）と見なされたのだった（ただし、必ずしもそうとばかりはいえないことは後で述べる）。

特に若狭比古神の場合、神は苦しみのあまり、疫病を起こしている。神の意志表示としての〈タタリ〉＝疫病を、仏法による救済を願う神の苦しみが引き起こすものと捉え、そのことによって、神が仏法へ帰依したがる理由を合理的に説明しようとしているのだ（このような説の背景には、疫病・干ばつなどの災害が、読経の力によって制圧できるという認識が広まったことが大きい）。

法楽

これらの話で興味深いのは、神は自らの救済のために人間の力を必要とする、ということである。人は自ら修行・功徳を積むことができる。しかし神は、自分自身で仏道修行をすることは叶《かな》わず、布施もできない。全て人間が代行しなければならないのである。つまり、こと仏道修行においては、神と人の力関係は逆転し、神は人間より劣る存在となる。これが、神域内に寺院（神宮寺）を建立することを正当化する根拠となるのである。神のためのかかる造寺造仏を〈法楽《ほうらく》〉という。

このような〈法楽〉の一環として、神宮寺建立と並んで行われるようになったのが、経典の神前読経と書写奉納である。たとえば、『日本国現報善悪霊異記《にほんこくげんぽうぜんあくりょういき》』（日本霊異記）下巻「修行の人を妨ぐるに依りて、猴《さる》の身を得し縁第二十四」によると、近江国の陀我《たが》大神（滋賀県野洲《やす》市にある御《み》上《かみ》神社のことか）が自らの救済のために『法華経《ほけきょう》』を読誦《どくじゅ》するように、恵勝《えしょう》という僧に依頼するのである。この話の興味深いところは、神の本身が猿であること、そしてその前世は東天竺《とうてんじく》の王であったが、修行者の従者が多すぎることを誡《いまし》めた報いにより神＝猿と転生したというのである。この場合、陀我大神は、畜生の一種と見なされているわけである。日本の神が全てストレートに天道とされるわけではなかった事情が窺える。

また、神への書写奉納の例としては「道行知識経《どうぎょうちしききょう》」が知られる。すなわち、伊賀《いが》国種生《たなお》の常《じょう》楽寺《らくじ》（現三重県伊賀市種生）に伝来する『大般若経《だいはんにゃきょう》』五百九十五巻のなかに、道行なる僧が願主となって天平宝字《てんぴょうほうじ》二年（七五八）に書写された経巻三巻（巻五十・九十一・百八十七）が含まれている。書写の由来については、特に巻九十一の識語に詳しく記されている。それによると、天平勝宝《てんぴょうしょうほう》九年（七五七）のこと、山中に分け入って仏道修行を行っていた道行は、山頂で雷雲に巻き込まれ、身の置き所なく死を覚悟するばかりとなった。そのときもし生きて帰還できれば、神の安穏と朝廷・人民の無事安寧のために『大般若経』六百巻の書写をしようと、誓いを立てた。そのおかげで生還できた彼は、同行《どうぎょう》知識（賛同者）を募って書写の功を遂げたのである（それゆえ「知識経」という）。

その誓いを立てた神について、巻五十の巻末には「奉為神風仙大神（神風仙大神のおおんため）」、巻九十一には「伊勢大神」とある。これが伊勢神宮を指すのかについては議論もあるが、「神風仙大神」の名からも分かるように雷を起こした神のことである。そして、その神に対して「波若（般若）の威光を被り、早く大聖《だいしょう》の品《ほん》に登りまさんことを」と祈願している。つまり、『大般若経』を荒ぶる雷神（伊勢大神）に捧げることで、般若の智慧《ちえ》により、早く神身を脱して、「大聖の品」（菩薩《ぼさつ》の階位）に登らせようというのである（これは後に仏法に帰依した神を菩薩とよぶ先駆けといえる）。

このように、神々の神身離脱への要求を機縁とする神宮寺建立・神前読経が盛んになってくるのは、地域社会に仏教が本格的に浸透してきたことと、在来の神祇信仰と仏教との対立が顕在化しつつあったことを示している。ここに至って、ようやく両者の関係についての説明が必要とされるようになってきたのである。この問題に関して、田村円澄《たむらえんちょう》は、神仏の対立関係は中央においてより、地方において顕著であり、したがって神身離脱の思想は地方より進行したと主張した（田村一九五四）。

この説は長い間、定説として通用していたが、近年吉田一彦は、神身離脱の記事は中国の『高僧伝』『続高僧伝』にもあり、在地よりの独自な発想とは言いがたいと主張した（吉田一九九六）。たとえば、『続高僧伝』巻二十五・法聡伝によると、嘉興《かこう》県の高王神なる神は、祝《はふり》（巫祝）に憑依して法聡法師より菩薩戒を受けたいと要求、以後供物に「酒肉・五辛」の一切を断じ、自分に福を祈りたいときは、廟前《びょうぜん》に僧を招いて設斎・行道せよといったという。また、海《かい》塩《えん》県の鄱陽《しんよう》府君神は祝を通じて、法聡を招いて自分のために『涅槃経《ねはんきょう》』を講ずることを望み、その終わり近くになったとき、これまた祝を介して（神様とはめんどうなものである）、

法師の講説を蒙《こうむ》り、法言を稟《う》くることを得たり。神道業障《ごうしょう》多く苦悩有り。法を聴きてよりこのかた、身の鱗甲《りんこう》内の細虫苦を噉《くら》ひ、已《すで》に軽昇《けいしょう》を得たり。

と感謝したという。まさに先の若狭比古神の場合と同工の神身離脱譚である。やはり、この事柄は、東アジア世界における仏教伝播《でんぱ》・受容の問題として、中国や朝鮮半島諸国の事例と比較しながら考えていく必要があるだろう（北條二〇一〇）。

山岳修行者の登場

右に見た例からも分かるように、神宮寺を建立したり、神のために書写・読経したのは、赤麿や道行のような山岳修行者たちであった。

在来の神（カミ）信仰において、山とは神霊の坐すところであり、古くからの信仰対象であった。また、神体山と称して山自体をご神体とすることもあった（三輪山等）。それらは神霊の住処であるから、祭礼など特別な場合を除いて、みだりに入山することは、本来なかったはずである。

ところが、仏教伝来以降、山への認識が変わり始める。すなわち、修行の一環としての山岳修行の風がもたらされた。山の霊力を期待してむしろ積極的にそこに入り、修行をするようになってきたのである。特に奈良時代になると、雑密《ぞうみつ》系経典が移入されるが、そこでは盛んに呪力獲得のための山岳修行を勧めている。その結果、多くの呪術的宗教者を生み出すに至ったのである。その代表的人物に、役小角《えんのおづぬ》・泰澄《たいちょう》・満願《まんがん》（万巻）等が挙げられる。役小角は葛城山《かつらぎさん》を、泰澄は白山《はくさん》を、満願は箱根山《はこねやま》を開いたとされる。

これら修行者の行動は、従来からの神（カミ）信仰のあり方と対立せざるを得ない。ここにおいて、彼らは神々のサンクチュアリに侵入することの合理的な説明を求められることになった。その鍵となったのが、先の〈神身離脱〉である。山林修行者は、神の救済のための修行ということを根拠にして、そこに自らの拠点たる寺院や堂舎を営むようになるのである。神仏習合の最初期の担い手は、このような山林修行者だった。たとえば箱根山の開山として知られる満願は、鹿島神宮寺や多度《たど》神宮寺を開いたとされる。

先に述べたように、仏教の前では神と人の関係が逆転する。そのことを体現するのが、満願と並ぶ奈良時代の山岳修行者であり、後に修験道の祖とされる役小角（役行者）である。『続《しょく》日本紀《にほんぎ》』文武《もんむ》三年（六九九）五月二十四日条によると、彼は葛城山に住んで呪術をもって知られ、世間の噂《うわさ》として「能《よ》く鬼神を役使《やくし》して、水を汲《く》み薪を採《と》らしむ。若《も》し命《めい》を用ゐずは、即《すなわ》ち呪を以て縛る」といわれた。

また、『日本霊異記』上巻「孔雀王《くじゃくおう》の呪法《じゅほう》を修持《しゅじ》して異《めずら》しき験力《げんりき》を得、以て現に仙と作《な》りて天を飛びし縁第二十八」が伝えるところによれば、小角は金峰山《きんぶせん》と葛城の神に橋を架けようと鬼神たちを使役した。堪えかねた葛城の一言主神《ひとことぬしのかみ》が天皇に讒言《ざんげん》（託宣を通じて！）、結果小角は流罪になった。ところが後に報復として「彼《か》の一語主《ひとことぬし》の大神は、役の行者に呪縛《じゅばく》せられて、今に至るまで解脱《げだつ》せず」というのである。山の霊力を自由に操作することを、これら修行者たちは目指したのだった。

さて、当初朝廷は、これらの山岳修行者を私度僧《しどそう》として、また呪詛《じゅそ》の徒として禁圧を加えたが、その一方で彼らの病気治癒の能力に期待するようになる。その能力ゆえに権力の頂点に立ったのが、ほかならぬ道鏡《どうきょう》であった。彼は葛城山で如意《にょい》輪法《りんぽう》を修行したとされ、その力で孝謙《こうけん》上皇（後に称徳天皇《しょうとく》）の病を治したため、彼女の寵愛《ちょうあい》を受けることになったのである。

さらに平安以降になると、最澄・空海等によって純密（体系化された密教）がもたらされ、彼らは比叡山・高野山《こうやさん》といった山を修行の拠点とした。また、これら密教系の呪術宗教者が、朝廷に入って加持祈禱を盛んに行うようになると、むしろ歓迎するようになっていくのである。

このような密教化した山岳信仰のなかから、後世修験道が生まれるのである。

八幡神の出現

神と仏との関係史を辿るとき、常に重要な役割を果たしてきたのが、九州豊前《ぶぜん》国宇佐《うさ》地方より起こった八幡神《はちまんしん》である。この八幡という神については謎が多い。その名は、記紀のなかには見えず、奈良時代になって突如としてその姿を現す。そして、東大寺大仏建立を契機に平城《へいじょう》京《きょう》へ進出、平安遷都以後もあらためて石清水《いわしみず》八幡宮が勧請《かんじょう》された。また、応神天皇と同体とも見なされて、天照大神と並ぶ天皇家の始祖神（宗廟神《そうびょうしん》）としての地位も獲得する。さらには武家、特に源氏の守護神となって武門の崇敬を集め、鎌倉時代以降、関東御家人の移住に伴い、その信仰は全国に広がる。今では、最も多くの神社を持つ神のひとつとなっている。

八幡神の由緒について、宇佐神宮側の記録である『八幡宇佐宮《はちまんうさぐう》御託宣集』等によれば、欽明天皇三十二年（五七一）宇佐の地において、大神比義《おおがのひぎ》（神官大神氏の祖）の前に三歳の童子として出現したという。さらに敏達天皇のとき、辛島《からしま》乙目（大神氏と並ぶ宇佐神主家の始祖）に、八幡神の託宣が下り、その百三十年後の和銅《わどう》三年(七一〇)に比義と乙目が、最初の社殿を建立したことになっている。

これに関する最古の史料が、宇佐神宮の神官である大神清麻呂《きよまろ》が弘仁六年(八一五)に大宰府《だざいふ》に奉った解状《げじょう》である(『東大寺要録』所収の弘仁十二年〔八二一〕八月十五日太政官符所引。以下「清麻呂解状」と略称)。同解状には、欽明天皇の治世に宇佐郡馬城嶺《まきのみね》に出現し、同二十九年、大神比義により「鷹居瀬社《たかいせ》」が創建されたことを濫觴《らんしょう》とする。少なくとも平安最初期には、このような由緒が作られていたことが判明するが、実際の起源はどのようなものだったのだろうか。

従来の研究では、宇佐国造《くにのみやつこ》(神武天皇が東征の途中、この地に立ち寄り、国造の祖たる宇佐津《うさつ》彦《ひこ》・宇佐津媛《うさつひめ》より饗応《きょうおう》を受けたことが『日本書紀』『古事記』に見える)による御許山《おもとさん》(馬城嶺)への神体山信仰が、八幡神の原型だったとされる。それに渡来系氏族である辛島氏が大陸・半島の先進文化と仏教信仰をもたらし、さらに畿内出身の大神氏が応神天皇信仰を持ち込んで、それらが融合して八幡神が、七世紀までに出来上がったと考えられてきた(中野一九七五、逵二〇〇七)。それに対して、八世紀の政治状況のなかで作り出された全く新しい神格と見るべきだとの主張も、近年出てきている(飯沼二〇〇四)。

いずれにせよ、宇佐地方が朝鮮半島と近く、古くから半島の先進文化が根づいていたことが、このような新しいタイプの神を生み出した背景にある。後代の記録ながら『新撰姓氏録《しんせんしょうじろく》』(弘仁六年〔八一五〕成立）によれば、雄略《ゆうりゃく》天皇の病気に際して「豊国奇巫《とよくにのあやしきかんなぎ》」が招かれている。さらに『日本書紀』用明天皇紀には、「豊国法師《とよくにほうし》」が宮中に引き入れられたとの記事が見える。これらの記事はあくまで伝承的なものだが、『紀』が編纂された奈良時代の最初、医術に優れた法蓮《ほうれん》なる僧がこの地より出ており（『続日本紀』大宝三年、養老五年条）、先進的な医療知識（呪術を含む）を持つ集団がこの地にいたことは確かである。ちなみに、法蓮はその功績により、親族に宇佐君の姓を与えられ、宇佐氏は後に大神・辛島氏とともに宇佐神宮の神官一族を構成する。

八幡神の中央進出

八幡神が最初に正史に登場するのは、天平九年（七三七）のことである。[2]この年の正月、新羅に派遣された使節が帰朝、受け入れを拒否された旨を報告した。両国の緊張は高まり、軍事行動も議論される事態となった。同年四月、朝廷は伊勢神宮、大神《おおみわ》神社、住吉《すみよし》（筑紫《つくし》）、香椎《かしい》宮と並んで八幡に幣帛を奉り、新羅の一件を報告した。これらは皇祖神（伊勢）、大和国魂社（大神）、神功皇后新羅征討譚関連（住吉・香椎）と、新羅の「無礼」を言いつけるに相応《ふさわ》しい諸社だが、八幡がそのなかに含まれているのである。このことをもって、当時すでに八幡が応神天皇と同一視されていたとする見解もある（応神は胎中《たいちゅう》天皇として母神功皇后とともに新羅に行ったことになっている）。

さらに、同十二年、大宰少弐《だざいのしょうに》藤原広嗣《ひろつぐ》が反乱を起こしたとき、朝廷は八幡に戦勝を祈願、そのおかげか広嗣を討つことができた。『続日本紀』によれば、乱の翌年の閏《うるう》三月、戦勝を報謝し、金字《こんじ》『最勝王経《さいしょうおうきょう》』『法華経』各一部、年分度者《ねんぶんどしゃ》十人、封戸《ふうご》、馬五匹を宇佐神宮に寄進、さらに三重塔の造営が約束されている。『続日本紀』には記載がないが、八幡宮関係の史料によると、天平九年には宇佐宮の西に、その神宮寺たる弥勒寺が建立されたという。「三重塔一区」はこれを指すものと考えられよう。

八幡のさらなる飛躍の契機となったのが、東大寺大仏造営事業である。天平勝宝元年（七四九）十一月、八幡神は託宣を下して上京を開始した。翌十二月には平城京に入り、聖武太上天皇、孝謙天皇とともに大仏に拝礼した。道中、神体の進む付近は殺生が禁ぜられ、供奉する人々にも酒肉が与えられなかった。このことを見ても、八幡神の特異性が分かるが、さらに驚くべきことに、神体を奉じていた巫女大神社女《おおがのもりめ》は、「弥宜尼《ねぎに》」とよばれている。つまり、法体の巫女だったのだ（これについては異論もある）。そして、このとき造営された行宮《あんぐう》（梨原宮《なしはらのみや》）では、僧四十人を招いて、悔過《けか》法要が行われている。

『続日本紀』に載せるこのときの宣命には、次のような八幡の託宣が引かれている。

神我《かみわれ》、天神・地祇を率ゐいざなひて必ず成し奉らん。事立つに有らず、銅《あかがね》の湯を水と成し、我が身を草木土に交へて、障《さわ》る事無くなさん。（神である我は、天神・地祇を率い導き、〔大仏建立を〕成就させようと思う。熱い銅の湯でも冷水に変え〔るような霊力を働かせ〕、草や木や土に我が身を交わらせ、障害なく〔この事業を〕成し遂げよう）

つまり、八幡は神々を代表して東大寺大仏建立のために奉仕することを誓い、それを実行すべく上京したというわけである。かかる八幡神の性格は、他の神身離脱を示す諸神とは明らかに異なったもので、神仏習合をまさに体現する神といえる。聖武天皇がその入京を受け入れたのも、天皇が目指した仏教を中心に神々がそれに奉仕する国家構想にとって、八幡神の存在こそ理想的だったからであろう。そして後述するように、これ以後の神仏習合の歴史も、同神が常に先導するかたちで進展していくことになる。

4　本地垂迹説の形成

菩薩としての神

仏と神の間の距離が、このように縮まっていく過程で現れてきたのが、一部の神々を〈菩薩〉の名でよぶようになる現象である。そして、これまた先鞭《せんべん》を付けたのが八幡神だった。八幡神は、後々まで（明治維新まで）「八幡大菩薩」と号したが、その確実なる初見は延暦《えんりゃく》十七年

（七九八）十二月二十一日の日付を持つ大宰府に宛てた太政官符（『新抄格勅符抄《しんしょうきゃくちょくふしょう》』所収）で、そのなかに「八幡大菩薩」の名が認められる。さらに大同《だいどう》三年（八〇八）の太政官符（『類聚三代格』所収）にも同様に見え、平安初頭には「八幡大菩薩」の呼称が公に認知されていたことが知られる。

呼称の由来について、先にも引いた「清麻呂解状」には、大略次のようなことが記されている。

天応《てんおう》のはじめ（七八一頃）八幡神に対し、今までの神徳に基づき「護国威力神通大菩薩」の尊号が奉られたところ、延暦二年（七八三）五月四日に次のような託宣が下された。すなわち、我は無量劫《むりょうこう》の長い年月、三家（三界《さんがい》＝欲界・色界・無色界の衆生世界）に転生して衆生を済《すく》ってきた。それゆえ我は「大自在王菩薩」というのだ。だから、二つの号を合わせて、「護国威力神通大自在王菩薩」としてもらいたい。

右の解状から二つの重要な事実が浮かび上がる。まずひとつは、朝廷が「護国威力神通大菩薩」の尊号を与えたのに対し、八幡神は「大自在王菩薩」と自称する託宣を下すわけだが、ここで問題になっているのは「何々菩薩」かということで、おそらく最初に〈菩薩〉を称したのは八幡神（というか宇佐神宮）の側なのだろうということである。

ふたつめは、「大自在王菩薩」の名前から推察できるように、八幡神（側）は、大自在天、すなわち色界の天部である摩《ま》醯首羅《けいしゅら》天《てん》（ヒンズー教のシヴァ神に相当する）に、自らを重ね合わせている。摩醯首羅天（大自在天）は欲界の他化《たけ》自在天と混同されて地上世界の支配者とも見なされる。この天を連想させる呼称にさらに〈菩薩〉の号を付することで、天部＝神であり、かつ菩薩である八幡神の性格を浮かび上がらせるのである。

八幡神以後、神のなかに菩薩の名を冠するものが現れてくる。つまり、神が単なる衆生ではなく、衆生と仏の中間的存在と認識されるようになったことを意味する（もちろん全てがそう見なされてきたのではないが）。その例として、常陸《ひたち》国鹿嶋郡大洗磯前《おおあらいいそざき》に降臨した神が挙げられる。『日本文徳《もんとく》天皇実録』斉衡《さいこう》三年（八五六）十二月二十九日条によると、大洗の海辺にふたつの奇妙な石が出現した。その後ある人に神が取り憑き、「我是《こ》れ大奈母知《おおなむち》・少比古奈命《すくなひこなのみこと》なり。昔此《こ》の国を造り訖《おわ》り、去りて東海に往けり。今民を済はんが為に、更に亦《また》来り帰る」と名乗ったという。「大奈母知」（大己貴神、『古事記』では大国主命《おおくにぬしのみこと》）は、国津神の主だった神であり、瓊瓊杵尊《ににぎのみこと》が天降ったとき、「百《もも》足らず八十隈《やそくまで》」に隠れ去ったとされる（『日本書紀』神代下）。それが帰ってきたというのである。

この事件から数十年のちに成立した『延喜式』（九二七年完成）神名帳には、この神の名が記載されている。興味深いことに、そこでは「大洗磯前薬師《やくし》菩薩明神社」と名づけられているのである（常陸国鹿嶋郡）。どうして、この神に「薬師」の名が冠せられたのであろうか。それはおそらく、同神が東方より降臨（あるいは帰還）したからであろうと思われる。薬師如来の浄土である瑠璃光《るりこう》世界は東方にあり、薬師は東方と関連づけられる仏である（この点で西方と結びつく阿弥陀如来と一対である）。しかし、ここでさらに注目されることは、薬師〈仏〉ではなく、薬師〈菩薩〉とある点である。やはり、神は菩薩であるとの認識が、この頃には広く共有されていたからであろう。だからあえて、「薬師菩薩」なる独特な神名が付されたのである。

ところで、前に述べた神身離脱を目指す神と、このような〈菩薩〉の名を持つ神とは、全く異質な神々だったのだろうか。実は両者は意外と近い存在だったらしい。そのことを示唆するのが『多度神宮寺伽藍縁起幷資財帳』（延暦七年〔七八八〕成立）に見える多度神（三重県桑名市に鎮座）の話である。すなわち天平宝字七年（七六三）、満願（万巻）が多度神社の東方に道場を建て阿弥陀像を安置していた。そのとき人に多度神が憑き、「神身」を離れて三宝に帰依したいと訴える。これを受けて満願は山内に小堂を建て、神像を安置した上で、「多度大菩薩」の称号を奉ったというのである。この場合、〈菩薩〉とよばれるのは、人よりはるかに優れた存在ということではなく、菩提心を発して菩薩道を歩み始めたという意味である。さすれば、神身離脱を求める神も仏法に帰依すれば、すぐさま菩薩として崇拝されるようになりうるのである。神仏習合が急速に普及促進していった理由のひとつに、このような菩薩化のメカニズムがあったといえるだろう。

宮寺

以上見てきたごとく、八幡神を中心に神仏習合はさらに進展する。それを象徴するのが石清水八幡宮の創建である。貞観元年（八五九）、宇佐八幡宮に参詣した大安寺《だいあんじ》の僧行教《ぎょうきょう》が、八幡大菩薩の託宣を受けて、翌二年、男山《おとこやま》に八幡宮を勧請した。これが石清水八幡宮である。その由来については、行教自身の手になるとされる『石清水八幡宮護国寺略記』に記されている。同書については、偽書説もあるが、ひとまずこれによって創建の経緯を辿っておく。

　大安寺の僧だった行教は、長い間八幡大菩薩を拝したいとの念願があった。ついに貞観元年四月十五日に宇佐神宮へ参拝を遂げ、一夏（四月～六月）神前にて昼は大乗経《だいじょうきょう》を転読、夜は真言陀羅尼《しんごんだらに》を唱えて廻向《えこう》した。予定の期日も終わった七月十五日の夜、大菩薩が示現して次のように告げた。「私は、おまえの修善に感じ入った。それを忘れ難きゆえ、おまえとともに都近くに行き、国家を守護しようと思う。さらに祈りを続けよ」と。行教は感激し、さらに五日延長して祈請を行い、七月二十日をもって、神体を奉じて上京した。翌月二十三日には京の南の山崎離宮辺りまで至り、示現《じげん》を請うと二十五日夜、王城鎮護のため、都近くに移坐せんと言った。さらに神体を何処《いずこ》に安置すべきか祈願すると、「石清水男山である。今まさに現ぜん」と告げた。驚いて南方に向かって百余遍大菩薩を拝すると、男山の山頂があたかも月星を聚《あつ》めたように光り耀《かがや》いた。行教は総毛立ち、地に伏した（この辺りは夢中の出来事とも、幻視した光景とも読める一種の神秘体験の描写となっている）。

翌朝、山頂に登り拝礼し、その後三ヶ日にわたり、お告げに従って草庵を点じて神体を安置し、法味《ほうみ》（経・真言）をもって荘厳《しょうごん》した（これによりここが聖所であることを示す）。さらに、このことを朝廷に奏聞すると、九月十九日には勅使が下されて実検が行われ、すぐさま正殿と礼殿各三宇の造営が始まった。完成した宝殿に神体を安置したが、その後も霊験は止まなかった。十一月、行教は召しにより左大臣（源信《みなもとのまこと》か）の元に参上した。左大臣は行教の奏聞に従い、朝廷がすぐに大菩薩の御殿を建立した理由を明かす。すなわち、行教の奏聞に先立ち、天皇が男山から紫雲が立ち上り、平安城を覆い、天下に遍満《へんまん》する夢を見た。皇后や大臣自身にも同様な夢があり、定めて天下の慶賀ならんと思っていたところ、行教の奏状があり、驚き喜んで御殿を造営したのだ、と。

行教はこれを聞いて、いよいよ勤仕に励んでいたところ、朝廷より宇佐神宮に勾当《こうとう》として参詣し、大般若経等を奉納せよとの宣旨が下り、百人の僧を率いて宇佐へ参籠《さんろう》、大般若経二部・金剛般若経一万千六百六十巻・理趣《りしゅ》般若経百四十六巻・光明《こうみょう》陀羅尼七万五千遍を読み奉った。さらに宇佐に年分度者三十三人が置かれたほか、男山（石清水）の社殿にも、十五人の度者が置かれ、祈願僧となした。

以上が『石清水八幡宮護国寺略記』が記す石清水八幡宮の経緯である。同宮は、当初神主も置かれず（神主設置は創建十数年後）、僧侶が中心となって経営されており、神社と寺院が融合した特殊な存在であった。このような形態を〈宮寺《みやでら》〉といい、明治維新までは、石清水八幡宮の正式名称は、書名が示すように「石清水八幡宮護国寺」あるいは「石清水八幡宮寺」であった。

同宮の社（寺）務の中心である別当（後にその上に検校《けんぎょう》が置かれる）は、行教の出身であった紀氏《きうじ》一族により相続されるが、別当は僧形でありながら妻帯し、後に田中《たなか》・善法寺《ぜんぽうじ》に分かれる一流によって世襲され、その存在自身が習合的なものであった。日本における僧侶の妻帯に対する寛容な伝統は、ここから始まったといえよう。

なお『石清水八幡宮護国寺略記』の最後に、石清水社に祈願僧を置く理由について「大菩薩の成等正覚《じょうとうしょうがく》の奉為《おおんため》に、兼ねては鎮護国家の為に」とある。つまり、いまだ菩薩位にある神が一日も早く成仏することを助けると意義づけられているのだ。神の成道には人の力が不可欠であるという、神身離脱以来の、仏法をめぐる人と神との逆転した関係がここでも見て取れる。

本地垂迹説

宮寺の出現を経て、神仏の習合化はさらに進み、十世紀頃には本地垂迹説《ほんじすいじゃく》の成立を見る。「本地垂迹」とは、本体たる仏菩薩が衆生済度のために、仮に神の姿となって現れたものだとする説で、垂迹とは「迹を垂れる」という意味である。その典拠は、『法華経』である。その

如来寿量品《にょらいじゅりょうぼん》には、

一切世間の天・人および阿修羅《あしゅら》は、皆今の釈迦牟尼仏は釈氏宮を出で、伽耶城《かやじょう》を去ること遠からず、道場に坐して阿耨多羅三藐三菩提《あのくたらさんみゃくさんぼだい》を得たりと謂《おも》へり。然《しか》るに善男子よ。我れ実に成仏已来《このかた》無量無辺百千万億那由多劫《なゆたこう》なり。

との一節がある。ここが根拠になって、天台宗では、釈迦を久遠《くおん》の本仏（本門）と、伽耶城で成仏した応迹《おうじゃく》（迹門）とに分けた。この本迹二門の区分を、神仏関係に応用し、本地を仏、垂迹を神として神仏関係を説明したのが本地垂迹説である。[3]

ただし、かかる発想は天台教学のみに由来するのではない。密教の本地身《ほんじしん》・加持身《かじしん》説の影響もあるし、もっと大きくいえば仏教一般に見られる化身思想の一種として起こったと見るべきであろう（山折一九九一）。

インドにおいて成立した仏教は、伝播の過程においてその土地土地の神や歴史上の重要人物を仏菩薩の化身とすることで、その地に根づいていった。たとえば中国において、六朝《りくちょう》時代に制作された偽経である『清浄法行経《しょうじょうほうぎょうきょう》』や『須弥四域経《しゅみしいききょう》』では、孔子《こうし》・顔回《がんかい》・老子《ろうし》や女媧《じょか》・伏羲《ふくぎ》が菩薩の化身とされたほか、宝誌《ほうし》を十一面観音、布袋《ほてい》を弥勒菩薩とする説があった。日本でも本地垂迹説成立以前すでに、聖徳太子を救世《ぐぜ》観音、行基《ぎょうき》を文殊《もんじゅ》菩薩の化身とする説が存在している。つまり、本地垂迹的発想は、決して日本独特のものではなかったし、神にのみ適用されるものでもなかったのである。

「垂迹」の語が日本で使われた早い例として、天長年中《てんちょう》（八二四～八三四）に成立した『叡山《えいざん》大師伝《だいしでん》』『大乗法相研神章《だいじょうほっそうけんじんしょう》』があるが、これらは神についてではなかった。神に使用された例として最も早いのは、石清水八幡宮勧請と同じ貞観元年、延暦寺の僧恵亮《えりょう》が提出した天台宗年分度者を申請する上表文である。ここで賀茂・春日両神に対し、「大士垂迹、或王或神（大士《だいし》の垂迹、あるいは王となり、あるいは神となる）」と見える。ただ、同上表文の他の箇所には「神道の累を剪《き》り、只《た》だ調御《ちょうご》（仏の別号）の慧刃《えじん》を憑《たの》む」と、神身離脱を踏まえた表現があり、仏を本地、神を垂迹とする認識は、いまだ必ずしも固まったものではなかったようである。

そのことが明確に確認できるのは、承平《じょうへい》七年（九三七）の大宰府牒《ちょう》である。これは宇佐八幡の神宮寺である弥勒寺に建てる予定だった伝教《でんぎょう》大師発願の宝塔（千部の法華経を安置）が、火災によって中断されていたのを、筥崎《はこざき》千部寺（筥崎八幡宮の神宮寺）の僧兼祐《けんゆう》が、筥崎の地に建立しようと請願したとき、大宰府より発給されたもので、文中「彼宮此宮、其地異なると雖《いえど》も、権現菩薩の垂迹、猶《なお》同じ」とある。つまり、宇佐宮と筥崎宮とはその場所は異なるが、いずれも「権現菩薩」の垂迹であることは同じであるから、筥崎に宝塔を建ててもよいということである。

ここでいう「菩薩」とは八幡神（八幡大菩薩）を指すが、それに「権現」の名を冠しているのである。「権現」とは、「仏菩薩が衆生利益の為に権《かり》に人類等の身を示現すること」で、「応現、化現、示現、又は権者」と同じ意味である（『望月仏教大辞典』「権現」の項）。とすればここで八幡は、単なる菩薩神ではなく、仏あるいは高位の菩薩（観音・地蔵等のような）が権に現れた存在と見なされていることになる。この「権現」という呼称は、これ以後、もっぱら仏が神として垂迹した形態をのみ指すようになる。

ただ右の例はあくまで八幡神の場合である。それ以外の神がどう考えられていたかははっきりしない。他の諸神に対しても使用されているのが確認されるのは、十一世紀前後からである。その早い例としては、寛弘《かんこう》元年（一〇〇四）の大江匡衡《おおえのまさひら》願文《がんもん》（『本朝文粋《ほんちょうもんずい》』）で、ここで熱田《あつた》神に対し、権現の呼称を使用している。

また、『政事要略《せいじようりゃく》』（『明文抄』所引）の寛弘三年の記事では、天照大神を観音の「御変」としている。このように、本地の仏が特定される例も次第に現れてくる。以後鎌倉時代にかけて、この傾向は全国に広がり、主だった神社には本地仏が決定されていった。右の天照大神（伊勢内宮《ないくう》）以外では、たとえば、八幡は阿弥陀、春日（一殿）は不空羂索《ふくうけんじゃく》観音などに配当された。本地となる根拠は、別当寺・神宮寺の本尊、あるいは性格上の類似などさまざまで、信仰者次第で複数の本地説が立つことも多かった。たとえば天照大神の場合、観音説のほか大日如来説が広く流布したし（この問題については次章で詳述する）、八幡については天台宗や日蓮宗関係者は釈迦説を立てたし、春日（一殿）においても釈迦信仰が篤かった貞慶《じょうけい》（一一五五～一二一三）は、あえて本地を釈迦と見なした。

本地垂迹説が広まり、一般民衆に普及するようになると、神と仏の関係を誰にでも分かるように表示する工夫が現れる。それが御正体《みしょうたい》である。御正体には神体たる鏡の面に本地である仏菩薩を線刻する鏡像と、円形あるいは扇形の板（鋼造・木造等）に本地仏を張り付けた懸仏《かけぼとけ》のふたつの様式がある。いずれも本地と垂迹の関係をを視覚的に表現したものとして、中・近世を通じて盛んに製作された。また、社殿・社域の景観を描き、そこに本地仏、あるいは御正体（円形の中は仏形か種子《しゅじ》）を配することで、本地垂迹を示す図像もある。これは宮曼荼羅《みやまんだら》とよばれ、鎌倉以降盛んに製作された(4)。

神像の出現

さて、前記のような、神仏習合の進展と、本地垂迹説の成立の過程において、「聖なる存在」の表現もまた大きく変化した。すでに述べたように、神（カミ）は元来不可視であり、その存在は依り代たるヒモロギやイワクラによって知りうるものだった。ところが、蕃神たる仏像の伝来とその後の神仏習合の進展は、そのような神の表象の方法に大きな変化をもたらすこととなった。

その顕著なあらわれが、神像の出現である。文献の上では、前にも触れた『多度神宮寺伽藍縁起幷資財帳』のなかに、天平宝字七年（七六三）に満願が多度神の神像を作ったことが見えるのが最も早い。これが果たして事実だったかどうかは不明だが、少なくとも『資財帳』のできた延暦七年（七八八）には、この神像が出現していたことは確かである。

平安初期にまで遡ると考えられている神像には以下のものがある。

①僧形八幡三神坐像（東寺、弘仁年中〔八一〇〜八二四〕頃）
②僧形八幡三神坐像（薬師寺、寛平《かんぴょう》年中〔八八九〜八九八〕頃）
③俗体男女神坐像（松尾《まつお》大社、九世紀後半）
④熊野速玉《はやたま》神・夫須美《ふすみ》神坐像（熊野速玉大社、十世紀〔八世紀説も〕）

①②は八幡神と女神（神功皇后・仲津姫命）の三体から成る。八幡神は修行者らしく僧形だが、女神は当時の貴族の女性の服装である。③は男女とも、当時の貴族の姿をしている。仏像と違って儀軌《ぎき》（図像上の規則）がない神像をどのように造形したらよいか決まっておらず、貴人に模すことになったのである。特に男神像は、眉根《まゆね》を寄せて怒りの表情を帯びている。これは、祟る者としての神の性格を表現したものといえる。

以上のこともさることながら、さらに興味深いのは、右のいくつかは素材となった木の材質的特徴を意図的に残していることである（③④）。なかには節が目立つところにあったりする。これはつまり、神像の素材となる木が、彫刻するに相応しいかどうかで選定されたのではなく、何らかの由緒に基づくと考えられる。おそらく神の依り代だったことが、その木が選ばれた理由だろう。神が木に宿る霊木への信仰が、仏像の影響を受けて、神像という新しい表象形式を生み出したのである（井上一九八九）。

このような仏教と霊木崇拝との関わりは、仏像自体にも大きな影響を与えた。そもそも仏像を金銅で作ったり金箔《きんぱく》を施すのは、生身の仏菩薩により近づけようとするためである。なぜなら、仏菩薩のような高次の存在者は、体内から光を放つと考えられているからだ。仏像の背後にある「光背《こうはい》」は、体内から発するアウラあるいは光線を形象化したものである。だから金銅仏とは、必ずしも施入者の財力の誇示ではなく、仏の実像をリアルに模倣しようとする追求のあらわれにほかならない。

にもかかわらず、日本では木製の仏像が当初から多く、なかには原木の面影をはっきりと残そうとするものもあった。その典型が立木仏《たちきぶつ》とよばれるもので、日光の中禅寺《ちゅうぜんじ》の千手観音像や茨城県石岡市の西光院《さいこういん》の十一面観音像、福島県会津坂下《あいづばんげ》町の恵隆寺《えりゅうじ》の千手観音像等がある。これは根を張ったままの立木の上部を切り、掘り出すことなく仏像を刻むもので、堂をそのあとに被せるのである（もちろん、現在では掘り出され、新しい堂に安置されている場合が多い）。これらも元は霊木として崇拝されたものなのであろう。このような木の素材感を強調する仏像としては、天台寺《てんだいじ》（岩手県二戸市）の聖観音像などの作例で知られる鉈彫《なたぼり》像がある。これらは意図して鑿痕《のみあと》を残して仏像を作ったのである。

神像でも立木像・鉈彫像の例がある。前者は秋田県湯沢市の白山《はくさん》神社に伝わる女神像、後者は富山県高岡市の二上射水《ふたがみいみず》神社の男神像である。

示現と影向

神仏が出現することを示現《じげん》、あるいは影向《ようごう》という。このふたつは、その意味するところのニュアンスに若干相違がある。示現とは、夢中にせよ化身にせよ託宣にせよ、何らかの方法で神が現れることをいう。それに対して影向は、何らかの形（化身）で姿を見せることを意味する。

神の可視化は、神を如何《いか》に表現するかという問題を突きつけた。特に絵画は神の示現・影向する瞬間を絵画化することが追求された。絵師たちは、神を描くのにさまざまな工夫を行うことになる。以下、鎌倉期のよく知られた神の図像のいくつかを例示しておこう。

図1は、絵の下に記された墨書によれば、関白鷹司冬平《たかつかさふゆひら》（一二七五～一三二七）が、正和《しょうわ》元年（一三一二）に夢中に感得した春日神の影向像である。牛をはずした牛車《ぎっしゃ》に乗った束帯《そくたい》姿の貴人像で、一見どこが神の像なのかはっきりしない。ポイントになるのは顔の部分にかかるやり霞《がすみ》である。束帯姿で描かれることが多い神像を、人間と区別するために、やり霞や遮蔽《しゃへい》物で顔を隠すか、後ろ向きに描く手法は鎌倉後期に編み出された工夫で、これ以後、神や天皇を描く際に多用される（山本陽子二〇〇六）。鎌倉中期の作である『春日権現験記絵《かすがごんげんげんきえ》』には、この手法が多く用いられており、本図はその直接的な影響を受けたものであろう。

図2は鎌倉時代の作で、仁和寺《にんなじ》に所蔵される。一見して高貴な僧の御前に束帯姿の男性二人が伺候《しこう》している図だが、この僧は影向した八幡神とされる。これが神の姿である根拠は、僧が

図１　春日明神影向図（藤田美術館蔵）

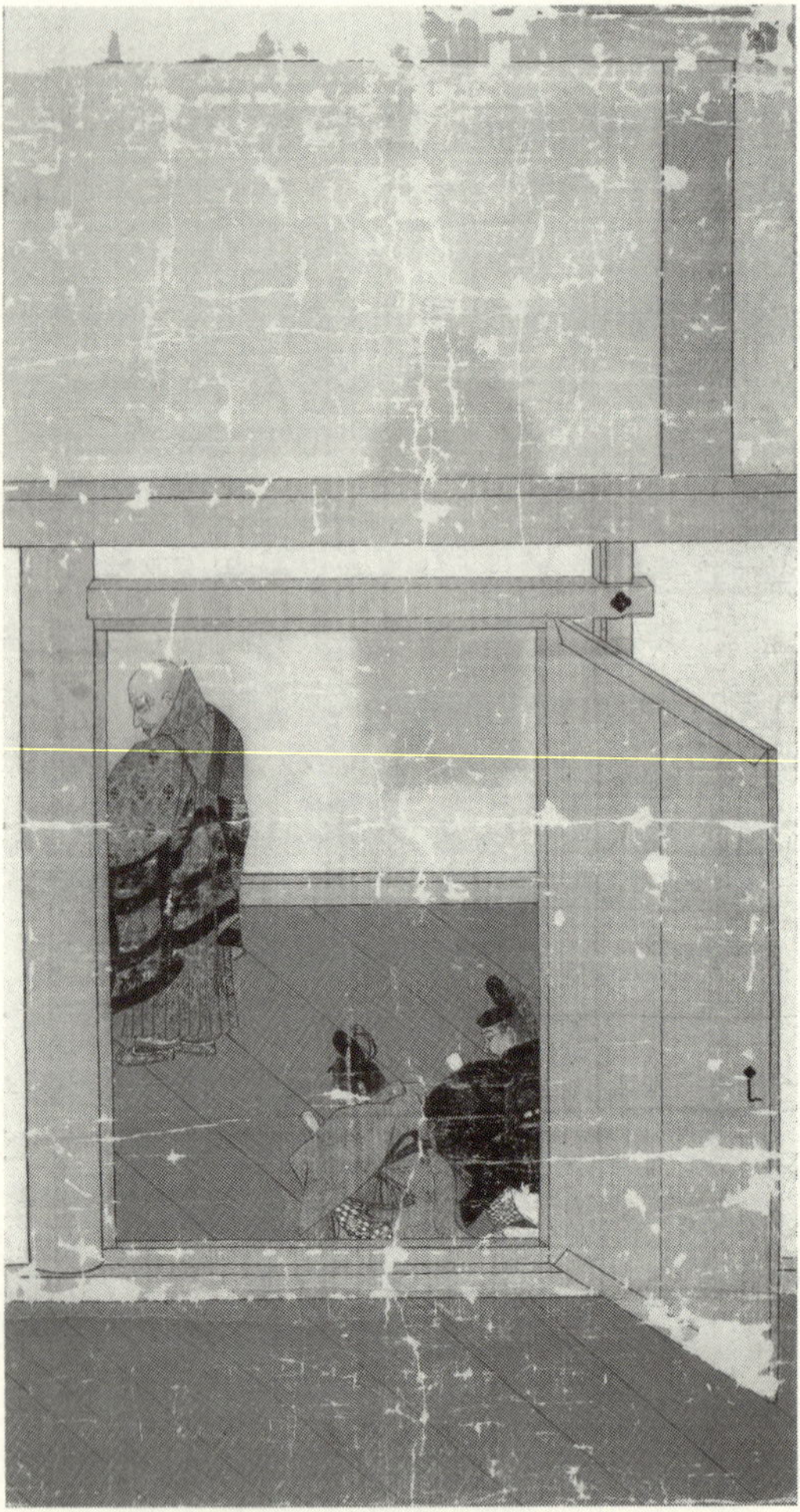

図２　僧形八幡影向図（仁和寺蔵）

図３　清瀧権現影向図（畠山記念館蔵）

図4　春日若宮影向図（大東急記念文庫蔵）

ほかの二人より巨大に描かれていること、顔が肩越しに半分しか見えないよう工夫されていることであるが、特に本図のユニークなところは、僧（神）の影のごときものが壁面に浮かび上がっているように描かれている点である。一見影かと見まごうが、本体から切れてつながっていない。あるいは、見えない存在である神をこのように描いたのであるとも考えられよう。

図3は元久《げんきゅう》元年（一二〇四）に醍醐寺《だいごじ》の僧深賢《じんけん》（?～一二六一）が見た夢に出てきた清瀧《せいりゅう》権現を描いたものである（畠山記念館、鎌倉時代）。戸が開かれ、左手を柱に添え、片足を若干前に出した姿は、まさに影向したその瞬間を描き取った姿と思《おぼ》しい。夢に見た幻像を忠実に再現したものであろう。脇に控える巫女が童女のように見えるほど巨大に描くのは、「僧形八幡影向図」と同じ工夫である。また女神が眉根を寄せているのは、松尾大

社の男神像とも通ずるもので、神の厳しさ（祟り神としての恐ろしさも含む）を表現したものといえる。

図4は文永十年（一二七三）写の金剛般若経の見《み》返絵《かえしえ》である。この経巻は現在大東急記念文庫に所蔵されるが、元来は興福寺勧学院旧蔵の康円《こうえん》作文殊菩薩像（現東京国立博物館蔵）の胎内にあったものである。本図は、菩薩像の発願者経玄《きょうげん》の見た夢告に基づき、春日若宮（本地は文殊菩薩）が春日野に出現した様子を描いたものである。中央にいる童子が神であることは、周囲にいる僧（経玄）や神人と比較して、はるかに巨大に描かれていることから知りうる。

神祇制度の変質

十世紀頃から律令的神祇制度は変質し始める。祈年祭や月次《つきなみ》祭において神祇官より幣帛を配る官社制度は、すでに奈良時代後半より維持が難しくなっていた。延暦十七年（七九八）には、地方の官社には奉幣を国司《こくし》が行うことになり、ここから官幣社と国幣社に分けられるようになった。さらに九世紀には、「名神《みょうじん》」として中央・地方の有力社を選び奉幣するようになるが、それも次第に有名無実化する。それに代わる、より実際的な制度として登場したのが、天皇家・藤原氏等有力氏族と関係の深い神社にのみ奉幣するという体制である。これは二十二社制とよばれる。

二十二社制の形成の経緯は、まず天慶《てんぎょう》四年（九四一）以降、祈年穀・祈雨・止雨のために、伊勢・石清水・賀茂・松尾《まつのお》・平野《ひらの》・稲荷・春日・大原野《おおはらの》・大神《おおみわ》・石上《いそのかみ》・大和《おおやまと》・住吉《すみよし》・広瀬《ひろせ》・龍田《たつた》・丹生川上《にゅうかわかみ》・貴船《きぶね》の十六社に奉幣することが定着する。正暦《しょうりゃく》二年（九九一）には吉田・広田・北野が加わり十九社となる。その後、十一世紀初頭の一条天皇の時代までに、梅宮《うめのみや》・祇園《ぎおん》が、十二世紀には日吉《ひえ》社が加えられ、最終的に二十二社となって固定化した。

二十二社のうちわけは、大和・山城の土地神（賀茂・大神・大和・石上・稲荷・松尾）や祈雨・止雨関連社（丹生川上・貴船）、川神（広瀬）、風神（龍田）、天皇家の祖先神（伊勢・石清水・広田〔内宮の荒魂《あらたま》〕）、藤原氏の氏神（春日・大原野・吉田〔大原野・吉田は春日社が平安城に移されたもの〕）のほか、平野・梅宮は桓武《かんむ》天皇・文徳《もんとく》天皇の母方の氏神、日吉は比叡山の鎮守神、住吉は対外国の軍事神である（同様の性格は石清水〔八幡〕にもあろう）。また、北野・祇園のように御霊信仰を背景にして新しく創建された神社もあり、天皇・摂関への近接性に基づく祭祀制度として形成されたものであることを示している。この二十二社を中心として、中世朝廷の神社祭祀は行われることとなった。しかし、朝廷・天皇・摂関の衰退につれて間遠となり、宝徳《ほうとく》元年（一四四九）を最後に廃絶した。

一方、地方で十一、二世紀頃から見られるのが一宮・二宮制度と総社《そうじゃ》制度である。一宮・二宮制度とは、各国内の神社に序列をつけるもので、最上位を一宮、次を二宮として、場合によっては三宮以下も置かれた。従来の説によると、新任国司が入国にあたって参拝する順序が一宮・二宮制であるといわれる。また総社（惣社）とは、一国内の諸社の祭神を一箇所に勧請したもので、国府付近に置かれた。これも国司の神拝の便宜のために一箇所に集められたといわれていた。しかし、近年の研究では、十一、二世紀以降必ずしも下向しなくなった国司に代わって政務の中心となった在庁官人（在地領主がなる）の神社祭祀の形態として成立したと考えられている（水谷一九八三）。総社・一宮は国衙《こくが》に結集する在地領主層（地方武士）の精神的拠点となり、その祭神が彼らの氏神・守護神となる場合もあった。

最後に神社信仰と神仏習合との関係を述べておく。神社信仰とは本来、氏族単位あるいは地域単位において、恒例化した祭礼の反復によって実施されるのが通例であり、そこでは個人的願望の祈願は存在せず、あるのは国家・氏族単位による祈願のみであった。ところが、本地垂迹説が進展し、現世的・来世的を問わず、個人的願望の充足を満たす存在として仏菩薩と神が同体であると観念されるようになった結果、神社に対しても個人祈願を行うような傾向が出てくる。また、摂関期以降の家制度の成立は、本来氏族単位の広い氏神祭祀のあり方から、より狭い単位に移行し、必ずしも系譜的関係に拠らない関係、あるいは個人的信仰に基づく神社参詣に変化していったのである。

陰陽道と修験道

最後に平安期に発展した陰陽道と修験道について、神祇信仰との関係を中心に述べておきたい。

律令において、中務省《なかつかさ》の部局として陰陽寮が設置され、天体観測（天文）や暦の管理とともに、陰陽（呪術）部門として式占《しきせん》を担当した。式占とは、式盤という円形と方形の二つの盤を重ね、十二月将、二十八宿等を配した占い盤に基づく占法をいう。陰陽寮自体は、唐の官制の太常寺《だいじょうじ》の一部局である太卜署《たいぼくしょ》に倣ったものである。ただし、太卜署の主要呪術である亀卜《きぼく》のみは、早くから日本に伝来していたために神祇官の管轄であった。そのため陰陽部門の職掌は、易筮《えきぜい》・式占等に限定された。それが、時代が下るにしたがって祭祀的要素が強化され、さらに密教儀礼の影響も受けて独自の陰陽道祭祀を作り上げ、また式占に基づく行動規制の体系化を成し遂げた結果、陰陽道が成立する。つまり、陰陽道とは、陰陽五行説と同じではなく、陰陽寮の陰陽部門の職掌が宗教化して、日本独自に出来上がったものであることに注意する必要がある（小坂一九八七、山下二〇一〇）。

陰陽道と神祇信仰とは、実は極めて複雑な関係にある。神祇祭祀自体が本来的に大陸の陰陽五行説の影響を蒙《こうむ》っていた上に、陰陽部門の宗教化＝陰陽道の成立は、本来神祇祭祀に属する職掌に陰陽道が食い込んでくることになった[5]。たとえば、神祇官の祭祀だった道饗祭《みちあえのまつり》とそれを発展させた宮城四隅《しぐう》疫神《えきじん》祭・畿内堺十処《じゅっしょ》疫神《えきじん》祭は、平安中期以降になると、陰陽道祭祀として鬼気祭・四角四堺祭に移行してしまう（甲田一九六八）。

このような現象が特に顕著だったのが禊祓《みそぎはらえ》儀礼である。神祇官の中心祭祀は大祓であるが、それとは別に陰陽道祓が成立し、八十嶋祭のように本来神祇官が担当する儀礼が陰陽寮官僚に取って代わられる事態も生じたのである（小坂一九七六）。

陰陽寮官僚としての陰陽師は、平安後期以降安倍・賀茂両氏が世襲的に担うようになる一方、排除された他氏は民間に流出してその知識を広げた。仏僧出身の法師陰陽師も多く、六字河臨《ろくじかりん》法《ほう》のように、陰陽道祭祀と密教修法が習合した作法も現れた。

修験道は、古代以来の山岳信仰より起こった。すでに述べたように、奈良時代以来、密教と結びついた山岳信仰は、里の神仏習合とも関係しつつ、独自な展開を遂げる。畿内におけるその拠点は吉野（金峰山）と熊野である。金峰山には金剛蔵王《ざおう》権現が現れる。これは、役小角が金峰山において感得したとされ、以後金峰山を中心に全国に広がった。熊野は、本宮・新宮・那智《なち》の三所権現として古くから信仰され、吉野から熊野にかけては修験道の一中心地となった。

こうしたなかから、金峰山と熊野に依拠する山伏集団が組織されていく。熊野山伏は、園城《おんじょう》寺《じ》の増誉《ぞうよ》（一〇三二〜一一一六）が三山検校《けんぎょう》になって以来、園城寺の末寺である聖護院《しょうごいん》を本所とする、後に本山派と称される集団となった。一方、金峰山側は、興福寺を中心に組織化されたが、室町中期頃から醍醐寺三宝院《さんぼういん》を本所に仰ぐようになった。これを当山派という。醍醐寺開山の聖宝《しょうぼう》（八三二〜九〇九）は、山岳修行者として著名で、彼を始祖として組織化が行われたのであった。

中世末期になると、本山派・当山派の支配は、それぞれ天台系・真言系修験として、ほぼ全国的に組織化された。双方の対立が激しくなるのも、中世末期から江戸初期にかけてであった。

江戸時代になると、遊行《ゆぎょう》が禁止されたため、各地に定着するようになる。彼らは呪術祈禱を職業とする一方、講《こう》の組織者として、人々を霊場に導く役割を担った。また教理面では、中世末期に出た彦山《ひこさん》の阿吸房即伝《あきゅうぼうそくでん》によって教理と修法の体系化が行われたが、これは三輪《みわ》流・御流《ごりゅう》神道の印信《いんじん》・切紙《きりがみ》をもとにしたものであった。

第二章　中世神道の展開

1　中世神道説の濫觴

神仏隔離

奈良時代以来の神仏習合の流れのなかにあって、一見それと逆行するような場合がある。すなわち、神事において僧侶を排除するケースで、宮廷や伊勢神宮の神事において認められる。

この動きが起こったのは称徳朝の反省からである。孝謙天皇は、退位して出家した後、淳仁《じゅんにん》天皇を廃して重祚《ちょうそ》した（天平宝字八年〔七六四〕）。これが称徳天皇である。尼僧である彼女は寵愛する道鏡法師を太政大臣《だいじょう》禅師につけ、政治の中枢に据えた（天平神護《てんぴょうじんご》元年〔七六五〕）。つまり、天皇と太政大臣が二人ながら僧体という状況が生まれたわけで、一切の朝儀・神事にも当然彼らが参加する事態となった。同年十一月称徳即位後の大嘗祭にあたって発布された宣命には、人々は、神々を三宝より離して触れさせないようにすべきと思っている。しかし、経典を見れば、仏法を護《まも》り、尊んでいるのは諸《もろもろ》の神々である。だから、出家も、白衣《しろきぬ》（俗人）も相雑《あいまじ》わって神に仕えるのに何の妨げがあろう。（だからこそ）、以前のようには忌むことなく、今回の大嘗祭を行うのである。

（『続日本紀』天平神護元年十一月二十三日条）

とあり、天皇は仏者（自分自身を含む）の神事への参与を、護法善神の論理をもって正当化しようとしている。

これは前章で見た、東大寺大仏建立の際の八幡神の振る舞いとまさに符合する。そして、この八幡神をめぐって、神護《じんご》景雲《けいうん》三年（七六九）に重大な事件が起こった。同年五月、宇佐より八幡神が道鏡を皇位に就けよとの託宣が下されたとの報告があり、その真偽を確かめるべく和《わ》気清麻呂《けのきよまろ》が勅使として宇佐に派遣された。ところが、今度は全く反対の託宣があり、怒った道鏡は清麻呂とその姉和気広虫《ひろむし》を配流に処したのである。

この一件は称徳天皇と道鏡が、宇佐の神官たちと結託してのことと思われるが、ことの背景には天皇と道鏡との特別な関係があったにせよ、天孫が王統を継承するという王法の論理より仏法を優先させる聖武天皇の国家仏教構想の行き着いた果てという感が強い。

結局、称徳天皇の死去、道鏡の左遷により事件は終わるが、後を承けた光仁《こうにん》朝では、その反省に立って、王統の継承を確認する儀礼たる宮廷神事に僧侶が関わらないことが原則化された。これを、こんにち神仏隔離とよんでいる（高取一九七九、同一九八二）。

神仏隔離の慣例は、平安時代以降次第に整えられた。『貞観儀式』『貞観式』（貞観年中〔八五九～八七七〕成立）では、神祇令によって天皇の祭祀とされたものについて、次のように規定されている。すなわち、大祀（大嘗祭）では祭祀の前後（散斎《さんさい》）一ヶ月の間、中央の諸司と国府において仏事を忌む。中祀以下は祭祀の前後の散斎の日に、重服《じゅうぶく》の者（父母の喪に服している者）とともに僧尼の内裏参入を禁ずるというものであった（佐藤眞人一九八六）。

ただ、ここで注意しておくべきは、この原則はあくまで神事の時空間において、仏教を関与させないことにあるのであって、近世の排仏思想とは全く性格を異にすることである。もっとも、神事と仏事が別の体系をもって維持されたことが、排仏論に利用され、神仏分離などの政策が容易に行いえた背景にあったことは否めないだろう。

神仏隔離と伊勢神宮

神仏隔離の原則は、天皇の祖神を祀る伊勢神宮にも及ぶことになる。奈良時代中期までは、他の神社と同じく伊勢神宮でも神宮寺造営の動きがあった。『続日本紀』天平神護二年（七六六）七月二十三日条によると、朝廷より使者が遣わされ「伊勢の大神宮寺」に丈六《じょうろく》の仏像を造らせたとあり、このときすでに伊勢神宮の神宮寺が存在していたことが分かる。

ところが、光仁天皇即位の二年後の宝亀三年（七七二）八月には、度会郡《わたらい》にあったこの寺が飯高郡《いいたかぐん》度瀬山《わたらせ》のかたわらに移され（『続紀』同年八月六日条）、さらに同十一年（七八〇）二月にはさらに遠くに移すことが命じられている（『続紀』同年二月一日条）。『続紀』の記事によれば移建の理由に「祟り」を挙げているが、これが宮廷における事態と連動したものであることは明らかであろう。

平安時代に入ると、伊勢神宮の神域において仏教に関わる物事が忌避の対象となる。そのことを如実に示すのが延暦二十三年（八〇四）に成立した『皇太神宮儀式帳』である。そのなかで、神域において忌むべき言葉の言い換えについてのくだりがある。そこでは人を打つことを「奈津（撫《な》づ）」、泣くことを「塩垂《しおた》る」、血を「阿世（汗）」、死を「なほりもの」などと、不吉な言葉が言い換えられているが、仏教用語についても次のように見える。

仏を「中子《なかご》」と云ひ、経を「志目加弥《しめかみ》」と云ひ、塔を「阿良々支《あららぎ》」と云ひ、法師を「髪長《かみなが》」と云ひ、優婆塞《うばそく》を「角波須《つのはず》」と云ひ、寺を「瓦葺《かわらぶき》」と云ひ、斎食《さいじき》を「片食《かたじき》」と云ふ。

（もと漢文）

今のスルメをアタリメという類で、忌詞《いみことば》といわれるものである。

そのほか、参詣についても僧侶や持経者が直接神前に参ることはできなかった。鎌倉後期の資料より確認できる例だが、武器の携帯者と並んで、念珠《ねんじゅ》や本尊・経文を持つ男女は二鳥居より内に入ることは許されず（『文保記《ぶんぽうき》』宮中禁制物事〔文保二年〈一三一八〉成立〕）、また外宮では五百枝杉という二鳥居と三鳥居の間にあった杉までが僧尼の行ける場所だった（坂十仏《さかじゅうぶつ》『伊勢太神宮参詣記』）。この規制は原則的に明治維新まで続くことになる。

しかし、ここで注意すべきは、宮廷の神仏隔離が中央貴族の排仏意識を示していないのと同様、神域内での仏教忌避が伊勢神宮神官の反仏教的姿勢を意味するわけではないことである。彼らとて仏法による救済を願うことでは、当時の他の貴族・官人・庶民たちと何ら変わるところはなかった。そもそも神官・神職とは、僧尼と同じ意味での宗教者ではない。神官は神事においてのみ祭祀者なのであって、それを離れれば、現当二世での仏菩薩の利益を願う俗衆に過ぎないのである。その際、救済を自らの仕える神に願えばよいではないかとの疑問が浮かぶかもしれないが、神（特に伊勢神宮）は個人祈願を受けつけない。神官個人の来世に頼むべきはやはり仏法しかないのだ。

このような例として知られるのが、神宮の北東にある朝熊岳《あさまだけ》より出土した経筒《きょうづつ》である。朝熊岳は古くからの山上他界の霊山であり、死者の霊魂が集まるところといわれた山である。ここでは平安後期以降、埋経が行われ、多くの経塚が残っている。明治二十七年（一八九四）、折からの暴風雨により、その一部が壊れ、ひとつの経筒が出土した。それには次のような銘文が刻まれてあった（伊勢市一九八一）。

如法経《にょほうきょう》亀壱口を造立し奉る事
右の志は、現生・後生の安穏大平の為なり。
承安三年（一一七三）癸巳 八月十一日
伊勢大神宮権禰宜
正四位下荒木田神主時盛
散位《さんみ》渡会宗常
（もと漢文）

つまり、神宮の禰宜一族である荒木田（内宮）・度会（外宮）氏が、現世・来世の安穏のため如法経（一定の作法に従って書写された経文、その多くが『法華経』）を埋納したのである。神宮の周辺には、大中臣《おおなかとみ》（祭主・大宮司）氏、荒木田・度会氏の菩提寺がいくつも建立され（表1）、また一族のなかで、職を解かれて後、あるいは死の直前に出家を遂げている者も多く見られるのである（表2）。

表1　平安期に建立された神宮祠官の氏寺

大中臣氏	蓮台寺・蓮華寺（法楽寺）・釈尊寺・勝善寺・大覚寺・長元寺
荒木田氏	法泉寺・田宮寺・天覚寺
度会氏	常明寺

表2　主要神宮祠官出家一覧（平安～鎌倉期）

祭　主（『祭主補任』）	
能宣	二十八代、正暦二年（九九一）死去（法名不伝）
永頼	二十九代、長保二年（一〇〇〇）出家・死去
輔親	三十代、長暦二年（一〇三八）出家・死去
頼宣	三十六代、寛治四年（一〇九〇）出家・死去、法名延□（寂？）
為仲	四十一代、建久元年（一一九〇）死去（法名不伝）
親隆	四十三代、文治二年（一一八六）出家、文治三年死去、法名静西
能隆	四十五・四十七代、貞永元年（一二三二）出家、文暦元年（一二三四）死去、法名覚西
隆通	四十八代、建長元年（一二四九）出家・死去、法名阿蓮
隆世	四十九代、正元元年（一二五九）出家・死去、法名入円
為継	五十二・五十六・五十九代、徳治元年（一三〇六）出家、延慶元年（一三〇八）死去（法名不伝）

定忠	六十三代、延慶五年（一三一二）出家・死去、法名寂心
大宮司（『大神宮司補任次第』『中臣氏系図』）	
公房	七十九代、長治元年（一一〇四）出家、天永二年（一一一一）死去、法名円空
公衡	八十三代、法名証寂
光定	九十八代、弘長三年（一二六三）出家、法名光心
知定	百二代、文永七年（一二七〇）出家
内宮禰宜（『補任次第・延喜以後』）	
一禰宜延満	天喜元年（一〇五三）以後出家、康平元年（一〇五八）死去、法名日賢
三禰宜重頼	寛徳二年（一〇四五）出家、永承元年（一〇四六）死去（法名不伝）
一禰宜満経	康和五年（一一〇三）出家・死去
二禰宜延平	康和五年出家、長治元年（一一〇四）死去（法名不伝）
一禰宜忠元	大治元年（一一二六）出家・死去
五禰宜延範	康和元年（一〇九九）出家、嘉承元年（一一〇六）死去（法名不伝）
五禰宜俊経	天永二年（一一一一）出家、元永二年（一一一九）死去（法名不伝）
一禰宜経仲	仁平三年（一一五三）出家・死去
四禰宜延明	承安二年（一一七二）出家・死去
六禰宜成良	文治五年（一一八九）出家（父の臨終時）、法名中道房

外宮禰宜（『豊受大神宮禰宜補任次第』）

一禰宜康雄	延久四年（一〇七二）出家、同六年死去、津部入道長官
二禰宜彦常	永久元年（一一一三）出家、川田二入道
三禰宜貞任	永久元年出家・死去、川辺三入道
四禰宜康晴	嘉承二年（一一〇七）出家、池町四入道、法名心覚
三禰宜親晴	久安五年（一一四九）以後出家、横知三入道
七禰宜高康	保元三年（一一五八）以後出家、四瀬七入道
四禰宜雅言	仁安二年（一一六七）出家・死去
三禰宜延行	建保二年（一二一四）以後出家、承久元年（一二一九）死去、西河原三入道

天照大神＝観音菩薩本地説の発生

本地垂迹説の広がりのなか、天照大神の本地に関する所説が見えるようになってくる。最初に現れるのは観世音菩薩である（伊藤聡二〇一一a）。寛弘五年（一〇〇八）頃成立した『政事要略』のなかには、右府生《うふしょう》竹田種理《たけだのたねさと》なる官人の次のような話が収められている。

種理が史生《ししょう》として伊勢遷宮に従い、その後参宮したところ、夢中に禰宜中臣（荒木田）氏長が出てきて、「外の鳥居（一の鳥居）の下にて、南無救世観世音菩薩と申して礼拝せよ」

と告げ、種理の額を百遍ばかり突いた。夢覚めて後、氏長本人に問うたところ、「大神宮の御助を蒙ったのである。検非違使《けびいし》に成るということであろうか」と夢解いた。果たして氏長の言の如《ごと》くその翌年府生に補せられた。大神は観音の「御変」であろうか。

(『明文抄』所引「政事要略」)

この記事は寛弘三年(一〇〇六)に記したと原文にある。伊勢遷宮が行われたのは、長保《ちょうほう》二年(一〇〇〇)九月のことであったから、種理が夢告《むこく》を受けたのは、この折のこととなろう。長保の遷宮のとき神宮祭主だったのが大中臣永頼《ながより》(?~一〇〇〇)である。彼について、鎌倉前期成立の説話集『古事談《こじだん》』には、この遷宮のときのことと思しき次のような逸話が収められている。

伊勢国蓮台寺《れんだいじ》は、祭主(大中臣)永頼が建立したものである。永頼は神宮の神事に従事していたため、仏事を憚《はばか》ってはいたが、そのことを常に思い悩み年月を送っていた。そこで祈請するために、三箇日を期限として内宮に参籠した。すると、夢の中で御殿の扉が開いた。驚きながら見ると、三尺の皆金色《かいこんじき》の観音像であった。それにより後に建立した堂が蓮台寺である。

(『古事談』巻五—五一「伊勢蓮台寺事」)

永頼が従事していたのは、種理も参加した長保二年九月の遷宮である。彼はこの月のうちに死去しているから、おそらく死期の近いことを悟っていたのであろう。まさに後生のために仏事（念仏・出家・布施等）に専心しなければいけないときである。にもかかわらず、神宮の最高責任者たる祭主であるため、仏事修行を行えない。やむにやまれず参籠してその許可を得ようとしたのである。すると、図らずも内宮の本地は観音であることが明かされ、仏事を憚る必要はないことを告げられたというわけである（この説話は、十一世紀当時の伊勢神宮の神官が直面していた苦悩をよく示している。彼らは、自らの現当二世における救済と、神宮のしきたりによって引き裂かれていたのだ）。

　右のふたつの記事から、十一世紀初頭には天照大神の本地を観音菩薩とする説があったことが認められよう。では、天照大神が観音菩薩と結びつけられた理由はどこにあったのだろうか。おそらくその背景には、観音を日天子《にってんし》（大陽の化身）とする理解が存したと思われる。智顗《ちぎ》『法華文句』、吉蔵《きちぞう》『法華義疏《ぎそ》』、基《き》『法華玄賛』といった六朝隋唐の『法華経』の注釈書では、『法華経』序品《じょほん》に出てくる日天子を観音、月天子を勢至《せいし》に配当して解釈された。さらにこの時期、まさにそれを主題にした『須弥《しゅみ》四域経《しいききょう》』なる偽経が作られている。この経の本文は早く失われたが、道綽《どうしゃく》（五六二〜六四五）『安楽集《あんらくしゅう》』、道宣《どうせん》『広弘明集《こうぐみゅうしゅう》』（六六四年成立）に言及があり、おおよその内容を知ることができる。これらによれば、天地の始め、いまだ山河草木も日月もなきとき、それをあわれんだ阿弥陀如来が、宝応声《ほうおうしょう》・宝吉祥《ほうきっしょう》の二菩薩を遣わして、伏犠・女媧（中国神話に出てくる天地創造の男女神）となり、二菩薩相議して第七梵天《ぼんてん》上の七宝《しっぽう》をとって、日月星辰二十八宿を造ったという。ここでいう宝応声菩薩・宝吉祥菩薩とは観音・勢至の別名である（阿弥陀の脇侍は観音・勢至）。

観音＝日天子説はこれらの典籍とともに日本にも伝わっていたようである。しかも観音には女性的イメージが強く、そのことが女神たる天照大神と結びつくのを容易にしたのであろう。先の『政事要略』や『古事談』が示すように、伊勢神宮では観音＝日天子説を根拠にした天照大神の本地説がいちはやく形成された。大中臣氏や荒木田氏の菩提寺だった蓮華寺《れんげじ》・田宮寺《たみやじ》は本尊を十一面観音としているが、これも右の信仰と関連するものだろう。

伊勢神宮のほか、宮廷でも天照大神を観音と結びつける動きがあった。清涼殿《せいりょうでん》の東側には二間《ふたま》という部屋があり、護持僧《ごじそう》とよばれる山門（比叡山）・寺門（園城寺）・東寺三方の僧が交代で詰めて、天皇のために念誦・祈禱を行った。ここには天皇念持《ねんじ》の観音像が安置されていた。一方温明殿《うんめいでん》には、天照大神の形代である神鏡（三種神器のひとつ）が安置されていたが、十二世紀頃よりこの両者が同一視されるようになったのである。これが、神宮における観音・天照大神本迹説とどのように関連するかははっきりしないが、何らかの影響があったと想定することは十分に可能だろう。

天照大神と大日如来の習合

観音に次いで、天照大神の習合信仰に登場するのが、大日如来《だいにちにょらい》である（伊藤聡二〇一一）。その初見は、真言宗小野流の成尊《せいぞん》（一〇一二〜七四）が著した『真言付法纂要抄《さんようしょう》』にある。

成尊は、雨僧正とよばれた仁海《にんがい》（九五一〜一〇四六）より小野流の正流を嗣いだ人で、曼荼羅寺に住した。後三条《ごさんじょう》天皇の護持僧となり、その即位の際に愛染王法を修して前帝後冷泉《ごれいぜい》を呪《じゅ》殺《さつ》したともいわれ（『阿娑縛抄《あさばしょう》』等）、修法家として名高かった。また即位灌頂《かんじょう》の創始者ともいう。

同書は、大日如来から空海に至る密教相承の概要を記した書で、康平《こうへい》三年（一〇六〇）に当時東宮《とうぐう》だった後三条天皇（尊仁《たかひと》親王）に奉進したものである。その末尾に次のような一節がある。

> 「瞻部洲《ぜんぶしゅう》八万四千聚洛《じゅらく》」（世界）の中にあって「陽国《ようこく》」（日本）のみ密教が盛んなのは、かつて大日如来の化身たる威光《いこう》菩薩（金剛光菩薩）が太陽に住して阿修羅の災いを除いたように、現在「遍照《へんじょう》金剛」（空海）が日本に住し、「金輪聖王」（ここでは天皇の意）の福を増進させているからである。日本の神を「天照尊」（天照大神）、国を「日本国」と号するのも、自然の理が、自然の名を立てるものである。それ故、龍猛《りゅうみょう》菩薩が両部大経（『大日経』『金剛頂経』）を伝授された南天鉄塔は狭くとも、法界心殿《ほっかいしんでん》（大日如来の境地）を包摂していたのと同様に、本朝（東乗陽谷《とうじょうようこく》）は辺境ではあるが、密教流布に相応しい大種姓の民なのである。

要は名は体を表すということである。成尊はかかる理屈によって、当時常識となっていた粟《ぞく》散辺土《さんへんど》観を否定する。粟散辺土観とは、釈迦が出現したインド（すなわち世界の中心）から、日本ははるか辺境にあって散在する粟《あわ》のごとき島であるとする考え方である。辺境であるゆえ、仏法の流伝も他より遅れ、したがって利生《りしょう》からも最も隔てられているというのである（これについては第四章第1節で詳述する）。このような国土認識は、当時の末法《まっぽう》思想（入末法元年は永承《えいしょう》七年〔一〇五二〕と考えられた）と結びつき、日本が空間的・時間的に仏法による救済から疎外されているという時代意識を生んでいた。

ところが、成尊はこれを否定し、日本こそが密教（密教徒から見れば仏教の究極的な教え）流布に相応しい地だと主張する。密教の日本における隆盛は、天照大神が大日如来の化身であることよりすれば必然であり、その子孫による統治＝王法は密教と一体である。日本こそが密教相応の〈約束された地〉なのだ、というのである。

これは密教化された神国思想ともいうべきものだ。智拳印《ちけんいん》（金剛界大日の印相）を結んで新帝が登壇する即位灌頂の作法（大日如来と天皇の一体化を含意する）が、成尊自身の創案にかかるという説が事実であるとすれば、まさに『纂要抄』のくだりの具体的実践だったといえよう。

この『纂要抄』末尾の一節は、その後の同書受容史のなかで極めて大きな意味を持つことになった。成尊の主旨は、大日如来に発し空海に至る相承の正統性を確認し、自らが所属する日本という空間における密教流布の必然性を説くことにあったのだが、後世ここから、大日如来と天照大神・空海との習合説、「大日本国」説といった、中世神道説における主要なモチーフが導きだされる。右の一節はそれらの本説（根本的な典拠）として、諸書にしばしば引かれるようになっていったのである。

大日如来・天照大神習合説の影響は、伊勢神宮に還流し、さらに東大寺にも及んだ。十二世紀の前半までには、次のような説話が出来上がる。

御願寺建立を願う聖武天皇は、右大臣 橘 諸兄《たちばなのもろえ》を伊勢神宮に派遣し、その裁許を祈った。勅使帰参後、天皇の夢中に光り輝く「玉女」（天照大神）が現れ、自らの本地が盧舎那仏《るしゃなぶつ》（＝大日如来）たることを明かし、仏寺建立がまさに神慮に叶《かな》うものなることを示した。その結果建立されたのが東大寺である。（『東大寺要録』『大神宮諸雑事記《ぞうじき》』）

つまり、日本仏教の中心というべき東大寺の盧舎那仏と、神祇の長上たる天照大神とは同体というわけである。

右の説話においてとりわけ重要な点は、東大寺大仏＝大日如来という観念が前提となっていることである。華厳宗の総本山である東大寺に、平安期を通じて真言密教が浸透し、鎌倉期には明確に大仏＝大日如来観が見られるようになる。建久七年（一一九六）には、殿内大仏の左右に胎蔵界・金剛界の両曼荼羅を配した大仏殿長日《ちょうじつ》両界供養が催され、その後大仏と脇侍の間には両界堂が建造されている（醍醐寺蔵弘安《こうあん》七年〔一二八四〕書写『東大寺大仏殿図』）。しかしながら、すでに十二世紀初頭には、大仏殿において「大日悔過《けか》」が行われたことが確認されるから、かかる意識はこの時期まで遡りうる（『東南院文書』七―四「康和《こうわ》四年〔一一〇二〕東大寺大仏殿大日悔過供田施入状」）。これを前提として、右の説話が出来上がったのであろう。

重源の東大寺復興事業と伊勢神宮

東大寺大仏と天照大神をめぐるかくのごとき説話の成立は、僧侶たちの伊勢神宮への関心を高めるものとなった（東大寺の公的記録である『東大寺要録』にこの説話が収められたのが何よりの証左だろう）。特にそれが盛んになるきっかけは、治承《じしょう》四年（一一八〇）に起こった平家による東大寺焼き討ちだった。後白河《ごしらかわ》法皇は平家の都落ちを待ってただちに復興に着手したが、大《だい》勧進《かんじん》としてその再建事業を主導したのが俊乗坊《しゅんじょうぼう》重源《ちょうげん》（一一二一～一二〇六）である。

高野山の勧進聖《ひじり》として建築土木、物資運搬に詳しく、入宋《にっそう》経験もあるなど大陸の先進技術の知識もあった重源は、事業の遂行に卓抜した能力を発揮して、早くも文治《ぶんじ》元年（一一八五）には大仏開眼にこぎ着けている。

さらに大仏殿の再建に着手しようとしていた文治二年二月のこと、重源は伊勢神宮に参籠する。そこで彼は「吾《わ》れ近年身疲れ力衰ふれば、大事成り難し。若《も》し此《こ》の願を遂げんと欲さば、汝早く我が身を肥やさしむべし」との天照大神の示現を得たという。これが重源の「実体験」なのか作り話なのかはともかく、その報告を受けた東大寺では、大般若経六百巻二部を書写し、内外両宮に奉納すべしと決したのである。同四月二十三日から五月三日にかけて、尊勝院《そんしょういん》院主弁暁《べんぎょう》（一一三九〜一二〇二）以下六十人の衆徒が、内外両宮に参詣するとともに、神宮ゆかりの常明寺《じょうみょうじ》（外宮）・天覚寺《てんがくじ》（内宮）において、法楽のための大般若供養と番論義《ばんろんぎ》とを行った。

そのときの表白に、

是《ここ》を以て、我寺の本願、感神《かんじん》聖武皇帝、釈尊の遺法を慈氏尊《じしそん》の暁に伝へ、我国の衆生を一仏土の境に導かんが為に、人を勧めて希代の大像を造り、国を傾けて高広の伽藍を立つと思食《おぼしめ》しき。即《すなわ》ち勅使を当宮に献じ、霊応《れいおう》を大神に待ち奉り御すの処《ところ》、神慮大に感じ、冥助《みょうじょ》忽《たちま》ちに通ず。御託宣の新たなる旨に任せ、悦《よろこ》びて盧舎那の霊像を鋳奉るの日……

との一節があり（『東大寺衆徒参詣伊勢大神宮記』）、東大寺の衆徒が橘諸兄の参宮説話をはっきりと意識していたことが分かる。重源の斡旋《あっせん》があったとはいえ、前例のない神宮法楽供養が行われたのは、東大寺と伊勢神宮の因縁浅からざることが、寺内で広く知られていたことを示している。

重源が伊勢神宮に参詣した動機に、諸兄の伊勢参宮説話が影響していたことは明らかだが、

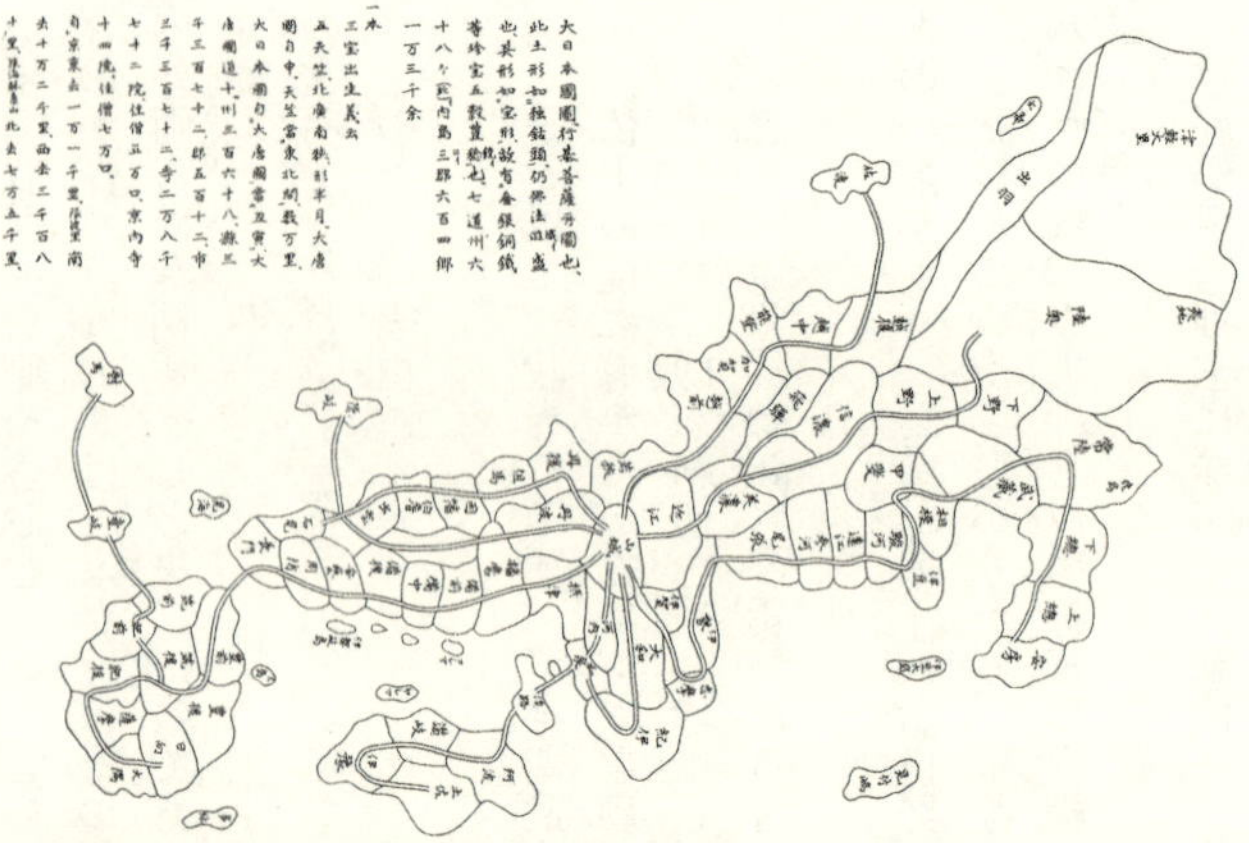

行基図（『拾芥抄』〔増訂故実叢書〕所載）

もうひとつ忘れてはいけないものに行基《ぎょうき》（六六八～七四九）の参宮説話がある。天平の昔、聖武天皇に協力して東大寺大仏建立の勧進活動を行ったのが行基であり、いわば重源の先駆者というべき人であった。彼は生前より「行基菩薩」と称され、尊崇されていたが、死後もさらに追慕の念が高まり、次第に〈行基信仰〉というべきものが形作られていった。その信仰は、彼の教団の拠点であった「四十九院《しじゅうくいん》」より発し、畿内を中心に造寺・造仏伝承が広がっていく。後には聖徳太子や空海と同じく権者と見なされ、文珠菩薩の化身と信じられるようになった。さらに、その勧進活動の行実により、勧進聖の祖にも擬された。また、中世には『行基菩薩遺誡《ゆいかい》』といった仮託書が現れたほか、日本地図（いわゆる「行基図」）の作製説が生まれるなど多様な信仰が展開する（伊藤聡二〇一一a）。

行基が創建に重要な役割を果たした東大寺におい

ても、平安末期以降にわかに信仰が高まる。まず、聖武天皇・良弁《ろうべん》・婆羅門僧正《ばらもんそうじょう》（インド僧。大仏開眼導師）とともに四聖のひとりとして崇拝されるようになる。次いで天福《てんぷく》年中（一二三三〜三四）に行基廟が発掘されたことをきっかけに、東大寺僧で大勧進でもあった円照《えんしょう》（一二二一〜七七）が行基信仰を宣揚した。その信仰は、勧進聖との関係が深い叡尊《えいぞん》（一二〇一〜九〇）や忍性《にんしょう》（一二一七〜一三〇三）などの律僧集団に受け継がれた。

このような東大寺をめぐる行基信仰のなかで、彼が東大寺建立に際して伊勢神宮に参り、天照大神の示現を得たという説話が現れたのである。内容の梗概《こうがい》は以下の通りである。

天平十三年（七四一）、聖武天皇は、東大寺建立が神意に叶うかどうかを知ろうと、行基を伊勢神宮に派遣した。彼は、七日七夜、内宮の南の木の下に居し、仏舎利を奉じて大神に祈念したところ、夢中に「実相真如《じっそうしんにょ》の日輪は、生死長夜《しょうじちょうや》の闇《やみ》を明かし、本有常住《ほんうじょうじゅう》の月輪は、無明煩悩《むみょうぼんのう》の雲を掃《はら》ふ。我れ遇《あ》ひ難き大願に遇ふこと、闇夜に灯を得たるがごとし。亦《ま》た受け難き宝珠を受くること海を度《わた》るに船を得たるがごとし」との示現を受けた。随喜した行基は、仏舎利を神領内に埋納して帰京、報告した。

重源は明らかに自らを行基に擬していた。行基の参宮という〈先例〉は、僧侶の伊勢神宮参詣に歴史的根拠を与えるものとなった。この時期にはほかに歌人として知られる西行《さいぎょう》（一一一八〜九〇）や笠置上人貞慶《かさぎしょうにんじょうけい》なども参宮を遂げている。これ以降僧侶の参宮は盛んになり、伊勢神宮は中世を通じて日本仏教の聖地のひとつであり続けることになった。

ただ、前述したように神宮には仏教忌避の伝統があり、僧侶は社殿に近づくことが叶わなかった。したがって、余社のごとく単なる本地垂迹説では仏法との関わりを説明できない。だが、かかる矛盾した関係こそが、かえって神道書という形式の伝書群を生み出す要因となったのである。

2　中世神道説の形成と展開

両部神道書の述作

重源や東大寺衆徒の伊勢神宮参詣前後より、伊勢神宮周辺では神道書制作の動きが見えてくる。それらの主たる内容は、伊勢神宮の祭神・社殿・社域・由緒等を仏教教理（特に密教）によって説明することにあり、後に両部神道（あるいは真言神道）と称される。「両部」とは、密教の胎蔵・金剛両界（両部）のことである。伊勢神宮の内外両宮をもって密教の胎蔵界・金剛界に配当する発想が両部神道の根幹にあり、これによって神と仏の究極的一致を説明しようとしているところに注目した命名である。

両部神道の最初期の著作と目されるのが『三角柏伝記《みつのかしわでんき》』『中臣祓訓解《なかとみのはらえくんげ》』である（岡田荘司一九八三、伊藤聡二〇一一a）。十二世紀末葉に成立したと考えられるこれらが述作されたのが、神宮の御厨《みくりや》があった志摩《しま》国吉津《よしづ》（三重県度会郡南伊勢町吉津）の仙宮院《せんぐういん》である（現存せず）。『三角柏伝記』にはその冒頭に、大略次のような一節が見える。

吉津御厨は、行基菩薩が建立した仙宮寺（仙宮院）所摂《しょしょう》の荘園である。行基は婆羅門僧正と仏哲《ぶってつ》（林邑〔チャンパ〕僧。婆羅門僧正と共に来日）を招き、そこに三角柏を植えた。天平九年（七三七）十二月十七日に、心経会《しんぎょうえ》を行ったが、その折、度会氏の先祖が奉仕したという。その後、弘仁四年（八一三）には最澄が蓮花会《れんげえ》を、承和《じょうわ》三年（八三六）には空海が仁王会《にんのうえ》を、嘉祥《かしょう》三年（八五〇）には円仁《えんにん》が鎮守会《ちんじゅえ》を行った。

『三角柏伝記』等が記す同院の由緒はまさに行基の開基を記す。さらに最澄・空海・円仁がその寺の主になったのだと説く。両部神道の最初の姿がここには見える。

『三角柏伝記』と並んで仙宮院で撰述されたと考えられるのが、『中臣祓訓解』（異本『中臣祓記解《きげ》』）である。同書は『中臣祓』の注釈書で、空海に仮託される。その成立は、建久二年（一一九一）以前、『三角柏伝記』と一対の書で、特に『記解』には、『伝記』と同文の行基開基、最澄・空海・円仁の法会の記述がある。そして、『訓解』『記解』には「伊勢大神託曰」として、先に見た「実相真如……」で始まる行基参宮のときの偈《げ》が引かれているのである。これが行基参宮譚の初見である。重源の在世中において、行基参宮譚はすでに存在していたことになるが、『東大寺衆徒参詣伊勢大神宮記』などを見る限り、重源・東大寺衆徒が行基参宮譚を知っていた可能性は低い。むしろ、彼らの参宮がきっかけになって作られたのだろう。(1)

次いで、参宮譚は『天地霊覚秘書《てんちれいがくひしょ》』に、「天平行基菩薩参宮之時神託文」として、同様の「実相真如……」偈が見える。同書は弘安九年(一二八六)には存在したことが確認されるが、成立はもっと遡るだろう。室町時代の文献に見えるものだが、仙宮院において最澄によって著述されたとの説もある(良遍《りょうへん》『神代巻私見聞』)。最澄はともかく仙宮院で制作されたとするのが全くの虚説といえないことは、同書の最古写本(鎌倉後期写)たる真福寺《しんぷくじ》本が、仙宮院撰述の『仙宮院秘文』と合冊になっていることからも窺われる。(2)引用の仕方から見ても、『霊覚秘書』の一文は『訓解』に拠ると考えてよい。このように見てくると、行基参宮譚もまた仙宮院周辺で成立したと思しく、行基の仙宮院創建譚と一連のものだったといえるだろう。

これら仙宮院における両部神道の教説の一端を示すと、たとえば『仙宮院秘文』では、次のようにある。

伊勢内外両宮は、三千大千世界の本主であり、八百万神等の最も貴き神である。(中略)天照坐皇太神《あまてらしますすめおおみかみ》(内宮)は、則《すなわ》ち胎蔵界地曼荼羅である。御形文《ごぎょうもん》(伊勢神宮の社殿に施された妻飾り。円形の金具と線刻で紋様を作る）の図は五行中の火輪を表する。これはまた独鈷《とっこ》形を示す。豊受皇太神（外宮）は金剛界天曼荼羅である。御形文の図は五行の水輪であり、五智の位なるが故、五月輪《がちりん》がある。

すなわち、内外両宮を胎金両会曼荼羅に配し、重ねて内宮が火輪、外宮が水輪と観念されているのである。かかる発想は単なる机上のイマジナリーではなく、ある宗教実践に裏付けられていた。伊勢神宮に参詣する僧徒たちは、両宮を地上に出現した曼荼羅と見立てているのであり、社参自体が一種の灌頂作法というべきものになっていたのである（伊藤聡二〇一六a、二〇二〇a）。

鎌倉中期以降、神道書述作の動きは仙宮院以外にも拡がり、以下のような両部神道書が神宮周辺で成立している。

空海仮託書→『両宮形《りょうぐうぎょう》文深釈《もんじんしゃく》』『両宮本誓理趣摩訶衍《りょうぐうほんぜいりしゅまかえん》』『神性東通記《しんしょうとうつうき》』『大日本開闢本縁神《だいにほんかいびゃくほんえんじん》祇秘文《ぎひもん》』『続別秘文《ぞくべつひもん》』『豊受皇太神宮継文《とゆけこうたいじんぐうつぎぶみ》』

行基仮託書→『大宗秘府《だいしゅうひふ》』『大和葛城宝山記《やまとかつらぎほうざんき》』

醍醐天皇仮託書→『麗気記《れいきき》』『麗気府録《れいきふろく》』

神王《みわおう》（七三七～八〇六、桓武朝の右大臣）仮託書→『日諱貴本紀《じちいきほんぎ》』

これらのなかで、後世に最も大きな影響を与えたのが醍醐天皇が神泉苑に出現した龍女から受けた秘伝と称する『麗気記』である。本文十四巻・絵図四巻、都合十八巻より成り、伊勢神宮に関する、真言密教に基づく深秘《じんぴ》説を集成している。同書は南北朝期以降、『日本書紀』と並ぶ中世神道の最も重要な聖典と見なされるようになった。その伝授に際して灌頂が行われ(麗気灌頂)、内容を解読するための注釈書が著された(伊藤聡二〇一一a、原二〇一二、鈴木英之二〇一二)。

仏教諸宗諸流の神宮進出と蒙古襲来

鎌倉中期以降になると、僧侶による神宮参詣はますます盛んになる。その中心はいうまでもなく、東大寺を中心とした南都の僧たちである(伊藤聡二〇一一c)。東大寺の再建事業は重源の死後も続き、関与する学侶、勧進僧、遁世聖《とんせいひじり》がその成就を祈願して神宮に参詣した。

そのひとりに西迎《さいげい》上人蓮実《れんじつ》(?~一二五六)がいる。彼は東大寺戒壇院《かいだんいん》に属する聖で、同院再建を祈願して(『西迎上人行状』)、嘉禎《かてい》から仁治《にんじ》年中(一二三五~四三)にかけて実に五十度も伊勢神宮に参詣した(「凝然《ぎょうねん》書状」)。また、東大寺との関係は分からないが、南都ゆかりの聖だった源慶《げんけい》は、建長《けんちょう》年中(一二四九~五六)、『大般若経』による神宮法楽を発願して発心上人と名乗り、当時朝廷の実力者だった西園寺実氏《さいおんじさねうじ》より宋本『大般若経』の寄進を受け、これを内宮の脇にある菩提山寺(かつて重源や貞慶が経供養を行ったこともある寺)に奉納した(「良祐《りょうゆう》等申状写」『鎌倉遺文』一一五二六文書)。

このほか、東大寺関係の重要人物として、聖守《しょうしゅ》（一二一九～九一）・円照（前出）の兄弟がいる。東大寺の学侶の子として生まれた二人にとって、東大寺の完全なる復興は生涯の悲願であり、ともに相次いで東大寺大勧進を務めている。東密三宝院《さんぽういん》流の法灯《ほうとう》をも受けていた聖守は、空海が建立した東大寺における真言密教の拠点である真言院の復興を祈願し、三度にわたって参宮する（寛元《かんげん》〔一二四三～四七〕頃、建長六年〔一二五四〕、正嘉《しょうか》三年〔一二五九〕、『真言院再興略記』）。弟の円照は蓮実の衣鉢を継いで、戒壇院再建を志して、文永九年（一二七二）に参宮の素懐を遂げた。そのとき『無二発心成仏論』を内宮に捧げ、一禰宜《いちのねぎ》延季《のぶすえ》より序文を寄せられている。

これら東大寺僧と中世神道書の関係だが、『無二発心成仏論』については神道書の影響を受けているようには見えない。しかし、聖守の弟子である聖然《しょうねん》がまとめた『東大寺八幡験記《はちまんげんき》』には『両宮形文深釈』に基づく記述が見え、これらの神道書の担い手と接点があったことが確認できる。

この頃、伊勢神宮と仏教諸宗がより一層緊密化する事件が起こった。蒙古襲来である。文永五年（一二六八）の元の国書到着に始まり、同十一年の元軍の来襲と撤退（文永の役）、さらに弘安四年（一二八一）の戦役に至る事態は、神々の主座たる天照大神を奉る伊勢神宮の存在をいやがうえにもクローズアップさせた。朝廷は神宮に数度にわたり公卿勅使を派遣し奉幣を行うとともに、密教僧を神宮に派遣して、異国調伏の修法を行わせたが、その修法場として設置されたのが法楽舎である。

法楽舎は神宮祭主大中臣氏出身の通海《つうかい》（一二三四～一三〇五）によって造営された。通海は、三宝院流憲深《けんじん》（一一九二～一二六三）から伝法を受けた後、伊勢へ戻り、一族の菩提寺であった蓮華寺の住持となった。彼は東宮恒仁《つねひと》親王（後の亀山院）に目をかけられていたことから、正嘉二年（一二五八）同寺を勅願寺にすることに成功し、寺名も法楽寺と改めた。さらに建治《けんじ》元年（一二七五）、亀山院は予想される元の来寇に備えるため、通海に命じて内外両宮の脇に法楽舎を建立させ、各々二百六十名もの供僧を置いたのである（通海『大神宮参詣記』小島一九八五）。

また、叡尊《えいぞん》は、内宮長官延季（先に円照を迎えた人物）の招請により、文永十年三月、同十二年三月、弘安三年三月に、教団を率いて伊勢神宮に参宮、蒙古《もうこ》降伏《ごうぶく》の祈願を行った。これをきっかけに内宮祠官荒木田氏との関係を深め、内宮のそばに弘正寺《こうしょうじ》を建立して、その拠点とした。神宮における叡尊の法流（西大寺流）の中心的存在となったのが弘正寺住持宣瑜《せんゆ》（一二四〇～一三二五）およびその弟子覚乗（一二七三～六三）である。特に覚乗が撰述した『天照大神《てんしょうたいじん》口決《ぐけつ》』は、彼が『鼻帰書《びきしょ》』の著者智円《ちえん》を介して道順《どうじゅん》および常良《きょうじょう》の秘説を伝授されたものであった。さらに同流では、南北朝から室町期にかけて、慶盛・恵観《えかん》・道果《どうか》・円果《えんか》等が出て、弘正寺や同じく神宮の付近にあった興光寺《こうこうじ》において、『日本書紀』『古事記』をはじめとする多くの神書を書写している。これらの伝本は、室町以降、道祥《どうしょう》・春瑜《しゅんゆ》といった荒木田氏出身の僧侶を介して内宮荒木田一族に受け継がれた（伊藤聡二〇一一a）。

伊勢神道

さて、両部神道書生成に前後して（多分にその影響・刺激を受けて）起こったのが、外宮度会氏の伊勢神道（度会神道、外宮神道）の動きである（高橋美由紀一九九四）。それが生み出した典籍もまた、両部神道書と同様に仮託書の形式をとった。それは次のようなものである。

伝麻呂（奈良時代の人）撰『倭姫命世記《やまとひめのみことせいき》』、『造伊勢二所太神宮宝基本記《ぞういせにしょだいじんぐうほうきほんぎ》』、伝阿波羅波撰『天照坐伊勢二所皇太神宮御鎮座次第記《あまてらしますいせにしょこうたいじんぐうごちんざしだいき》』、伝大田命撰『伊勢二所皇太神御鎮座伝記』、伝飛鳥撰『豊受皇太神御鎮座本紀《とゆけこうたいじんごちんざほんぎ》』、『神祇譜伝図記』、新撰姓氏録《しんせんしょうじろく》別録『神皇実録《じんのうじつろく》』、伝聖徳太子撰『神皇系図』

右のうち、比較的早く出来たと考えられるのが『宝基本記』で、次いで『倭姫命世記』である（岡田荘司一九八〇）。この二書は、『中臣祓訓解』など両部神道書の痕跡《こんせき》が歴然としている。その後、文永・弘安頃までに『御鎮座伝記』『御鎮座次第記』『御鎮座本紀』が成った。以上を「神道五部書」というが、これは後世の命名で、当時はそのほかと併せて「神蔵十二巻秘書」といった。

伊勢神道が目指したのは、豊受大神宮（外宮）が皇大神宮（内宮）と同格（さらには優越）であることを示すところにあった。天照大神を祀る内宮（禰宜荒木田氏）に対し、その供膳神《くぜんしん》とされた豊受大神を奉ずる外宮は下位に位置づけられていた。しかし、伊勢国造の系譜を引く度会氏にとって、その状況を打破することは長年の悲願だった。彼らはこれらの典籍において、たとえば豊受大神を天地開闢時の造化神たる天御中主神《あめのみなかぬしのかみ》と同体と説く（『次第記』『伝記』『本紀』）。このことで、豊受大神が天照大神より先行する根元神たることを示そうとしたのである。

また、両部神道説の胎金不二説を内外両宮に配当することで、その対等を主張し、併せて五行説に基づいて、外宮を水徳、内宮を火徳に配当している。五行相克説に基づけば、水克火であるから、これが外宮の優越を含意していることは明白だろう。さらに瓊瓊《にに》杵尊《ぎのみこと》（天孫降臨した天皇家の祖神）の母たる万幡豊秋津姫命《よろずはたとよあきつひめのみこと》を豊受大神の孫神と系譜づけ、豊受大神を皇祖神として組み込もうとしている。

伊勢神道の一連の典籍の存在が知られるようになったきっかけが「皇字沙汰」をめぐる一件である。これは、永仁《えいにん》四年（一二九六）両宮禰宜が連署した注進状に、度会氏側が先例を破り、「豊受皇大神宮」と「皇」字を書き加えたことに対し、内宮が問題視したことから、この年から翌年にかけて内外両宮双方で起こった争論である。このとき、歴史的根拠として外宮側が挙げたのが、『宝基本記』『倭姫命世記』『御鎮座伝記』『御鎮座次第記』『御鎮座本紀』であった。

この論争における外宮側の中心が度会行忠《ゆきただ》（一二三六〜一三〇五）である。建長三年（一二五一）に外宮禰宜となり、晩年には一禰宜（長官）に至った。彼の著作としては、弘安八年（一二八五）に、時の関白鷹司兼平《かねひら》に捧げた『伊勢二所太神宮神名秘《しんめいひ》書《しょ》』があり、その他『心御柱《しんのみはしら》記《き》』『古《こ》老口《ろうく》実伝《じつでん》』がある。さらに、『伝記』『次第記』『本紀』の述作についても、彼が関与していた可能性が極めて高い。(3)

行忠はこれらを撰述するにあたって、先行する両部神道書を大いに参考にしている。それは、彼が『中臣祓訓解』『天地霊覚秘書』を継承していることや、神宮の最極秘書として『御鎮座本紀』や『神皇実録』とともに『大和葛城宝山記』と『大宗秘府』の名を挙げていることからも明らかである（『古老口実伝』）。

度会行忠以後の伊勢神道を担ったのは、度会家行《いえゆき》（一二五六？〜？）と常良《つねよし》（常昌、一二六三〜一三三九）である。家行は、両部・伊勢神道の教説を類聚・整理して体系化しようとした。それが元応《げんおう》二年（一三二〇）に撰述された『類聚神祇本源《るいじゅうじんぎほんげん》』十五巻である。特に第十五巻「神道玄義《げんぎ》篇」では「機前」論を展開する。「機前」とは、天地開闢以前の混沌《こんとん》であり、かつ我が心の本源を指し、家行はそこに神（カミ）の本質を見ようとした。彼の著作としては、その他『瑚璉集《これんしゅう》』『神道簡要《かんよう》』『神祇秘抄《じんぎひしょう》』がある。

もうひとりの常良は、後宇多院《ごうだいん》・後醍醐天皇を通じて三宝院流の道順と関係が深い人物だった。伊勢神宮の側で、密教を主体的に取り込もうとしたのは彼だろう。そのことは、彼の『大神宮両宮之御事《りょうぐうのおんこと》』に如実に現れている。また、常良と関わりの深い人物に天台僧であった慈遍《じへん》がいる。彼は鎌倉末期から南北朝期に生きた人物であるが、山王神道の理論書である『天地《てんち》神《じん》祇《ぎ》審鎮要記《しんちんようき》』を著す一方で、常良より伊勢・両部神道説を学び、『旧事《くじ》本紀《ほんぎ》玄義《げんぎ》』『豊葦原神風《とよあしはらしんぷう》和記《わき》』等を著した。

南北朝期に入ると外宮度会氏は南朝方として活動するが、南朝の衰亡とともに力を失い、同時に神道説自体も新たな展開は見られなくなってくる。ただし、その説は度会家行に学んだ北《きた》畠親房《ばたけちかふさ》が『元元集《げんげんしゅう》』『神皇正統記《じんのうしょうとうき》』を著すことにより、次第に伊勢神宮の外部へも知られるようになった。

神道諸流の展開（一）

寺院において、神道書や関連する切紙・印信が制作されるようになると、これらを専ら相承する諸流派（神道流派）が現れてくる（伊藤聡二〇一一b）。ただ、鎌倉期においては独立した流派としてではなく、密教諸流の秘事・口決として存在していた。それが、おそらく南北朝期から室町前期あたりから、独自の流派形成が始まったと考えられる。ここではその過程を見ておきたい。

早い段階から独得の秘説形式の動きを見せるのが三宝院御流である。これは、勝賢《しょうけん》より仁和《にんな》寺《じ》御室《おむろ》の守覚法親王《しゅかくほっしんのう》（一一五〇〜一二〇二）に伝授された三宝院流の一流である。近年、真福《しんぷく》寺《じ》からその秘伝である『野決《やけつ》』の目録が発見された。驚いたことにその目録には『両宮形文深釈』『二所天照皇太神遷宮時代抄』『神性東通記』といった両部神道書が含まれていたのである（真福寺蔵『野決目録』）。もし、これらの伝受が実際に行われていたとすれば、右の神道書が平安末期から鎌倉初期にすでに存在していたことになり、従来の見解を大きく改める必要がある。

詳しい検討は今後に委《ゆだ》ねられるが、現段階ではっきりしているのは、鎌倉末期から南北朝期において、三宝院御流の法脈において麗気灌頂《れいきかんじょう》の伝授が行われていたことである（真福寺蔵『麗気血脈』）。天台宗の僧だった良遍（生没年不詳）が、応永《おうえい》二十六年（一四一九）に高野山で行った『日本書紀』講義において、「三宝院御流とも云ふ。或《ある》ひは神道と号し、諸国之《これ》を用ふ」（『日

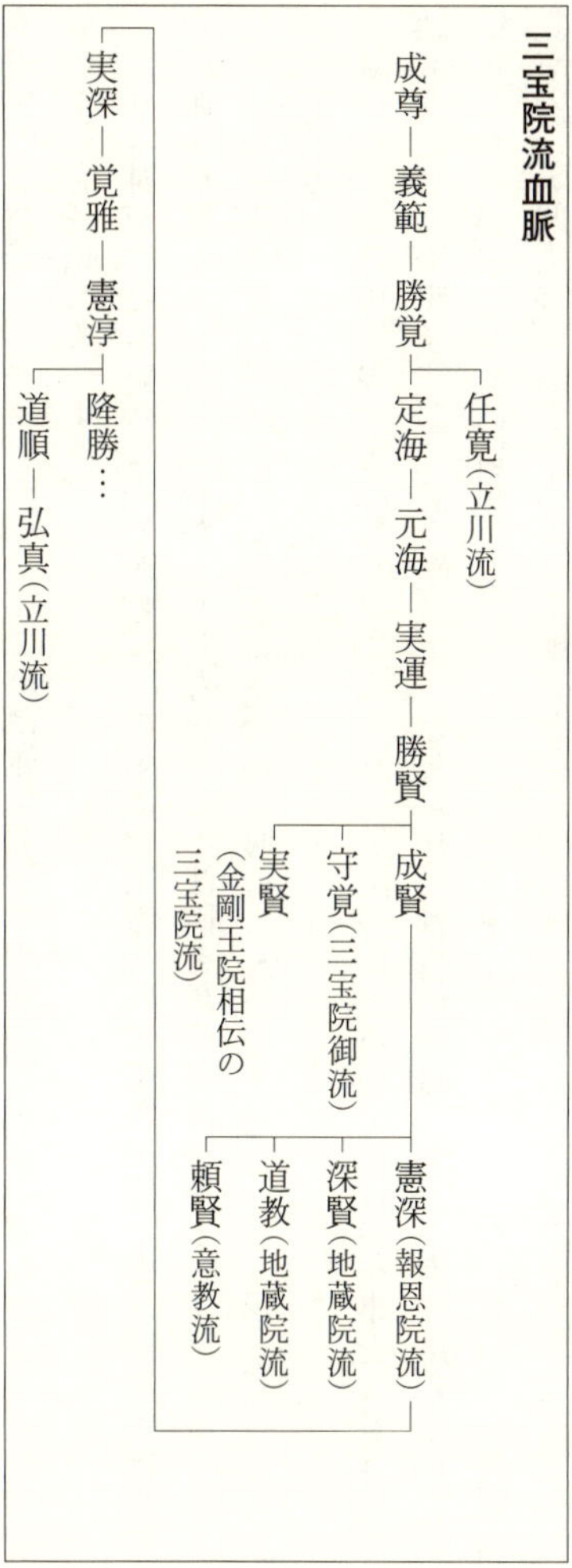

本書紀第一聞書』）と述べているが、これは麗気灌頂の相承が応永年中においても同流で続いていたことを意味していよう。

ただ「神道」ともいっているから、この頃には密教の「三宝院御流」とは別の半ば神道独自の流派を形成しつつあったのかもしれない。この法脈と後の御流神道との関係ははっきりしないが、おそらく別の系譜を引く御流神道の中に吸収されたのではないかと考えられる（伊藤聡二〇一一b）。

続いて、鎌倉後期の三宝院流を見てみよう。摂関の伝える即位灌頂の秘事を大覚寺《だいかくじ》統に取り込もうとした後宇多法皇の意を受けて、これを伊勢神宮の子良（物忌）の作法と結びつけて秘伝化したのが三宝院流の道順（?～一三二一）である。それを伝えるのが智円の『鼻帰書』と覚乗の『天照大神口決』である。道順自身は三宝院流の正嫡になれなかったので、これらの秘伝も同流には受け継がれなかった。代わりにこれを伝えたのが覚乗が属した西大寺流である。ただ、『天照大神口決』諸本の伝来状況を見ていると、特定の法流に相伝された形跡はなく、方々に伝わっており、独特の流派形成をしていない。

三輪山では鎌倉中後期より平等寺《びょうどうじ》において、三輪上人慶円《きょうえん》（一一四〇～一二二三）を始祖と仰ぐ三輪流が現れる。この法流は後世、三輪流神道と称する神道の一大流派（近世の両部神道の中心）に成長するが、慶円の在世中はもちろん、その後も室町時代以前までは、必ずしも神道に特化した流派などではなく、密教の一法流だったと考えられる。ただ、周縁的な流派であり、彼の弟子の宝篋《ほうきょう》・如実《にょじつ》は「立川流《たちかわ》」批判書である『受法用心集』や『宝鏡鈔』にその名が見える人物だった。つまり、「立川流」と同様、密教の正統から見て異端的言説といってよい「神道」を取り込む素地が十分にあったということである。

慶円の事蹟については、弟子の塔義《とうぎ》によってまとめられたという『三輪上人行状』に詳しい。同書は伝記というよりも、彼の逸話を集成したものである。その主な内容は、慶円と魔（天狗）あるいは神との交流をめぐるもので、即身成仏印明《いんみょう》（「若凡若聖《にゃくぼんにゃくしょう》」偈）の授与が話の中心になる。即身成仏印明とは、誦すればすぐさま即身成仏を遂げることができるというもので、院政期から鎌倉にかけて真言密教諸流で相承された。特に三輪流ではこれを最極秘伝とし、室生山の龍神や八幡神との授与譚を組み込んだ印信が作られる（伊藤聡二〇二一c）。

三輪山には、鎌倉後期に叡尊の西大寺流が進出した（その拠点が大御輪寺《だいごりんじ》である）。前述の通り、西大寺流は伊勢神宮周辺で勃興しつつあった神道説と関わりが深く、それによって神宮の所説が三輪山周辺に持ち込まれることになった。文保二年（一三一八）に成立した『三輪大明神縁起』は、天照大神と三輪神との同体を説く内容で、伊勢の両部神道説の濃厚な影響の下に書かれた著作である（この書は従来叡尊の述作と見なされてきたが、私は西大寺三世宣瑜の作と考えている）（伊藤聡二〇一一a、二〇一六d）。

室町以降、同流は神道流派へと変貌する。先に見た室生龍神との授与のエピソードを、神を三輪明神に変えて、それを互為《ごい》灌頂（慶円と神が互いに灌頂しあったゆえ、かくいう）とよんで、三輪神と慶円との神秘的交流を自流の根本秘説とした。このことを通じて三輪流は神道を相承する流派になっていったのである。

神道諸流の展開（二）

伊勢神宮周辺における神道説形成の動きは、鎌倉中後期以降、室生山《むろうさん》周辺にも影響を与えることになる。室生山には、空海が師の恵果《けいか》より伝授された如意宝珠（一切の願望がかなう宝玉。仏徳、仏果を象徴する）を埋納したといわれていた。そのことを記したのが、十一世紀頃偽作されたと考えられる空海の『御遺告《ごゆいごう》』である。院政期から鎌倉時代にかけて、『御遺告』を本説とする、宝珠信仰が高まり、その拠点として、室生山が注目されたのである。宝珠信仰は、その多様な展開のなかで天照大神信仰と連絡するようになり、室生山と神道説との接点がそこに生まれてくる。このことを示すのが仁海《にんがい》に仮託される『宀一山《べんいちさん》秘密記』で、天照大神が如意宝珠の垂迹であるなどと説かれている（伊藤聡二〇一一a）。

　室生山における神道説の成立にあたり、最も重要な役割を果たしたのが、鎌倉後期に室生山にいた円海《えんかい》と秀範《しゅうはん》である。円海は西院流に属する僧だが、聖守を介して三宝院流と、忍空《にんくう》・円照《えんしょう》を通じて西大寺流とも交流があった。そして彼自身も世義寺《せぎでら》中興との伝承があるごとく（『勢陽五鈴遺響』）、伊勢における神道説とも接触があった形跡がある。また秀範も神道説に関する切紙等にその名がしばしば見える（久保田二〇〇六、牧野二〇〇九）。

彼らは横浜市金沢区《かなざわ》にある称名寺《しょうみょうじ》二世釼阿《けんな》に、ほかの密教の秘伝とともに、神道説に関する印信・切紙を伝授した。これらの資料は今日、県立金沢文庫に保管されている。そのひとつ「神祇灌頂血脈」には「嵯峨天皇―空海」と記されており、円海らが独特な相承血脈を構想していたことが分かる。この伝授はその後も継承され、応永年中（一三九四～一四二八）になると、嵯峨天皇から空海への『麗気記』の秘密伝授が記されるようになる（『麗気制作抄』、猿投《さなげ》神社蔵『神祇口決私《くけつし》』）。この法流の相承者たちは、嵯峨から空海への伝授にちなんで、自らを「御流《ごりゅう》」と名乗るようになった（伊藤聡二〇一一a）。

このようにして、多くの神道流派が作られ、中世末期には「神道に十二流あり」（真福寺蔵『神祇秘記』）といわれた。これら両部神道系諸派の秘事・秘説の伝授は、密教の相承に倣って灌頂・伝授といった手続きを介して、師から弟子へと相承されていた。これを神道灌頂（神祇灌頂）という。神道灌頂はすでに鎌倉中期にはあったらしく、神道説の形成と不可分であった。その中核にあったのは最極の典籍である『日本書紀』および『麗気記』の伝授において行われた日本紀灌頂・麗気灌頂である。その他、伊勢灌頂、父母代《おやしろ》灌頂・和歌灌頂、天岩戸灌頂・三種神器灌頂等の種類があった。

また、室町後期には神道灌頂にあたって、談義・講説が行われており、その折の台本・聞書も残されている。これらから窺える作法の特徴はおおむね密教の灌頂作法の模倣だが、大きく違う点は、本尊に神像（あるいは三種神器）を置くほか、伝授対象には僧俗・男女を問わなか

山王二十一社本地仏一覧（景山春樹『神道美術』一〇四頁より）

		現社名	祭神名	旧称	本地仏	備考
上七社	本宮	西本宮	大己貴神	大宮（大比叡）	釈迦	山王三聖と称する
	本宮	東本宮	大山咋神	二宮（小比叡）	薬師	
	摂社	宇佐宮	田心姫命	聖真子	阿弥陀	
	同	牛尾神社	大山咋神荒魂	八王子	千手	
	同	白山姫神社	白山姫神	客人	十一面	
	同	樹下神社	鴨玉依姫神	十禅師	地蔵	
	同	三宮神社	鴨玉依姫神荒魂	三宮	普賢又は大日	
中	摂社	大物忌神社	大年神	大行事	毘沙門	中七社以下はその本地仏について異説が多い
	末社	牛御子社	山末之大主神荒魂	牛御子	大威徳	
	摂社	新物忌神社	天知迦流水姫神	新行事	持国天又は吉祥天	

ったことである。特にその傾向は室町末期以降著しい。このことは、密教法流内部の秘説の一種だった神道説が、民間信仰のなかに溶け込んでいく過程を示しているといえよう。

さて一方、天台宗山門派（比叡山）においても、鎌倉時代以降神道書述作の動きが起こった。日吉山王《ひえさんのう》をめぐる神道で、山王神道（あるいは天台神道）と後世よばれることになる（菅原一九九二）。比叡山麓にある日吉山王は、延暦寺の発展とともに成長してきた。その信仰は、最初大宮《おおみや》（大己貴命《おおなむち》、大比叡《おおひえ》）と二宮《にのみや》（大山咋神《おおやまくい》、小比叡《こびえ》）より

七社	末社	八柱社	五男三女神	下八王子	虚空蔵	
	摂社	早尾神社	素盞嗚神	早尾	不動	
	同	産屋神社	鴨別雷神	王子	文殊	
	末社	宇佐若宮	下照姫宮	聖女	如意輪	
下七社	末社	樹下若宮	玉依彦神	小禅師	竜樹	
	同	竈殿社	奥津彦神 奥津姫神	大宮竈殿	大日	
	同	同	同	二宮竈殿	日光 月光	
	摂社	氏神神社	鴨建角身命 琴御館宇志麿	山末	摩利支天	
	末社	巌滝社	市杵島姫命 湍津島姫命	岩滝	弁才天	
	同	剣宮社	瓊瓊杵命	剣宮	弁才天	または 悪王子（愛染）
	同	気比社	仲哀天皇	気比	聖観音	

成るが、徐々に祭神を増やし、十一世紀中頃には山王七社が形成された（最終的に二十一社にまでなる）。さらに平安中期から院政期にかけての本地垂迹思想の展開のなかで、各々本地仏が配当された（表参照）。

　山王神道の教説の存在が確認されるのは、鎌倉後期以降のことである。その内容は、山王諸社の由来と来歴を天台教学に即して言説化したものであるが、最澄『三宝住持集《さんぼうじゅうじしゅう》』、円仁『三宝輔行記《ぶぎょうき》』、円珍《えんちん》『顕密内証義』、安然《あんねん》『四明安全義《しめいあんぜんぎ》』、良源《りょうげん》『御遺告』などの「三聖二師二十巻」および、大江匡房《おおえのまさふさ》『扶桑明《ふそうめい》月集《げつしゅう》』、都良香《みやこのよしか》『扶桑古語霊異集』からの引用という形式をとる。しかし、これらは実際には存在しない架空の書物で、これらの書名を冠した言説の集積が編纂されて、一個の伝書として構成されることに山王神道の特徴がある。

その伝書の中核が、顕真《けんしん》に仮託して義源《ぎげん》が編述した『山家要略記《さんげようりゃくき》』である。現存する諸伝本には、九巻本・七巻本・五巻本・三巻本等があり、それらは配列・構成に異同があるほか、『山家最略記』『義源勘注』などの別編書もある。さらに、『惟賢比丘筆記《ゆいけんびくひっき》』『九院仏閣抄《くいんぶっかくしょう》』『叡《えい》岳要記《がくようき》』『延暦寺護国縁起』など、書中にその所説を含む資料も多い。また、義源より伝授を受けた光宗《こうしゅう》(一二七六~一三五〇)は『渓嵐拾葉集《けいらんしゅうようしゅう》』を編纂した。(4)

これらの伝書を通じて山門派内部で相承された山王神道だが、近世に至り、天海によって徳川家の「神学」として再編される。それが山王一実神道である(詳しくは第五章で述べる)。

3 鎌倉仏教と中世神道

法然・親鸞と神祇信仰

鎌倉「新」仏教の登場と中世神道説の形成は、中世日本の宗教界の劇的変化を示す同時代的現象である。いずれも末世末法意識を共有しており、かかる状況に相応する新しい信仰として登場したのだった。ただ「新」仏教にとって、本地垂迹説から中世神道説に至る神々をめぐる言説と信仰の変容はどのような意味を持っていたのであろうか。まず、浄土系諸宗から見ていきたい。

法然《ほうねん》（一一三三～一二一二）は、易行《いぎょう》の称名念仏の浄土門のみを時機相応の教行として専修すべきと唱え、その他の仏教修行（難行道《なんぎょうどう》・聖道門《しょうどうもん》・雑行《ぞうぎょう》）を否定した。神祇あるいは本地垂迹の信仰も、雑行のひとつと見なされたのは当然の態度だった。それに対し、「旧」仏教側は論難した。たとえば貞慶《じょうけい》は『興福寺奏状《こうふくじそうじょう》』（一二〇五）で九箇条にわたって、念仏衆の罪科（失《しつ》）を列挙するなかで、「第五、霊神に背くの失」として、

念仏の輩《やから》は、永く神明を遠ざけている。権化《ごんげ》と実類《じつるい》とを問わず、宗廟《そうびょう》・大社をも憚《はばか》らず、もし神明を恃《たの》みとすれば、必ず魔界に堕《お》ちるなどと言っている。実類の鬼神はともかくも、権化・垂迹の神は、仏菩薩そのものではないか。だからこそ昔の高僧たちは皆帰敬《ききょう》したのである。伝教《でんぎょう》大師（最澄）は、宇佐宮や春日（正しくは香春社《かはるしゃ》）に参じて、おのおの特別の瑞相《ずいそう》があったといい、智証《ちしょう》大師（円珍）は、熊野山に参詣し、あるいは新羅神を勧請して、深く法流の繁栄を祈り、行教《ぎょうきょう》和尚は袈裟の上に三尊の影を宿し、弘法大師が描いた画図の中に八幡はその姿を顕《あら》わしたという。是《こ》れらは皆、法然に及ばない人なのか、魔界に堕ちるべき僧なのか。……

と、その神祇不拝の姿勢を糾弾したのは有名である。
また延暦寺衆徒も貞応《じょうおう》三年（一二二四）に「吾朝は神国なり。神道を敬するを以て国の勤めとす。百神の本を討《たずぬ》るに諸仏の迹に非る無し。（中略）而《しか》るに今専修の輩、事を念仏に寄せて明神を敬すること無し。既に国の礼を失へば、何ぞ神の咎《とが》無からん。当《まさ》に知るべし有勢《うせい》の神祇、定めて降伏の鬼魄《きはく》を廻《めぐ》らすことを」と、同様の非難を行っている。

敵対者によって、右のように批判された法然だが、彼自身ことさら神祇をのみ否定したのではなかったし、現世安穏のために神々を拝することは容認している。法然にとって、神祇信仰を含む称名念仏以外の余行は、極楽往生のための手段たり得ない。その意味において神祇が否定されているのであって、後のキリシタンのような神祇崇拝への攻撃とは性格が違っている。ただし、法然門徒たちに広がっていた造悪無碍《ぞうあくむげ》（称名念仏を唱える者は、どのような悪事を行っても済《すく》われるとの考え方）の思想により、神領を押妨《おうぼう》するなどの例もあったらしい（『沙石集《しゃせきしゅう》』巻一第十話「浄土門ノ人神明ヲ軽《かろんじ》テ蒙ルレ罰ヲ事」）。

親鸞《しんらん》（一一七三〜一二六二）は『教行信証《きょうぎょうしんしょう》』などで、はっきりと神祇信仰を否定しているが、その一方、一般門徒に向けた「和讃《わさん》」などでは仏法を守護する諸天善神、善鬼神の価値を認め、神々を侮ることを戒めている。結局のところ、法然・親鸞にとって神祇信仰は、厭離《おんり》すべき穢《え》土《ど》での営みであり、積極的な評価の対象ではなかったのである。

しかし、法然や親鸞を継いだ者たちは徐々に神祇信仰を受け入れるようになっていった。親鸞の曽孫《そうそん》の覚如《かくにょ》（一二七〇～一三五一）がつくった『親鸞伝絵』では、親鸞が箱根山で箱根権現の帰依を受けたとか、常陸《ひたち》国で弟子に熊野信仰を勧めた（熊野本宮の本地は阿弥陀如来）といった逸話を載せ、いわばなし崩し的に本地垂迹信仰を受け入れている。

さらに、その子存覚《ぞんかく》（一二九〇～一三七三）は『諸神本懐集《しょしんほんがいしゅう》』を著し（正中《しょうちゅう》元年〔一三二四〕）、本地垂迹説を理論的に導入した。本書は一般門徒の唱導教化のために作られた談義本である。そのなかで、存覚は「権社《ごんしゃ》ノ霊神」と「実社《じっしゃ》ノ邪神」に分かち、前者は仏菩薩の垂迹なる神、後者は本地を持たない生霊・死霊・畜類の類で、祟りを恐れるがゆえに神として祀られている存在と規定し、権社神の信仰を認め、実社神を否定する。このことで、本地垂迹の信仰を全面的に導入する一方、実社神によって神祇不拝の態度を温存するという折衷的な神祇観を唱えた。

神を権実に分けることは、『興福寺奏状』に見えるように仏教者一般に共有された同時代的神観念である。つまり、真宗としても通常の神祇信仰と妥協せざるを得なかったのだった（この問題については、次節で詳述する）。『諸神本懐集』は真宗門徒にとって神祇信仰と念仏信仰とをどのように折り合わせていくかの基準を示すものとして長く重んじられた。

一方浄土宗は、時代の進展とともに神道説の導入に積極的になった。多念義《たねんぎ》の隆寛《りゅうかん》の弟子信《しん》瑞《ずい》（?～一二七九）が著した『広疑瑞決集《こうぎずいけつしゅう》』は、俗人である一武士の質問に答えたもので、彼らが日常的に行う神信心・祈禱と念仏信仰とをどのように添わせているかについて、本地神を肯定する立場をとっている。存覚は『諸神本懐集』を編むにあたって、同書を参照している。

浄土宗のなかにあってほかに注目すべきは了誉聖冏《りょうよしょうげい》（一三四一～一四二〇）がいる。彼は、浄土宗のみならず密教・天台・唯識《ゆいしき》・禅等をも学んで、教学の発展に寄与した人物だが、その一環として神道説を学んだ。関連する著作として『日本書紀私抄』『麗気記私抄』『麗気記拾遺抄』『鹿嶋問答』『古今集序註』、『麗気記神図画私抄』『久目歌註《くめうたちゅう》』がある。彼の著作の影響により、関東の浄土宗には両部神道が入り込んでいった（鈴木英之二〇一二）。また、戦国時代から江戸時代初期の白旗《しらはた》派の浄土僧で、琉球に滞在したことでも知られる良定《りょうじょう》（袋中《たいちゅう》、一五五二～一六三九）は、『琉球神道記』において、琉球の神々を本地垂迹説に基づいて説明している。

また、法然浄土宗の一派である西山派より起こった時衆《じしゅう》（時宗）は、宗祖の一遍《いっぺん》が熊野権現（本地は阿弥陀）の神勅を受け、以後全国を遊行《ゆぎょう》して賦算《ふさん》・結縁《けちえん》をなす。その足跡は石清水八幡宮・厳島社《いつくしましゃ》・大三島社《おおみしましゃ》等の諸社にも及ぶなど、当初より神祇信仰を全面的に受け入れる立場をとっている。

禅宗と中世神道

日本臨済《りんざい》宗は栄西《ようさい》（一一四一～一二一五）以来、台・密・禅兼修を基本としており、神祇信仰を受け入れる余地が十分にあった。栄西自身の神祇信仰は明らかではないが、重源の死後、東大寺大勧進となっていたことは注意されよう。また後世のものながら栄西に仮託した神道印信なども残されている。

栄西の弟子栄朝《えいちょう》に学んだこともある円爾《えんに》弁円《べんねん》（一二〇二～八〇）もまた禅密兼修の人であった。彼もまた東大寺大勧進になったが、彼自身には神道関係の事績は特に見受けられない。ただし、その門流である聖一派に連なる者たちの神宮との関係は深い。円爾に参禅した東大寺の聖守・円照兄弟、無住一円《むじゅういちえん》（道暁《どうぎょう》、一二二六～一三一二）等はいずれもしばしば参宮して、神宮祠官との関係を結んでおり、鎌倉期の両部神道説の普及に重要な役割を果たしている。また渡唐天神の由来を彼と結びつける説もある。すなわち、彼の助言により天神が渡宋、無準《ぶじゅん》師範に参禅したとされ、唐服を着た天神像（渡唐天神）が多く製作された。

また、円爾の弟子のひとりだった癡兀大慧《ちこつだいえ》（一二二九～一三一二）は、禅密兼修を旨とする安養寺流《あんようじ》を開き、安養寺（多気《たき》郡上野御薗《うえのみその》）・大福寺《だいふくじ》（度会郡泊浦）を拠点とし、伊勢神宮付近に展開した。大慧の孫弟子にあたるのが真福寺を開いた能信《のうしん》で、同寺が多くの神道書を伝えたことはよく知られている（萩原一九七八）。

同じく、円爾にも参禅した法灯《ほっとう》派の祖無《む》本覚心《ほんかくしん》（一二〇七～九八）は、栄西の弟子退耕《たいこう》行勇《ぎょうゆう》の下で禅僧となると同時に高野山・三輪山で密教の灌頂を受けた。彼も伊勢参宮をしばしば行い、天台山の童子より授与された袈裟を神宮に奉納した。後にその袈裟は、度会貞尚《さだなお》―常《つね》良《よし》―貞香―常廉―貞昌と相伝されたが、永徳二年（一三八二）に天照大神の神託により、別峰《べっぽう》大殊《たいしゅ》（一三二一～一四〇二）に伝授され、その後東福寺に伝えられた。現在も同寺には、貞昌から別峰への伝授状とともに、その九条袈裟が伝えられている。覚心にはその他八幡神などとの逸話を遺すなど、法灯派は後々まで神祇信仰との関係の深い宗派だった。なお、一遍は法灯派から大きな影響を受けている（原田一九九八）。

道元《どうげん》に始まる日本曹洞宗《そうとう》は、道元自身についていえば護法善神としての神祇信仰の存在は認めつつも、積極的に接近することはなかった。しかし、道元の後継者たちは神祇信仰へ傾斜していく。総持寺《そうじじ》開山となった瑩山紹瑾《けいざんじょうきん》（一二六八～一三二五）は、師のひとりであった無本覚心の影響を受けて、曹洞宗と密教の融合を進めた。瑩山は寺院の法式を整備するに際して、八幡大菩薩・白山妙理権現など在地の神々を勧請した。また陰陽道の神々を護法神・伽藍《がらん》神として寺域内に祀るなど、曹洞宗の普及のために一般的な本地垂迹思想に妥協するようになっていった。

臨済宗に比して後発の曹洞宗が教線を拡大していくのは地方であった。曹洞禅僧の伝記には、彼らが在地の神々を化度《けど》・帰伏させていくという説話が多く伝えられている。源翁心昭《げんのうしんしょう》（一三二九～一四〇〇）は、総持寺にて峨山韶碩《がざんしょうせき》に学び、関東・東北を中心に諸国を遍歴し、下野那須《しもつけなす》の殺生石《せっしょうせき》（九尾狐《きゅうびのきつね》）を教化したといわれる。了庵慧明《りょうあんえみょう》（一三三七～一四一一）には、相模国大雄山《さがみだいゆうざん》の地主神が参禅した話、また彼が箱根権現に血脈を授けた話もある。

そのほかにも土地神を化度してその地に仏宇を建立したとか、神に授戒して護法神となしたとか、悪霊・妖怪を帰服させたとかいう説話（殺生石はこの例）が散見する。これらはあたかも奈良時代の神身離脱の再現のごときもので、新しき仏教宗派が古代における在地への仏教浸透をなぞるように見えるのは興味深い。曹洞宗が地方の庶民層に浸透していくためには、密教との習合と神祇信仰が不可欠だったのである（鈴木一九四二、葉貫一九九三）。

臨済宗では、法灯派・安養寺流のような地方に拠点を置いた流派を除いては、鎌倉後期以降、密教の兼修の風が失われてく。それに伴い、神祇信仰を積極的に摂取しようとする姿勢も見えなくなっていった。前述した渡唐天神譚のような臨済宗独特の神身離脱的説話、あるいは蘭渓《らんけい》道隆《どうりゅう》に江島弁天《えのしまべんてん》・鶴岡八幡《つるがおかはちまん》が帰依した説話（伊藤聡二〇〇七ａ）がある程度である。

ところが、また室町後期になると、三教一致の宗風の影響から、吉田神道等に学ぶ者が出た。特に桃源瑞仙《とうげんずいせん》（一四三〇〜八九）、景徐周麟《けいじょしゅうりん》（一四四〇〜一五一八）、月舟寿桂《げっしゅうじゅけい》（一四七〇〜一五三三）等は、吉田兼倶《かねとも》による『日本書紀』『中臣祓』の講筵《こうえん》に接し、吉田神道の禅林への移植に寄与した。

このように、室町末期の禅林では神道・『日本書紀』が学ばれていた。林羅山《はやしらざん》・山崎闇斎《やまざきあんさい》などの近世初期の神道説の担い手が禅林出身であったのも、禅林の学問環境が大きく関係している。その意味で、禅林こそ近世神道の揺りかごだったといえるだろう（これは近世の宋学隆盛の基もここに発することと明確に対応している）。

法華神道

日蓮《にちれん》宗は、宗祖の日蓮自身にしてからが神祇信仰取り込みに積極的であった。彼は他宗への激烈な批判攻撃（「念仏無間、禅天魔、真言亡国、律国賊」）を行う一方で、正法《しょうぼう》（『法華経』に基づく教え）を擁護する神々の中心に天照大神・八幡大菩薩を置いた。その他日吉神以下の諸神も法華経守護の善神であると位置づけ、正法が行われないときはこれら善神は日本国を去り、行われれば帰り来たって国土を守護するという、いわゆる「神天上《じんてんじょう》法門」を唱えた。日蓮宗の大曼荼羅において、天照大神・八幡大菩薩の名が書き込まれるのは、これに由来する。

また他方で、正法守護を怠る神を批判することもあり、『諫暁八幡抄《かんぎょうはちまんしょう》』では、弘安三年（一二八〇）に鎌倉八幡宮が炎上したのは、八幡大菩薩が法華経行者（日蓮自身のこと）を守護できなかったために、諸天より罰せられたのだと主張していた（藤井二〇〇二）。

日蓮没後には、三十番神《さんじゅうばんじん》信仰が導入され、日蓮宗風の護法善神思想が確立する。これは三十の諸神が一ヶ月三十日の間、交替で法華経護持にあたるという信仰である。日蓮宗では日蓮自身の創始したものと主張していたが、本来天台宗に淵源を持つもので、延久《えんきゅう》年間（一〇六九〜七四）に楞厳院《りょうごういん》阿《あ》闍梨《じゃり》良正《りょうしょう》が如法経《にょほうきょう》守護のために勧請したのが始まりといわれる（一説には円仁）。この信仰が日蓮宗に導入されたのは、京都における日蓮宗の基盤を築いた日像《にちぞう》（一二六九〜一三四二）の時代で、後に全国の日蓮宗門徒に広がった。

明応《めいおう》六年（一四九七）、吉田兼倶は京都の日蓮宗寺院（妙顕寺《みょうけんじ》・妙蓮寺《みょうれんじ》・本圀寺《ほんこくじ》）に対し論争を仕掛けた。そのなかで兼倶は、三十番神名を日蓮に伝授したのは兼倶の遠祖兼益《かねます》であると主張したのである。日蓮宗では三十番神を日蓮創始といいながら、全く同じものが天台宗にあることの矛盾を突かれたわけである。兼倶は証拠として『兼益記』なる一書を偽作し、日蓮宗の神祇信仰を自家の神道のなかに取り込もうとしたのである。

この論争は結局決着がつかなかったが、これがきっかけとなって、日蓮宗の神祇をめぐる言説は吉田神道の影響を受けることとなった。ここに三十番神信仰・神天上法門を中核にして吉田神道の要素を加味した神道説が形成される。これを法華神道という（ただ、法華神道の内容には吉田神道だけではなく、御流神道の影響も看取される）。

法華神道の根本典籍となったのが、先の兼倶との論争をまとめた『番神問答記』、兼倶の孫

法華経守護三十番神

	神　　名
1	熱田大明神
2	諏訪大明神
3	広田大明神
4	気比大明神
5	気多大明神
6	鹿嶋大明神
7	北野大明神
8	江文大明神
9	貴船大明神
10	天照皇太神
11	八幡大菩薩
12	加茂大明神
13	松尾大明神
14	大原大明神
15	春日大明神
16	平野大明神
17	大比叡権現（日吉大社）
18	小比叡権現（　〃　）
19	聖真子権現（　〃　）
20	客人大明神（　〃　）
21	八王子権現（　〃　）
22	稲荷大明神
23	住吉大明神
24	祇園大明神
25	赤山大明神
26	建部大明神
27	三上大明神（御上神社）
28	兵主大明神
29	苗鹿大明神（那波加神社）
30	吉備大明神

兼右《かねみぎ》に『日本書紀』を学んだ仏心日珖《ぶっしんにっこう》の『神道同一鹹味抄《かんみしょう》』、円明日澄《えんみょうにっちょう》（一四四一～一五一〇）の撰とされる『法華神道秘訣』で、これを法華神道三大書という。

日蓮宗の神祇信仰としては、三十番神以外では、大黒神や鬼子母神《きしもじん》への信仰があるが、それ以外の神々一般については、浄土真宗などと同様に神祇不拝の傾向がある。つまり、法華経守護の善神以外は認めないという態度で、これは宗祖以来の伝統だったといえるだろう（宮崎一九五八）。

以上のごとく、鎌倉〈新〉仏教の諸宗は、いずれも従来の本地垂迹的習合思想を受容することが、その教団の発展にとって不可欠であり、それを受け入れた後に、本格的な庶民層への浸透の端緒をつかみ、中世後期以降の隆盛の基礎となったのである。その一方でこの種の妥協は、〈新〉仏教の持っていた体制批判の要素を弱める結果となり、教団が体制内化していくことをも意味していたのであった。

4　神観念の中世的変容

権神・実神・法性神（本覚神）

すでに述べてきたように、平安後期以降、本地垂迹説はほぼ全国に及んだ。しかし実際には、あらゆる神々が仏菩薩の垂迹・化身と見なされたわけではなかった。すなわち、朝廷や官衙《かんが》と関わりの深い畿内および地方の有力社は本地仏を持つ一方、中小の地方神や鬼神の類の多くは、旧来通りの神身離脱を求める一衆生とされたのである。

鎌倉時代にこのような二つの神のタイプが立てられていたことは、法然門徒を批判した『興福寺奏状』より知れる（前出）。その一条「第五、霊神に背くの失」には「念仏の輩、永く神明に別る、権化実類を論ぜず、宗廟大社を憚らず。もし神明を恃めば、必ず魔界に堕つと云云《うんぬん》。実類の鬼神においては、置いて論ぜず。権化の垂跡に至つては、既に是れ大聖なり、上代の高僧皆以て帰敬す」とあり、神をもって「権化垂跡」と「実類鬼神」とに弁別しているのである。

皮肉なことに、後世このような分類を全面的に採り入れたのは、法然の衣鉢を継ぐ念仏門の人々だった。その代表的な著作が前にも触れた存覚の『諸神本懐集』である。本書は一般門徒の唱導教化のために作られた談義本である。そのなかで彼は神々を「権社ノ霊神」「実社ノ邪神」とに分かち、後者を「生霊・死霊等ノ神」で「如来ノ垂迹ニモアラズ、モシハ人類《にんるい》ニテモアレ、モシハ畜類ニテモアレ、タ、リヲナシ、ナヤマスコトアレバ、コレヲナダメンガタメニ神トアガメタルタグヒ（如来の垂迹ではなく、人であれ畜生であれ、祟りを為して悩ますためにそれを宥めるために神として崇める存在）」と定めた。一方の前者については、「往古ノ如来、深《じん》位《い》ノ菩薩、衆生ヲ利益《りやく》センガタメニ、カリニ神明ノカタチヲ現ジタマヘル」存在であって「本地ノ利生ヲタウトブベキ」とする。しかし、彼の本旨は冒頭の次の一文に明瞭に現れている。

そもそも仏陀は神明の本地（真実の姿）であり、神明は仏陀の垂迹（この世に出現した仮の姿）である。本地がなければ垂迹はなく、垂迹がなければ本地を知ることはできない。神明と仏陀とは表となり裏となって、ともに衆生を利益するものであり、垂迹と本地とは、権（の姿）となり実（の姿）となって、ともに衆生を済度《さいど》する。ただし、深く本地を崇める者は必ず垂迹をも帰依するものである。これは本《もと》より迹を垂れるからである。しかしひたすら垂迹を尊ぶ者は、必ずしも本地に帰依するとは限らない。これは迹より本を垂れることはないからである。そうであるから、垂迹の神明に帰依しようとするくらいなら、ただ本地の仏陀に帰依した方がよいのである。

つまり、あくまで神の背後にある仏への信仰に帰することに真の目的があるのであって、神々への信仰は便法に過ぎないというのである。このように真宗では、留保しながらも本地垂迹の信仰を導入し、一方で実社神への不拝を強調するという折衷的な神祇観を唱えたのだった。

また権神・実神に加えて法性神（本覚神）を置く三区分法も同時に行われた。たとえば、鎌倉初期に成立した『三角柏伝記』『中臣祓訓解』には、次のような区分法がなされる。

本覚神（大元尊神《だいげんそんじん》）　伊勢神宮
不覚神（実迷神《じつめい》）　出雲荒振神の類

始覚《しかく》神（実語《じつご》神）　石清水広田社の類

ここでいう不覚神とは実神、始覚神は権神に相当する。本覚神は「本来清浄の理性、常住不変の妙体」と定義され、真理そのものの神と位置づけられる。具体的には伊勢神宮（天照大神）のみがこれにあたるとされる。本覚とは「本から覚《さと》る」という意味である。大乗仏教では、人には本来的に仏になるための因子が備わっているという考え方があるが、日本天台宗の一部では、これが拡大解釈されて、人を含めた衆生は全て本来的に覚っているのであって、要はそのことを自覚すればよいのだと主張された。本覚神とは、この考え方を神解釈に応用したものである。

また鎌倉・南北朝以降の神道書には、「法性神」なる語が見える（鏡島一九四一）。ここでは『豊葦原神風和記《とよあしはらしんぷうわき》』によって見ておく。同書は神を「法性神」「有覚神」「実迷神」に分け、「法性神」を「謂《いわゆ》ル法身如来ト同体、今ノ宗廟ノ内証是也。故ニ此神ニハ、本地垂跡トテ二ツヲ立ル事ナキ也」、つまり法身仏と同体であり、仏に対して本地・垂迹関係を持たないと定義する。

以上のように、本覚神・法性神の観念は、主に真言・天台系の中世神道の教説において作り出されたものである。伊勢神道書においても、これに影響されて豊受大神＝天御中主神を「大元神」とよんで、根元神と位置づけ、さらに吉田神道では、伊勢両宮をも超越した「大元（尊）神」を、教理の根本に置いている。

本覚神・法性神の観念は、基本的には権・実の二分法の延長線上にあるもので、権神の観念が、神道の教理化のなかで特出されたものであった。ただ、仏神関係を本迹でなく、同体によって把握しようとしたことにより、神の仏に対する従属関係を著しく変更する点があったといえるだろう(5)。

殺生祭神

中世の本地垂迹思想において、看過できない難問として存在したのが動物供儀(殺生祭神)である。神々に魚鳥などの動物を捧げることは多く見られることだが、本地垂迹的信仰において、不殺生戒との矛盾が問題化したのである(伊藤聡二〇〇七b、同二〇〇八)。

これについての典型的な説明は、殺生を嫌う神々は仏菩薩の垂迹神であり、供儀を求めるのは本地を持たない実類神(実社神)であるという解釈である。すでに奈良時代において八幡神が肉類の供物を避けていたことが知られる(第一章参照)。

中世では、浄土宗の信瑞《しんずい》は『広疑瑞決集』(建長八年〔一二五六〕成立)のなかで次のように明快に述べる。「尚《なお》肉味を好み、香花《こうげ》をきらひて、罰をあたへん神明をば、此《これ》は是《こ》れ実業の邪神としりて、仏力をもちて対治《たいじ》せんに、何のことかあらんや」と。すなわち、供物に肉を好み、香華を嫌って罰を与えるような神は、実業の邪神なのだから、仏の力で退治してしまえばよいのだ、と。

ところが信瑞自身も指摘するように、そのような殺生を求める神々の多くもまた本地を持つ神だったのである。そして、その典型というべき存在が、『広疑瑞決集』が中心に取り上げている諏訪《すわ》神である。

信州の上下諏訪社は、古くから御狩神事・御頭祭《おんとうさい》を中心とする動物供儀・祭祀が盛んに行われていた。御狩神事とは、八ケ岳《やつがたけ》の裾野で年に四回行われた巻狩《まきがり》を行う行事である。一方の御頭祭は上社の狩猟神事で、鹿や猪《いのしし》の首、兎の串刺、鹿の内臓などが捧げられた。

このような殺生儀礼を行いながら諏訪社は、古代より神宮寺を持ち、神仏習合が深く浸透していた神社でもあった。その本地は、上社が普賢菩薩、下社が千手観音である（『諏訪大明神絵詞』）。また、中世神道説の影響を受けた伝書（『諏訪大明神深秘御本地大事』）等では、上・下社を金胎両界大日に配当する。

殺生罪業観と動物供儀の矛盾は、『広疑瑞決集』では、「清浄祭祀」と称して、次のように説明する。

（仏菩薩が）利生のために自らの光を和《やわら》げて、（神と現ずるとき）、凡夫と身を同じうするために、肉を食するように見えるが、実には食べてはいない。（なぜなら）本地はみな慈悲広大の仏菩薩であって、生をあわれみ殺生をにくみなさるものだからである。

すなわち、垂迹神による殺生祭神は、見かけだけのものである、として殺生祭神自体には否定的見解を示す。

しかし、一方で、

愚痴闇鈍《ぐちあんどん》であって、畜生の報を改められない鹿や鳥たちの自死したり、命が尽きたのを

（仏菩薩は）お見極めになり、本当には食べてはいないのだが（中略）縁を結ばせるために、神明として示現し、あるいは託宣して、自分の社壇に供えさせたのである。

という。本地を持つ神が犠牲を要求するのは、それらに自分と縁を結ばせようとの計らいなのだという説明である。殺生禁断と殺生仏果の論理とを無理に接合させた論といわざるを得ない。権神・実神のカテゴリーのみでは、実際の信仰現場での錯綜した神祇信仰と仏道との関係を説明できないことを如実に示しているといえよう。

信瑞の場合は、殺生祭祀自体には批判的であるが、鎌倉中期以降になると、鎌倉幕府では殺生禁断政策を強化していく傾向にあり、それに応じて、より積極的な説明を要するようになってくる。そこに現れるのが「業尽有情、雖放不生、故宿人身、同証仏果（業尽きたる有情は、放つと雖《いえど》も生ぜず。故に人身に宿して、同じく仏果を証せん「寿命が尽きた動物は解き放ったところで生きてはいない。だから、人の腹中に入れてやって、共に成仏させてやるのだ」）」の四句偈（別名「諏訪勘文」）で、鎌倉後期から南北朝期成立の『渓嵐拾葉集』巻四「諏訪明神託宣事」、『諏訪

大明神絵詞』、『諏方大明神講式』、『神道集』「諏方縁起」に見え、諏訪関連書以外には、『諸神本懐集』に見いだせる。この偈の意義について『諏方大明神講式』では、「御記文に云《いわ》く」として、次のように説明している。

> わたしは過去の燃燈仏《ねんとうぶつ》時代よりこのかた、神通力を以て、もろもろの衆生たちを見るに、六趣の中でもっとも愚痴の深く甚だしいのは、禽獣魚虫である。常に生死を流転して、出離する機会はない。それ故に、（彼らの）輪廻すべき運命を傾けて（つまり、殺して神の犠牲とすることで）常住妙果の世界に向かわせ、三業《さんごう》（身《しん》業・口《く》業・意《い》業）によって作り出される罪を断絶させるのである。（中略）是の故に諏訪大明神は、内には菩薩の行を秘しながら、外には（犠牲を要求する）霊神の形を現しているのだ。

つまり、神事伝統における殺生を動物たちの抜苦救済に読み替えていくのである（一種の動物愛護というべきか）。

このような理解は諏訪社だけのものではなく、全国のほかの神社でも見られたことは、同時代の以下のような説話から窺われる。まず『沙石集』巻一第八話「生類ヲ神明ニ供《くう》ズル不審ノ事」では、厳島社に魚類を供することに不審を述べたある上人の夢枕に、神が示現して、殺《ころさ》ル、生類ハ、報命《ほうみょう》尽テ何トナク徒《いたずら》ニ捨《すつ》ベキ命ヲ、我ニ供ズル因縁ニヨリテ、仏道ニ入ル方便トナス。(殺される生きものたちは、そのまま寿命が尽きて死んでしまう命だったのを、私に捧げられることが因縁となって、仏道に入ることができるのだ)

と告げられた話がある(『日本古典文学大系』)。

また、『発心集』第八―十三話に、ある聖が捕らえられた鯉《こい》を放生《ほうじょう》したところ、夢に鯉の霊が出て「自分は魚として得脱の期会を知らないままでいたのを、この度、賀茂の供祭《ぐさい》となることで苦患を脱するはずでしたのに、あなたのおせっかいのためにまた畜生のままでいなければならなくなってしまった」と恨み言をいわれる話がある。さらに『八幡愚童訓《はちまんぐどうきん》』には西宮明神について、西宮への魚の供進は「寿命で死ぬべき魚を、神はお見通しになって、網にかけさせて(神への供物とすることで)、生死の(迷いの)海からお済《すく》いなさる」ためだとある。

このように、中世では殺生禁断と動物供儀は、畜生道からの救済という理屈づけによって、かろうじて併存していた。ただ一方で、仏法との結びつきが強固になるほど、殺生・肉食忌避は神祇信仰の内部に浸透していったのも事実で、諏訪の御狩神事も年四回の限定された時期だけに行われていたことからも分かるように、全体的に神事における動物供儀の割合は減っていったのである。

和光同塵

中世において仏菩薩が神として垂迹することを、一般に「和光同塵《どうじん》」と表現する。この語は『老子《ろうし》』第四章を原拠とするが、直接には智顗《ちぎ》『摩訶止観』巻六下の「和光同塵は結縁《けちえん》の始め、八相成道《はっそうじょうどう》は以て其の終を論ず。亦《また》は名づけて化と為し、亦は名づけて応と為す」に基づく。『止観』にあっての意は、久遠実成《くおんじつじょう》の釈迦（報身）が、利益衆生のために応化身として示現することを指したが、日本では多くの場合、仏菩薩が神として垂迹することを指した。「垂迹」と同じ意味といってよいが、「光を和らげ塵《ちり》に同じゅうす」という表現が、垂迹の利生をより強調する表現として好んで使われたのである。諸仏菩薩が、仏にあっては浄土、菩薩にあっては此土《しど》ながらはるか遠方清浄の地に本来住する存在であるのに、敢えて厭離すべき穢土に示現することに、救済力の偉大さを見いだしたのである。

仏の化身としての神は、より人間に近しい存在と捉えられる。たとえば、室町時代に現れる本地物とよばれる作品群では、さまざまな苦難を経験した人間が最終的に神として祀られ、この苦しむ人＝神とは、実は仏の方便（仏が人々を導くためにこのような姿をとったもの）であったという物語が多く語られる。このことについて『神道集』第三十四話「上野国《こうずけ》児持山之《こもちやまの》事《こと》」では、

諸仏菩薩が我が国に遊行なさるときは、必ず人の胎を借りて衆生の身と成りつつ、その身

に苦悩を受け、善悪を試した後に神明となって、この悪世の衆生をお救いになるのです。

と的確に記している。

さらに、日本との関係では、神はその地に相応した仏の顕現形態と捉えられる。たとえば、無住の『沙石集』巻一第三話「出離ヲ神明ニ祈事」には、

> 我が国は粟散辺地《ぞくさんへんち》である。剛強《ごうごう》なる衆生は（世の真理たる）因果を知らない。このように仏法を信ぜぬ類《たぐい》に対して、仏は「同体無縁の慈悲」（自らを衆生と一体となろうとする慈悲）の心で、等流《とうる》法身《ほうしん》（仏菩薩以外の姿）として悪鬼邪神と現じ、あるいは毒蛇猛獣の身となって、暴悪の者どもを調伏して、仏道に入れなさるのである。そうであるから、他国（インド・中国）有縁の仏菩薩（そのものの姿）のみ重んじて、本朝相応の（神という）形を軽んずるべきではない。我が朝は神国として多くの権現神が垂迹なされている。また、我等は皆これらの神々の子孫である。気を同じくする因縁浅からざるものがある。このような神々以外の本尊を尋ねることは、かえって「感応《かんのう》」（仏と人の結びつき）を隔てることになってしまうだろう。だから「機《き》感相応《かんそうおう》」（衆生の機〔器〕と仏の感応がぴったり合った）の和光の方便を仰いで、出離生死の道を祈るのが一番よいのだ。

とある。つまり、仏は辺境劣悪なる日本の住民を救済するために、神というその国に相応しい姿をとって現れたのであり、これこそ「機感相応の和光の方便」だというのである。

ただ、ここで問題になるのは、仏菩薩が神という姿をとって、あえて顕現することの意味である。利生のために仏菩薩がそのままで示現しうるという〈事実〉があるのに、それに加えて神として垂迹するのはなぜか。そこに積極的意義を見いだそうとする営みが、中世における神と仏との関係をめぐる思惟のなかで、常に行われていたのである。

蛇身としての神

先に述べたように、中世には神について権実のカテゴリーが存在し、存覚などは権神への崇拝のみを認め、実神へのそれを否定した。ただ、実際の信仰の現場において、権神と実神とをどのように区別していたのだろうか。これについて、示唆的な記述が見えるのが『神道集』巻一「一、神道由来之事」である。ここでは最初に権実の区別を立てて、『諸神本懐集』とほとんど同じ説明をするものの、「但し」として以下のように続ける。

また実者の神といっても、神と顕《あらわ》れなされたのであるから、利益が無いわけではない。後生の為に礼拝することは過《あやま》りとはいえない。日本は本より神国であるのだから、神全般を敬うべきである。しかも、その住民は凡愚であって、権実を区別することなどできない。

ただ神というだけで礼拝することに何の過《とが》があろう。たとえはじめは実者であっても、後には権者の眷属《けんぞく》ともなろう。

つまり、事実上権実問わず神信仰を認めるのである。このような見解をさらに積極的に推し進める立場もある。それは、『渓嵐拾葉集』等に見える次のような所説である。『渓嵐拾葉集』巻六「山王御事」には次のようにある。

問。垂迹の神明は必ず蛇身であるのはなぜか。
答。神明とは（仏菩薩が）和光同塵した姿であるから、（我々のような）凡夫にその姿を似せなさるのである。凡夫とは三毒（貪《むさぼ》り・瞋《いか》り・痴《おろ》かさ）によって成り立っている存在である。三毒の本質的すがた（無作本有の形体）は、必ず蛇体である。……

同じく巻三十六「弁財天法秘訣」に以下のように見える。

所詮《しょせん》、我等の無作本覚の姿は蛇形である。それ故に高野大師（空海の）御釈に「迹化《しゃくけ》、蛇類に帰す」とある。その意味は、一切の神祇冥道《みょうどう》の垂迹した姿は、皆蛇なのだということである。なぜなら、一切衆生のつくろわない「本有の念体」（心の本質）は蛇のように曲がりくねっているからで、凡夫衆生は、悉《ことごと》く蛇身なのである。このような衆生に見あうように、垂迹の神明は、蛇身として現じなさる。だから「蛇類に帰したまう」というのだ。

全ての神は、衆生の煩悩の似姿である蛇身として、仏が垂迹したものだというのである。ここでは、仏による衆生救済の究極的な姿として、神がイメージされている。右文中にも出てくる「和光同塵」という言葉の持つニュアンスも、中世ではこのような理解の上に立ったものだったのだ（中村一九九四、伊藤聡二〇一一a）。

心・神一体観

鎌倉期に成立した初期の両部・伊勢神道書のなかに、神が心中に宿るものとする理解が見られる。

○『中臣祓訓解』（神道大系『中臣祓註釈』）

念心は是れ神明の主なり。万事は一心の作なり。神主の人々、須《すべか》らく清浄を以《もっ》て先と為し、穢悪《えお》の事に預からず、鎮《とこしなへ》に謹慎の誠を専《もっぱ》らにすべし。宜《よろ》しく如在《にょざい》の礼を致すべし。是れ則ち神明内証の奥蔵《おうぞう》、凡夫頓証《とんしょう》の直道《じきどう》なる者か。（心とは神明の主であり、万事は心より作られるのである。神主たちよ。清浄なることを先とし、穢れ悪しきことには携わってはならず、ひたすら慎みの誠に専心して、神がそこにいますがごとく礼を尽くしなさい。これこそ神の覚りの境地の秘密であり、凡夫が覚るための近道なのである）

○『造伊勢二所太神宮宝基本記』（『度会神道大成』前篇）
人は乃《すなは》ち天下の神物なり。須く静謐《せいひつ》を掌《つかさど》るべし。心は乃ち神明の主たり。心神を傷《やぶ》ること莫《なか》れ。神は祈禱を以て先と為し、冥加は正直を以て本と為す。（人とは天下における神の所有物であるから、〔常に〕静謐にしていなくてはならない。心は神のすみかであるから、心〔＝神〕を傷つけてはならない。神に対しては祈禱が大切であり、その恵みを受けるには正直であることが大切である）

心とは神明（＝仏）の主であるから、祈禱者が謹慎の誠、如在の礼を尽くすことが自らの成仏のための最も早い道だというのである。右の「念心は是れ神明の主なり」「心は乃ち神明の主たり」の文言は、『荀子《じゅんし》』解蔽篇《かいへい》「心なる者は形の君なり。而《しか》して神明の主なり」、あるいは『淮南子《えなんじ》』精神訓「心とは形の主なり。而して神とは心の宝なり」などを原拠にしているものだが、これら漢籍でいうところの「神」が「精神」を意味するのに対し、右では「神（カミ）」の意として、神が心中に内在するものとしている。「心神を傷ること莫れ」の「心神」というのがそれで、まさに〈内なる神〉である。

中世の心神観念に関するこのような議論の特徴は、具体的・肉体的なイメージを伴っていたことである。すなわち、これらは人の出生をめぐる言説（生殖観）と結びつけられて表象されているのである。その典型的な事例は、『伊勢物語』の注釈書たる『伊勢物語髄脳《ずいのう》』の次の一節である。

「千《チ》葉破《ハヤフル》」という事
人が五臓の中に孕《はら》まれ、母の腹の内より生まれ出ることをいう。母の五臓六腑の姿は蓮《はす》の葉に似ている。蓮に孕まれて、十月経《た》って生まれる時、その子どもは千葉を持つはらわたを破って出てくるのである。だから「千葉破」と書いて「ちはやぶる」とよむのである。「ちはやぶる神」とは魂《たましい》のことである。人の体と成って魂が出来て生まれる、千葉の体を出る。それを「破る」というのである。人の魂を神という。神といっても別に恐ろしいものではない。「和光同塵《どうじん》の結縁《けちえん》」というのも、無相無念で、体もなく思いもないときを仏というのである。人を導くため塵《ちり》に光を和らげるとき、神というのである。我が魂は空中にあって体のないときを仏といい、人を導こうと人となるとき、神というのである。

右は「ちはやぶる」の語義をめぐる所説である。「ちはやぶる」を千葉の蓮華とする解釈の前提は、『大日経疏』等に見える心蓮をもって自性清浄心（衆生本有の覚り）とする説だが、ここでは心蓮華を母胎（というか内臓）に見立て、母胎よりの胎児の出生に関係づけて、神＝心（「玉しゐ」）の一体が説かれる。さらにそのことを前提に、我々の受胎から出胎へのプロセスが、仏から神として垂迹することと重ね合わせられており、仏・神・人を一体として捉えようとしているのである（この問題については、第四章第3節でも再び取り上げたい）。

神が我々の中に内在するという、中世が生み出した新しい観念（内なる神）は、罪業と救済をめぐる中世の宗教的思惟の所産であった。「神道」が神の教えという意味を含むに至るには、今まで述べてきたような神観念のドラスティックな変化がまさに不可欠であった。このことが前提となって吉田神道の汎神論的神観念が生まれ、さらにそれが近世神道へとつながっていくのである。

第三章　新しき神々

1　人神信仰と御霊信仰

人を神と祀ること

人を祭神とする神社は意外に多い。たとえば、全国にある天満宮（天神）に祀られているのは菅原道真である。日光東照宮は徳川家康である。また、京都にある霊山《りょうぜん》護国神社には坂本龍馬をはじめとする幕末の志士が神として祀られている。このような神社は、全国に数多く存在し、祭神は貴族・政治家・大名・武士・学者・軍人など多岐にわたる。

ここで注意されるのは、人を祀る神社の多くが近代以降に創建されたものであることだ（表参照）。後述するように、人を神と祀る風習（以下、本書では人神信仰とよぶ）は古代より存在したが、数が飛躍的に増えたのは近代である。そして、これらの神社の特徴は、国家に対して功績のあった人物を祭神とする点で、神社建立は彼らを顕彰するためだったことである。近代

人を神として祀る神社（近代以降創建）

神社名（住所）	祭神	鎮座（初出）時期
《南朝皇族・功臣》		
吉野神宮（奈良県吉野郡吉野町）	後醍醐天皇	明治二十五年
鎌倉宮（神奈川県鎌倉市）	護良親王	明治二年
井伊谷宮（静岡県浜松市）	宗良親王	明治五年
八代宮（熊本県八代市）	懐良親王	明治十七年
金崎宮（福井県敦賀市）	尊良親王・恒良親王	明治二十三年
湊川神社（兵庫県神戸市中央区）	楠木正成	明治五年
四条畷神社（大阪府四条畷市）	楠木正行	明治二十三年
菊池神社（熊本県菊池市）	菊池武時	明治三年
新田神社（群馬県太田市）	新田義貞	明治六年
藤島神社（福井県福井市）	新田義貞	明治三年
名和神社（鳥取県西伯郡大山町）	名和長年	明治十六年
阿部野神社（大阪府阿倍野区）	北畠親房・顕家	明治十五年
霊山神社（福島県伊達市）	北畠親房・顕家・顕信	明治十四年
小御門神社（千葉県成田市）	花山院師賢	明治十五年
作楽神社（岡山県津山市）	後醍醐天皇・児島高徳	明治二年
《明治維新関係》		
松陰神社（東京都世田谷区・山口県萩市）	吉田松陰	明治十五年
南洲神社（鹿児島県鹿児島市）	西郷隆盛	明治十三年

本居神社（三重県松阪市）	本居宣長	明治四年
平田神社（東京都渋谷区）	平田篤胤	明治十四年
霊山護国神社（京都市東山区）	坂本龍馬等	明治元年
桜山神社（山口県下関市）招魂場	長州藩の志士たち	慶応元年
回天神社（茨城県水戸市）	水戸藩の志士たち	昭和四十四年
野田神社（山口県山口市）	毛利敬親・元徳	明治七年
《軍人》		
東郷神社（東京都渋谷区）	東郷平八郎	昭和十五年
乃木神社（東京都港区ほか）	乃木希典	大正十二年
広瀬神社（大分県竹田市）	広瀬武夫	昭和十年
靖国神社（東京都千代田区）	戦没兵・軍属等	明治二年
《天皇》		
平安神宮（京都市左京区）	桓武天皇	明治二十八年
明治神宮（東京都渋谷区）	明治天皇	大正九年
《始祖・家祖》		
建勲神社（京都市北区）	織田信長	明治三年
《その他》		
護王神社（京都市上京区）	和気清麻呂	明治七年
和気神社（鹿児島県霧島市）	和気清麻呂	昭和二十一年
増田神社（佐賀県唐津市）	増田敬太郎	明治二十九年

日本国家が生み出したこれらの神社は大まかにふたつのタイプに分かれる。ひとつが、国家・天皇に忠節を尽くしたと判断される歴史上の人物、すなわち和気清麻呂《わけのきよまろ》とか南朝の功臣などを祭神とする神社である（南北朝の祭神たちの場合は後醍醐天皇以下の皇族も含む）。序章で述べたように、明治新政府は神道の国教化を画策したが、そのときの中心的な神々に据えようとしたのが、これらの忠臣たちだった。

もうひとつが明治維新以来の動乱・戦役で死んだ武士・軍人・兵士たちを祀る神社である。好戦的だった近代日本政府は、維新以来昭和の敗戦まで、ほぼ十数年おきに戦争を起こし、その結果として、夥《おびただ》しい死者の群れを生み出すことになった。それらを英霊として軍神として、死後も国家のために利用しようとしたのが、いうまでもなく靖国《やすくに》神社であり、各地の護国神社である。

かくのごとく、人神が量産されるのは、近代に起こった新しい現象である。しかしながら、人が神となるメカニズムそれ自体は、明治国家が新たに創造したのではなく、神（カミ）信仰の長い歴史の中で生成してきたものである。以下本章では、その過程を辿っていきたい。一口に人を神として祀るというが、全ての人が神（カミ）となるわけではない。死霊一般と神とはどのように弁別されるのだろうか。第一章で述べたように、「カミ」とは霊的存在のなかで相対的に強力なものに与えられる名辞である。人の霊（タマ）のうちで神（カミ）となっていくのも、やはり強力な力を持った存在のはずである。では、どのような人霊が神（カミ）

となったのだろうか。

近代以前において、神となった人霊は大まかにいって二つの種類に分けられる。ひとつが怨《おん》霊《りょう》であり、もうひとつが一族や家門の祖の霊である。このうち後者はいわゆる「氏神」と同一視されがちだが、氏神と祭祀氏族とは上代においては血縁ではなく地縁により結びつけられる場合も多く、始祖神とした場合でも祖先を神格化したというより、ある神と自分たちとを系譜的に結んだと考えるべきである（義江明子一九八六）。実在した祖先そのものを神とするのは「家」の観念が形成された以降に顕著になる。むしろ先行するのは怨霊の祟りを恐れて神として祀る信仰であったといえよう。

「祟り」については、これも第一章で述べたように神（カミ）の意思の表現方法である。人の霊の一部が、神に比すべき「祟り」を行うという考えは奈良時代頃より登場する。これが御《ご》霊《りょう》信仰である。御霊信仰とは、政治的闘争の中で敗れて処刑された者の霊が、疫病などの祟りをなすと信じ、その霊を慰めようとする信仰のことで、怨霊信仰の一種である。実は、この御霊信仰こそが、人を神と祀る信仰の始まりとなり、幽霊への信仰の始まりともなったのである。

御霊信仰の始まり

初めて御霊化（怨霊化）が意識されたのは、長屋王《ながやおう》（六八四〜七二九）であったと考えられる。長屋王は、聖武天皇の初期に左大臣として権勢を振るったが、天平元年、国を傾けんとしたとの密告を受け、その邸宅を囲まれ、妻子を伴って縊死《いし》を遂げた（長屋王の変）。事件の背景には藤原安宿媛《あすかべひめ》（後の光明《こうみょう》皇后）立后問題があり、藤原氏に陥れられた結果だった。この事件をめぐって、平安初期成立の『日本霊異記』中巻第一話は次のように伝える。

焼却された王の遺骨は海に棄てられた。ところが、それが土佐《とさ》国（今の高知県）に流れ着き、その地の百姓らが多く死んだので、彼らは王の怨霊のためであると訴えた。そこで、朝廷は遺骨を紀伊《きい》国に移し葬った。

この話は後世の説話作品に見られるものなので、長屋王の変の当初からこのようにいわれていたか、実際のところは分からない。ただ、天平七年（七三五）から九年にかけて疫病が大流行し、光明皇后の四人の兄弟（武智麻呂《むちまろ》・房前《ふささき》・宇合《うまかい》・麻呂《まろ》）が相次いで病死したとき、聖武天皇は長屋王の五人の遺児に対し叙位を行っており、疫病流行の原因として王の死霊の祟りが想定されていた可能性が高い（寺崎一九九九）。おそらくこの長屋王の事例が御霊信仰の初見であろう。

次いで注目すべきは、光明皇后の甥《おい》の藤原広嗣《ひろつぐ》（?～七四〇）である。大宰少弐《だざいのしょうに》だった広嗣は、聖武天皇の時代の実力者であった玄昉《げんぼう》・吉備真備《きびのまきび》の排斥を求めて天平十二年（七四〇）に大宰府で挙兵、政府軍に攻められ敗死している。彼については『続日本紀』が、その「逆魂《げきこん》」

奈良〜平安初期の政治事件・疑獄事件

年号	西暦	天皇	事項
天平　元年	七二九	聖武天皇	長屋王の変※？
十二年	七四〇		藤原広嗣の乱※
天平勝宝　八年	七五六	孝謙天皇	道祖王事件
天平宝字　元年	七五七		橘奈良麻呂の変※
八年	七六四	淳仁天皇	藤原仲麻呂の乱
天平神護　元年	七六五	称徳天皇	和気王事件
神護景雲　三年	七六九		県犬養姉女事件、道鏡事件
宝亀　三年	七七二	光仁天皇	井上内親王・他戸親王事件※
延暦　元年	七八二	桓武天皇	氷上川継の変
四年	七八五		藤原種継暗殺・早良親王廃太子事件※
大同　二年	八〇七	平城天皇	伊予親王事件※
弘仁　元年	八一〇	嵯峨天皇	藤原仲成・薬子の変※
承和　九年	八四二	仁明天皇	承和の変※
十年	八四三		文室宮田麻呂事件※

※印は怨霊化が取り沙汰されたもの

がはびこったことや、急死した玄昉が広嗣の霊に殺害されたとする噂（「世に相伝《あいつた》へて云はく「藤原広嗣が霊の為に害《そこな》はれぬ」といふ」）を伝えており、明確にその怨霊化が認識されている。広嗣の怨霊については、後世にも広く信じられた。平安後期に編述された年代記である『扶桑《ふそう》略記《りゃっき》』天平十八年六月条の玄昉の死去の記事には「大宰少弐藤原広継（ママ）の亡霊の為に其の命を奪はる」とされ、さらに次のような流言を書き留めている。

玄昉法師が大宰府観世音寺《かんぜおんじ》で導師を務めるべく、輿《こし》に乗って供養していると、突如大空へと連れ去られて消え失せた。その後、彼の首だけが興福寺の唐院に落ちてきた。

広嗣の霊はのちに松浦《まつら》明神ともよばれるようになった。

次いで注目されるのが橘奈良麻呂《たちばなのならまろ》をめぐる事件である。天平宝字元年（七五七）七月、橘奈良麻呂が中心となり、藤原仲麻呂《なかまろ》の排斥を図ったとされ、奈良麻呂以下、一味とされた黄文《きぶみ》王（長屋王の遺児）・道祖《ふなど》王・大伴古麻呂《こまろ》・小野東人《おののあずまひと》等が拷問の末に殺された。そのとき次のような布告が出されている。

このごろ、不埒《ふらち》なる者どもが秘《ひそ》かに反逆を図った。天はそれを見過ごさず、誅《ちゅう》されて終わった。ところが民間では、亡魂の託宣と偽る浮言《ふげん》がはびこっている。もしこのようなことをして世の中を乱す者がおれば、罪の軽重を論ぜず、同罪とする。このことをよく周知せしめ、怪しきことがらの根を断つように。（『続紀』天平宝字元年七月八日条）

つまり、奈良麻呂等の怨霊の跋扈《ばっこ》が巷《ちまた》の噂になっており、朝廷はそれを打ち消すのに躍起になっているのである。

以上のように、奈良時代において御霊信仰が発生した。ただこの段階では仏教法会等による慰撫《いぶ》が見られないこと、そして神として祀り上げるようにはなっていないことが注意される（広嗣の怨霊が神と見なされるのは後世のこと）。ただ、右文中の「仮りて亡魂《いつわ》に託《たく》し」（原文）という表現から分かるように、これらの怨霊はおそらく巫女などに憑依《ひょうい》して託宣を下していたのだろう。基本的にその発現の仕方は、神々の場合と同じであり、これらが神となっていく道筋が見て取れる。

井上内親王と早良親王

以上の事件を経て、御霊信仰が一挙に広がるのは、奈良時代末期から平安初期の光仁《こうにん》・桓武《かんむ》天皇の時代である。このとき怨霊となったのが、井上内親王《いのうえ》（七一七～七七五）と早良親王《さわら》である。井上内親王は、聖武天皇の皇女（称徳天皇の妹）で、白壁王《しらかべ》（後の光仁天皇）の妃となり、他戸親王《おさべ》を生んだ。光仁天皇即位後、皇后になっていた内親王は、宝亀三年（七七二）、突然皇太子となっていた他戸とともに身分を剥奪《はくだつ》された上、大和国宇智《うち》郡の没官《もっかん》宅に幽閉された。そして、宝亀六年四月二十七日に、二人そろって死去する。おそらく殺されたか、自害を強要されたのであろう。彼らの罪状は、天皇を呪詛《じゅそ》（巫蠱《ふこ》）したためとされたが、実は冤罪《えんざい》で、背後には新しく皇太子となった山部《やまべ》親王（後の桓武天皇）と、藤原百川《ももかわ》を中心とする一派の策謀によると考えられる。

ところが、内親王らの死後、次々と天変地異が起こり、宝亀八年十一月には光仁天皇が病に罹《かか》ったのである。これに対し、同年十二月二十八日に井上内親王を改葬、墳《つか》を称して御墓《みはか》とし、守冢一烟《しゅちょういちえん》を置いた。さらに翌年一月二十日には、さらなる井上の改葬と、井上の母の近親者県犬養宿禰安提女《あがたいぬかいのすくねあてめ》に従五位下《じゅごいげ》を授けている。一連の事態を井上内親王の怨霊の所為と認め、その慰撫に努めたのであった。

井上怨霊化の説話は、その後も宮中にて長く伝えられた。平安末期に成立した『水鏡《みずかがみ》』には次のように見える（原拠は藤原百川の伝記『百川伝』か）。

宝亀六年四月二十五日（ママ）、井上の后が亡くなり、現身《うつしみ》に龍に成りなされた。他戸親王もそのとき亡くなった。同七年九月に夜ごとに、瓦《かわら》・石・土くれが降り、翌日見てみると屋根の上にこれらが降り積もっていた。同八年冬、井戸という井戸が皆干上がり、宇治川《うじがわ》の水も絶えるばかりであった。十二月には百川の夢に甲冑《かっちゅう》を着た者たち百余人がしばしば出て来て、彼の命を求めた。東宮《とうぐう》（山部親王）も同様の夢を見た。これは井上・他戸の亡霊のためだということで、天皇は諸国の国分寺に金剛般若経を読ませた。

以上の記事は『続日本紀』にも窺えるが、さらに『水鏡』には、正式の記録には出てこない次のような興味深い話が載せられている。

宝亀九年三月、他戸親王がまだ生きているという話を光仁天皇に申し上げた。天皇は彼を再び東宮に戻そうと、人を遣わしたところ、百川はその使者を呼んで、「本当のことを言ってはならぬぞ。もしそんなことをしたら国が傾いてしまうし、お前も無事ではいられないぞ」と脅した。使者は怖《お》じ恐れながら行ってみると、果たして他戸本人である。驚きあきれながら帰参したが、百川を恐れて「嘘ごとでありました。別人です」と報告し、親王の乳母や仕えていた人々と言い争いになった。使者は誓約して「もし嘘偽りだったのなら、二つの目は抜け落ちてしまうでしょう」といった。皆は彼の言を信じ、親王を追い捨てて去った。ところが、その後いくばくもなく使者の目は二つとも抜け落ちてしまった……。

つまり、本物の他戸親王だったということであるらしい。この話が一定の史実を背景にしているのか、今となっては確認できないのだが、右の逸話が示すように、井上・他戸の事件が酷薄なる政治的謀略の産物であることは周知のことだったのである。

ただ、これが孤立した単独の事件であったのなら、後世への影響はそれほどでもなかったろう。ところが、続く早良親王の一件が事態を増幅させることになる。

光仁天皇の後即位した桓武天皇（天応元年〔七八一〕）は、皇太子として実弟の早良親王を立てた。天皇は、平城京を棄てて、長岡京《ながおか》に遷都（延暦三年〔七八四〕）するが、その翌年長官であった藤原種継《たねつぐ》（百川の甥）が暗殺される事件が起こった。その首謀者として、大伴継人《つぐひと》以下が捕縛されて処刑され、親王も共犯として、太子を廃された上、淡路国《あわじ》に流刑となることに決まった。これに対し親王は、その途上で抗議の絶食をしてそのまま死去するのである。

早良親王が死ぬと、その直後から疫病が流行し、東国で叛乱《はんらん》も起こった。特に延暦七年以降になると、夫人《ぶにん》藤原旅子《たびこ》（七年五月）、生母高野新笠《たかののにいがさ》（八年十二月）、后藤原乙牟漏《おとむろ》（九年閏三月）が相次いで死に、皇太子（後の平城《へいぜい》天皇）も病気になった。これに対し早良親王の祟りであるとの占いがなされた。恐怖した天皇は、淡路国の親王の墓を整えたりしたが、その後も祟りはやまず、先の井上内親王と併せて盛んに名誉回復を行い、その怒りを和らげようとした（早良親王に崇道《すどう》天皇の号を贈り、井上内親王も皇后に復位させている）。天皇は一生の間、二人の怨霊に悩んだらしく、特にその死の直前の数ヶ月の間に、頻繁に怨霊慰撫の読経が繰り返され、早良親王とともに処刑された人々全ての名誉回復がなされている（その甲斐《かい》もなく天皇は死んでしまうことになるが）。以上のような、桓武天皇の怨霊への恐怖が、この信仰を一挙に高めることになった。

御霊会

以後も怨霊をめぐる事件が相次いだ。まず伊予《いよ》親王（?〜八〇七、平城天皇の弟）事件である。大同二年（八〇七）十月二十八日、藤原宗成《むねなり》が伊予親王をすすめて叛乱を計画しているとの密告があり、親王および母藤原吉子《きっし》が川原寺《かわらでら》に幽閉され、母子とも服毒自殺に追いやられた。吉子は藤原南家《なんけ》（武智麻呂の子孫）の出身で、これにより南家の衰退は決定的になった。

次いで起こったのが承和《じょうわ》の変と文室宮田麻呂《ふんやのみやたまろ》事件である。伊予親王事件以後急速に進出した藤原北家《ほっけ》の良房《よしふさ》（八〇四〜八七二）は、他の有力氏族や北家以外の藤原氏を排そうとした（応《おう》天門《てんもん》の変〔八六六年〕もそのひとつ）。彼は妹順子《じゅんし》の所生である道康《みちやす》親王（のち文徳《もんとく》天皇）の即位を画策、承和九年（八四二）七月、無理矢理橘逸勢《はやなり》らの謀反をでっち上げ恒貞《つねさだ》皇太子を廃した。逸勢は伊豆配流の途中、遠江《とおとうみ》国で死んだ。その翌年、散位《さんみ》従五位上文室宮田麻呂が謀反せんとしているとの訴えがあり、宮田麻呂も伊豆国に流罪となった。これらの事件をめぐっては、常に怨霊の噂が囁《ささや》かれた。平安初期の政治事件は、怨霊出現への恐怖を伴うものであった。

以上のような怨霊への恐怖は、以後も続くが、平安前期におけるその特徴は、民間の疫神への信仰と結びついたことであった。民間では、死霊の個人名はあまり意味がなく、その祟りは疫病をもたらす疫神の跳梁《ちょうりょう》と考えられた。そのため民間では、疫神を慰めるための自発的祭礼

（御霊会《ごりょうえ》）がしばしば催された。朝廷は当初、このような集団行為を禁止しようとしたが、後にそのエネルギーを無視し得なくなり、貞観五年（八六三）五月に、内裏の南にあった天皇の庭園神泉苑《しんせんえん》において、朝廷主催の御霊会を行った。

『日本三代実録』同月二十日条によると、霊座六つを置き、その前に花果《かか》を盛り重ねて、僧侶に『金光明経』『般若心経』を講ぜしめた。さらに雅楽寮の伶人《れいじん》が楽を奏し、稚児《ちご》が大唐・高麗《こま》の舞を舞い、雑伎《ざつぎ》・散楽《さんがく》等も行われた。神泉苑の四門は開け放たれ、庶民も見物が許された。

ここで祀られた「御」霊とは、崇道天皇（早良親王）・伊予親王・藤原夫人（藤原吉子）・観察使（藤原広嗣あるいは藤原仲成）・橘逸勢・文室宮田麻呂の六柱である。これら「御霊」は「並びに事に坐して誅せられ、冤魂厲《えんこんれい》と成」ったものたちで、近年うち続く疫病はその所為であるとされ、彼らを慰めるために畿内外において毎年夏秋に御霊会が行われるようになったという。そこで人々は仏礼・講経を営み、歌い舞った。あるいは化粧した子どもたちに弓を射させ、相撲・競馬が行われ、俳優《わざおぎ》たちが芸を披露した。今年の春は特に疫病がひどく、多くの民衆が死んだ。そこで朝廷が主催してここに行われたのだという。

これ以後も御霊会は何度か行われ、御霊信仰は疫神信仰と融合していく。そのなかから現れたのが牛頭天王《ごずてんのう》の信仰である。この神は在来神でもなく、さりとて渡来神でもない。疫神信仰と陰陽道・宿曜道《すくようどう》の交流のなかから生まれた独特の神格で、播磨《はりま》より京都に入った。その拠点となったのが祇園天神堂で、延長《えんちょう》から承平（九二三〜九三八）の頃に創建された。ここでは先の御霊会を受け継いだ祇園御霊会が恒例化する。この祇園天神堂が後の感神院《かんしんいん》、今の八坂《やさか》神社であり、祇園御霊会が祇園祭となる（牛頭天王については次節でも再び取り上げる）。

天神信仰

平安時代の怨霊信仰のなかで最大の存在が、菅原道真（八四五～九〇三）をめぐる信仰である。道真への信仰は、最初恐ろしい怨霊・御霊として出発し、後には学問・詩歌の神に変化していくが、ここでは御霊信仰との関わりについて述べておこう。

右大臣であった菅原道真の左遷事件が起こったのは、延喜元年（九〇一）正月のことであった。道真は、文章《もんじょう》博士菅原是善《これよし》（八一二～八八〇）の子として生まれ、秀才の誉れ高く、学者の家柄であるにもかかわらず、異例の出世を遂げた。彼が生きた九世紀の宮廷は、藤原氏が他氏を次々と圧迫し、その専政体制が固まりつつあった。仁和《にんな》三年（八八七）に即位した宇多《うだ》天皇（在位八八七～八九七）は、この趨勢に掣肘《せいちゅう》を加えるべく、道真を重んじ、次の醍醐天皇（在位八九七～九三〇）の昌泰《しょうたい》二年（八九九）には、遂に右大臣に任じられた。

それに対し、左大臣藤原時平《ときひら》（八七一～九〇九）等は、密かに謀議を進め、道真が醍醐天皇に代わって、その娘婿である斉世《ときよ》親王を皇位に即《つ》けようとしたとして、中央から追放することに成功した。道真は大宰権帥《だざいのごんのそち》に左遷され、延喜三年（九〇三）二月二十五日、帰京することなく、かの地で死去した。

道真の死後まもなく、その怨霊の噂が囁かれ始める。疫病が蔓延《まんえん》し、雷雨がしきりに起こった。朝廷は道真の位を元に戻し、また父と同じく流されていた遺児たちを都に呼び戻したりして、怨霊慰撫に努めた。ところが、延喜八年、関係者のひとりだった参議藤原菅根《すがね》が病死し、その翌年には時平自身が三十九歳の若さで死んだ。また、延喜十三年には源光《ひかる》が死んでいる。菅根は道真左遷を阻止しようと宮中に向かった宇多法皇を阻んだ者、光は首謀者の一人で道真の後に右大臣になった人物であった。さらに同二十三年、二十一歳の若さで皇太子保明親王が死んだ。このことを記す『日本紀略』には「菅帥霊魂の宿忿の為す所なり」と、道具の怨霊の祟りであると明言されている。そして、延長八年（九三〇）六月、宮中の清涼殿に落雷があり、複数の死者を出した。そのなかに関係者の一人藤原清貫《きよつら》が含まれており、そのショックからか、九月には醍醐天皇が四十六歳で死去している。その後まもなく藤原純友《すみとも》・平将門《たいらのまさかど》の叛乱、すなわち承平《じょうへい》・天慶《てんぎょう》の乱（九三八〜九四一）が起こったが、これも道真の怨霊と結びつけられたのだった。

この時期の菅原道真への認識を伝えたものに、『道賢上人冥途記《どうけんしょうにんめいどき》』（『扶桑略記』所載）がある。これは道賢（日蔵《にちぞう》、九〇五〜九八五）という山岳修行者の冥界の体験記で、次のような内容である。天慶四年八月のこと、金峰山で修行中に息絶えた道賢は、蔵王菩薩に案内されて大政威《だいじょうい》徳天《とくてん》という魔王の居城に行く。威徳天は自分が道真であると名乗り、あらゆる疾病・災難を司《つかさど》る者であるといい、怨みのゆえに日本国を滅ぼそうと思ったが、仏菩薩がこの国に密教を拡めてくれたことによりやめた。ただ、自分の眷属たちが各地で災厄を起こしていると語った。その後、地獄へ案内され、道真を死に追いやった醍醐天皇と三人の廷臣が業火の責め苦を受けているさまを見せられる。蘇生《そせい》した道賢によって報告されたというこの話は、後の道真の信仰に大きな影響を与えることになる（この話は後の『北野天神縁起』にも取り入れられる）。

天慶の乱も終息した天慶五年（九四二）、京都の右京に住む多治比文子《たじひのあやこ》という女性に道真の託宣が下る。貧しい庶民であった文子は、当初小さい祠《ほこら》を建てて祀るのみであったが、次第に信者が増え、五年後には今の北野の地に社殿が建てられるに至った。これが北野天満宮の始まりである。北野社は、数度の拡張を繰り返して都有数の神社へと成長し、また大宰府の道真の墓所にも天満宮が作られた。道真は天神と通称されるようになり、各地にも天神社が作られたのである。

道真の物語は、北野天満宮の縁起譚として、鎌倉時代には『北野天神縁起』にまとめられる。そこでは、道真は是善の子ではなく、その邸内に突然現れた神童で、是善の養子となったとされる。やがて、その才能を発揮して右大臣にまで出世するのだが、時平の讒言《ざんげん》を受けて、大宰府へ流されることになる。道真は天に無実を訴えるために高山に登り、祭文を奉って、七日間祈りを捧げ、死後、天満自在天神という雷神になった。彼は自分を陥れた者たちを次々と取り殺し、世の中にさまざまな害悪をなしたが、後に怒りをおさめ、北野天満宮に鎮座する。そして後半では慈悲に満ちた神としての姿が語られる。ここには、天神道真の変化していく姿が如実に示されているといえよう。

このような菅原道真像の変化に応じ、その信仰の性格も変わっていく。彼はまた文人としても知られた人だったから、時代を下るに従って、御霊神・怨霊神としてのイメージが薄らいでくると、むしろ学問の神・詩歌の神として信仰される度合いが強くなっていったのは周知のことであろう。

物気（モノノケ）と天狗

このような御霊信仰の広がりの結果、死者が祟りをなすとの認識は一般的なものとなり、必ずしも政治的事件と結びつかない場合でも、死霊・怨霊の祟りということがいわれるようになった。平安中期以降には、人々を悩ます物気（モノノケ）の存在が信じられるようになるが、それらのある者たちは死霊（または生霊）であると考えられた。『源氏物語』で生霊として、後には死霊として光源氏を取り巻く女性たちにとりついた六条御息所《ろくじょうのみやすどころ》の造型などは、平安中後期のモノノケへの認識を示す典型的な事例であろう。この場合は、もはや神という理解はなく、より低いレベルの霊的存在と見なされており、現在にまで至る幽霊の系譜はここに始まるのである。(1)

この怨霊信仰と仏法障碍《しょうげ》の魔が結びついたのが天狗《てんぐ》である。〈魔〉とは、釈迦が菩提樹下で禅定《ぜんじょう》に入ったとき、その成道《じょうどう》を妨げようとした存在である。その後も仏道修行者を障碍する者と考えられてきた。またそれから転じて、煩悩の意味とも理解された。〈魔〉の観念は、仏法とともに日本にも受容されたが、特に中世になると、二つのイメージで展開する。ひとつは、欲界の支配者第六天魔王として、国土創生神観念と結びつき、いわゆる第六天魔王説話（第四章第3節参照）が生まれる。そしてもうひとつが〈天狗〉との習合である。〈天狗〉とは古代中国では、天にあっては星、地上にあっては一個の獣に変ずる妖怪だが、日本に入ると仏法の魔の観念と結びつく。しかも、この天狗＝魔は高僧や帝王・貴顕などが死後転生した姿と考えられ、それらの住む魔道なる世界までも創造された。これらは、驕慢《きょうまん》の罪により成仏・往生も叶《かな》わず、さりとてその積み上げた福徳ゆえに地獄道にも堕ちない存在で、仏法を妨げんと図る悪霊の一種である。

中世における最大の怨霊と恐れられ、大天狗としてその後も長く人々の脳裏に焼き付けられた存在が崇徳《すとく》上皇（一一一九〜六四）である（山田二〇〇一）。周知のように崇徳は、保元《ほうげん》の乱（一一五六年）の張本人として讃岐国《さぬきのくに》（今の香川県）に流された。帰京の願いも叶わず、その地で没して、白峰《しらみね》に葬られ、讃岐院と追号される。その後しばらくは、彼について何の風聞もなかったが、十数年経った安元《あんげん》三年（一一七七）頃より、その怨霊についての噂が囁かれ始める。時あたかも後白河《ごしらかわ》法皇と平清盛（一一一八〜八一）の対立が顕在化し、鹿ヶ谷《ししがたに》事件が起こった年であった。この年、従来讃岐院とよばれていた上皇に院号を贈ることが討議され、「崇徳院」の号が贈られることになった。ここで注目すべきは、崇徳の号がかつて桓武天皇が早良親王に贈った「崇道天皇」号に似ていることである。事実これは崇道の先例に倣った怨霊慰撫のための号である。さらに、この年、崇徳の菩提をとむらうために法華八講（法華経八巻を日替わりで講義する法会）が行われている（崇徳以後、怨霊化の恐れのある天皇に類似した追号が贈られた。安徳《あんとく》・顕徳《けんとく》〔後の後鳥羽〕・順徳《じゅんとく》がそれである）。

寿永年間（一一八二～八五）に入り、源平の争乱のために世の中が騒然としだすと、ますます崇徳上皇の怨霊が意識されるようになった。清盛の死もそのせいだといわれ、平家滅亡後も後白河法皇や源頼朝（その父義朝《よしとも》は保元の乱のとき後白河天皇方であった）も怨霊慰撫を繰り返した。

崇徳上皇の怨念の深さゆえに、単なる怨霊ではなく仏法と王法に仇《あだ》をなす天狗＝魔たちの王（魔王）として君臨し、全国の天狗たちを眷属として率い、さまざまな祟りをなし、戦乱を起こさせるべく企んだと考えられた。『太平記』巻二十七「雲景未来記事《うんけいみらいきのこと》」が語る雲景が見た天狗たちが相談する光景は、中世の崇徳上皇像を如実に示すものである。雲景は愛宕山《あたごやま》（天狗の住所として有名）に住むある人物から次のような光景を見せられる。まず、上座の中心には崇徳上皇が座し、左には淳仁天皇・井上内親王・後鳥羽上皇・後醍醐天皇が列座し、右には源為《ため》朝《とも》が控え、以下玄昉・真済《しんぜい》・寛朝《かんちょう》・慈恵《じえ》・頼豪《らいごう》といった高僧たちが居並び、皆で天下を乱す相談をしている。ここに見える天皇・内親王はいずれも非業・悲運のうちに死んだ者である。崇徳上皇はその中心にいるのであり、その背中には大きな金の翼が生えていたと語られる。彼はこれら天狗たちの王として君臨していたのであった。

近世に至っても怨霊の恐怖は現実のものと感じられていたらしい。慶応四年（一八六八）、つまり明治元年となる年のことである。朝廷は勅使を讃岐の白峰陵に派遣し、崇徳上皇の神霊を京都に迎え入れた。なぜこの時期にこのようなことをしたのかというと、折からの幕府軍との戦い（すなわち戊辰《ぼしん》戦争）に際し、上皇が敵軍に味方することを恐れたためであった（谷川一九七二）。

このように崇徳上皇の怨霊への恐怖は長く続くが、天狗への信仰自体は、室町以降になると、死霊というより山野に住む妖怪の一種と見なす傾向が強くなっていく。これは鬼が死霊の一種と考えられなくなっていくのと軌を一にしているといえるだろう。

2　人神信仰の展開

家祖としての神

以上のような、怨霊・御霊化とは別に、人が神として祀られる場合がある。それは家門や職業の祖とされる人物を神格化する場合である。すでに古代より始祖を神と祀る信仰は存在しており、それが氏神祭祀であるが、院政期以降、氏族より小さい単位である「家」が成立し、また職についても「家」による固定化・世襲化（家職化）が進むと、それら「家」「職」の祖にあたる人物を一種の神と見なすようになってくる。

その代表が藤原氏の始祖鎌足《かまたり》（六一四〜六六九）への信仰で、彼を祀るのが、奈良県にある談山《たんざん》神社である。談山神社は、神社であるにもかかわらず十三重の塔がそびえ立ち、一見して普通の神社ではない。談山神社という名前は、明治以降のことで、以前は多武峯寺《とうのみねでら》とか多武峯妙楽寺《みょうらくじ》、あるいは単に多武峯とよばれた天台寺院であった。談山とは、ここの祭神である鎌足が談山権現とよばれたことにちなむもので、現在の社号はこれを受け継いだのである。

鎌足は、天智天皇八年に死去した。その遺骸《いがい》は最初別の場所（摂津《せっつ》国島下《しましも》郡阿威山《あいやま》）に葬られたが、数年後唐から帰朝した鎌足の子定慧《じょうえ》が多武峯に改葬し、その上に供養塔として十三重の塔を建立、さらに後に堂も建てて妙楽寺と号したという。これが多武峯草創の伝承である（『多武峯略記』等）。その後この寺は衰微してしまったが、九世紀になって賢基《けんき》という僧侶が再興したという。実際のところ、多武峯がいつの頃から鎌足を葬った場所と信じられるようになったかははっきりしない。しかし、この九世紀以降、藤原氏の隆盛に伴うように、鎌足を祀る寺院として勢力を伸ばし、さらに比叡山の末寺となることで、天台宗の有力寺院となっていった。

多武峯を有名にしたのは、なんといっても鎌足の墓山の鳴動と尊像破裂の信仰である。古くから世に変事あるときは、必ず鎌足を葬った墓山が鳴動し、さらに聖霊院《しょうりょういん》に安置されていた鎌足の尊像に亀裂が走るといわれた。鳴動と破裂はほぼセットとなっており、その最も古い例は昌泰元年（八九八）で、以後慶長《けいちょう》十二年（一六〇七）までに、実に五十三回の破裂が報告されている。尊像の亀裂は、変事が去ると自然と元通りになるといわれた（黒田智二〇〇七）。

右の鎌足のような始祖の墓所を神社とした例として、ほかに清和《せいわ》源氏の始祖である源満仲《みつなか》（九一三〜九九七）の多田院《ただのいん》（現多田神社、兵庫県川西市《かわにし》）がある。多田院は、天禄《てんろく》元年（九七〇）、満仲によって建立された寺院で、後に彼の墓所が建てられ、以降満仲を事実上の祭神とする神仏習合寺院として発展したものである。多田院への信仰が高まるのは、足利尊氏《あしかがたかうじ》（一三〇五〜五八）が源氏の始祖の廟としてここを崇敬するようになってからである。尊氏は、多田院に戦勝祈願をし、多数の寺領を寄進している。そして以後代々の足利将軍によって厚い保護を受けるようになった。

また、この頃から、「多田院の鳴動」が信じられるようになる。これは、源氏の家に危難が起こるとき廟が鳴動するというもので、満仲の遺言に基づくと伝える。もちろん鳴動がいわれるようになってから創作された由緒であり、先に見た多武峯の例を真似《まね》たものである。鳴動は、応永年間（一三九四〜一四二八）あたりから登場し、応仁元年（一四六七）に始まった応仁の乱中・乱後には特に頻発した（西山二〇〇三）。

「家」と並んで、「職」や「道」の祖を神格化した例としては、歌道における柿本人麻呂《かきのもとのひとまろ》がある。いうまでもなく、人麻呂は『万葉集』を代表する歌人の一人である。彼は、七世紀の終わり、すなわち天武天皇から文武天皇の時代に生き、数多くの名歌を残した。特に天皇の偉大さを称《たた》える寿歌《ほぎうた》と、死者を悼む挽歌《ばんか》に秀でた人物であった。ところが、このように高名な歌人であるにもかかわらず、人麻呂は生没年、出身、官位等一切が不明であり、その人生は謎に包まれている。そして、このアンバランスさこそが、後世、人麻呂に対する独特な信仰を作り上げることになった。

歌人としての人麻呂の後世の評価を決定づけたのは、延喜五年（九〇五）に成立した『古今《こきん》和歌集《わかしゅう》』の仮名序《かなじょ》である。これを書いた紀貫之《きのつらゆき》は「柿本人麻呂なむ歌の聖《ひじり》なりける」と記した。すでに『古今集』のなかには、『万葉集』にない人麻呂の伝承歌が入り込んでおり、徐々に人麻呂に対する崇拝が成長していった。その顕著なあらわれが、十二世紀前半から行われるようになった人麻呂影供《えいぐ》である。これは、人麻呂の絵像の前に供物を奉り、和歌を奉納する儀式で、以後一種の歌合《うたあわせ》として定着する。ここで人麻呂が、仏か神と同等のものと認識されている。事実中世における神仏習合の世界のなかで、人麻呂は和歌の神として知られる住吉の神の垂迹とされた。また和歌三神《さんしん》の一人として、住吉神・玉津島《たまつしま》明神とともに祀られることになる。これと呼応して、各地に人麻呂神社とよばれる神社が多数生まれた。たとえば、人麻呂誕生の地であり、また終焉《しゅうえん》の地との伝説のある石見国《いわみ》（今の島根県の西部）には複数の人麻呂神社があり、人麻呂像が神像として祀られている。

また、人麻呂信仰を推進した中世の歌学の世界では、その歌や人物像について数々の神秘的な説が作られた。たとえば、『古今和歌集』にも収められた人麻呂伝承歌に「ほのぼのと明石《あかし》の浦の朝霧に島隠《しまがく》れ行く船をしぞ思ふ」があるが、この歌が仏教の真理を表していると説いた解釈である。その事蹟についても、彼がある民家の柿の下から出現したとか、皇后と密通して流罪になったとか、人麻呂と山部赤人《やまべのあかひと》とは実は同一人物である、といったものがあり、これらはいずれも崇拝に伴う神秘化がもたらしたものであった。

人の神格化と類似した信仰として、高僧・祖師が仏菩薩の化身と見なされることがある。聖徳太子は観音、行基は文殊菩薩、空海は弥勒菩薩、後に大日如来、法然は勢至菩薩と観念された。特に聖徳太子については、聖武天皇、聖宝《しょうぼう》に転生したともいう。このような日本の仏教史が仏菩薩の化身によって推進されていくという信仰もまた、人神信仰のヴァリエーションのひとつといえよう。

近世の人神信仰

近世以降の新しい人神信仰への可能性を開いたのは、室町後期に登場した吉田神道である。吉田神道とは、代々朝廷の神祇祭祀を司ってきた卜部《うらべ》氏の一族である吉田兼倶（一四三五～一五一一）によって創唱されたものである。兼倶は、神祇祭祀の家としての伝統に加え、さまざまな神道説を取り入れて、独自の教説を作り上げた人物であった。彼は、応仁の乱後の混乱に乗じて急速に勢力を伸ばし、またその後継者たちは、時の権力者と結びついて、江戸時代以降、神道の最大の家元として君臨することになった（同神道については第五章第1節で詳述する）。

兼倶が始めたのが、遺骸の上に社殿を建て、神と祀る風習である（岡田莊司一九八二）。院政期より遺骸を仏塔や壇下に納めることはあったが（その代表例が、奥州《おうしゅう》藤原三代の遺骸を安置した中尊寺金色堂《ちゅうそんじこんじきどう》である）、社殿を建てることは通常はなかった。あるとすれば、御霊となった死霊を慰撫するための場合か、先に見たように、藤原鎌足とか源満仲といった一族の始祖となった人物に対し、その死後ずっと経ってから一族の精神的支柱としての墓所が霊廟化・神社化したもので、死後すぐに神として祀るということはなかった。

その理由として、死穢《しえ》に対する恐怖がある。古代以来、宮廷行事を含めた祭祀にとって、最も忌むべき事柄は死の穢《けが》れであり、それに接触した者は行事から排除されるのが規定であった。そのため、生活のほとんどが行事で占められているといってよい宮廷貴族や神官にとって、肉親であろうと、葬祭に参加したり、墓参したりすることは極力避けられていた。葬送や墓所の管理を担当するのは、多くの場合僧侶であり、親の墓所がどこにあるかも知らない貴族も多かった（先に挙げた鎌足や満仲にしても、現在は談山神社・多田神社といっているが、明治以前は多武峯・多田院とよばれた寺院であって、正確には神社ではなかった）。

ところが兼倶は、死後まもなく、その埋葬地の上に社殿が建てられ、定例の祭祀が行われるようになったのである。これは、おそらく兼倶の意志に基づくものである。[2] 彼がこのような指示を出すに至ったのは、彼独自の神観念が関係している。兼倶は、その著作のなかで、「神は心なり」ということをしばしば強調する。文明《ぶんめい》十八年（一四八六）に彼が前将軍足利義政《よしまさ》のために書いた『神道大意』には次のようにある。

そもそも神とは、天地に先だって天地を定めるものであり、陰陽に超越して陰陽を作り出す存在である。天地においては「神」といい、万物においては「霊」といい、人においては「心」という。ゆえに神とは天地の根元であり、万物の霊性であり、人倫の運命である。形なくして形あるものを養うのは神である。人の五臓に宿っては五神ともなり、それぞれの臓器を守るのである。ゆえに「神」字を「タマシイ」と読ませるのである。

これは、両部神道などの説（第二章第4節）を受け継いだものだが、そこに見られた本来的な悪の意識、すなわち煩悩にまみれた我が心の姿としての神、という意識は見事なまでに脱色され、全面的に肯定した観念に成り代わっている。とすれば、死後その心である神を祀ることは当然であると彼は考えたらしい。吉田家では、以後歴代の当主は、死後神と祀ることがしきたりとなり、さらに吉田神道の浸透とともに、人を神と祀る風習が大きく広がることになった。

豊国大明神と東照大権現

このように、御霊信仰を経由としないで人を神として祀る道が拓《ひら》けたことに最も敏感に反応したのが、豊臣秀吉・徳川家康といった天下人であった。彼らはその地位をより磐石《ばんじゃく》なものにするには、自らを神格化することが最も有効なことを十分理解していた。

まず、秀吉（一五三七〜九八）の場合である。農民の子として生まれながら、天下統一の一大事業を成し遂げた秀吉が最後に願ったのは、死後神と祀られることだった。秀吉は慶長三年（一五九八）八月十八日に死去したが、すぐに故人の意図を実現すべく神社の造営が始まった。場所は、現在豊国《とよくに》社がある場所より東方の阿弥陀峰《あみだがみね》山麓であった。実はこのとき、秀吉の死はまだ披露されておらず、社殿造営も秀吉が建立した方広寺《ほうこうじ》の鎮守社を作るとだけいわれ、本当の目的は、関係者以外には知らされなかった。翌年四月になって初めて造営の意図が明かされる。豊臣家側では、神として社殿に祀られることが秀吉の遺言であったと説明し、朝廷にその許可を求めたのである。

秀吉自身は八幡神として祀られたいと思っていたようだが（八幡神が武神であったからだろう）、吉田家の当主兼見《かねみ》（一五三五〜一六一〇）の意見により、「豊国大明神《ほうこくだいみょうじん》」の神号が朝廷より下されることになった。命名の由来は、日本の古名である「豊葦原中津国」にちなむと説明されたが、もちろん、直接には豊臣の名からとったものである。同月の遷宮式は、徳川家康以下諸大名が参加して盛大に行われた。作法は全て吉田神道式に則《のっと》ったもので、その管理も吉田兼見とその弟の神龍院梵舜《しんりゅういんぼんしゅん》（一五五三〜一六三二）に委ねられた。豊国社創建は、吉田家にとっては、自分たちの勢力拡大のための絶好の機会となったのである。

関ヶ原の戦い以後も、しばらくは豊国社には特に影響はなく、特に秀吉七回忌にあたる慶長九年（一六〇四）には盛大な祭礼が行われ、その盛況ぶりは『豊国祭図屏風《ほうこくさいずびょうぶ》』により窺うことができる。ところが、豊臣家が滅亡すると、幕府は方針を一転し、慶長二十年、社域三十万坪にも及ぶこの神社の破壊を命じた。ここに豊国社はその短い歴史をひとまず終える。その後慶応四年（一八六八）、江戸幕府が倒れ、明治新政府が発足すると、秀吉とゆかりのあった旧大名の木下諸家の建白により、豊国社の再建が決定された。

次いで、家康（一五四二〜一六一六）の場合である。大坂夏の陣において豊臣家を滅ぼし、天下を完全にその手中に収めた徳川家康は、元和《げんな》二年四月、駿府《すんぷ》城にて七十五歳の生涯を閉じた。彼はその死の直後から、通常の葬儀としてではなく、神として祀ることが規定の路線となっていた。なぜなら、豊臣秀吉が神となり、その家を家康が滅ぼした以上、彼自身も神とならなくてはならなかったのである。また、力によって天下統一と全国支配を果たした徳川家にとって、最終的に凌駕《りょうが》し得ないのは、天皇の権威である。徳川家が全国武家の棟梁《とうりょう》である法的根拠は、征夷大将軍《せいいたいしょうぐん》という官職にある。そして、その職を任命したのは形式的にしろ天皇である。したがって、天皇を否定することは、武家の棟梁であることとの正当性を否定することになる。その一方で、自分自身で何らかの権威を作り出すことができなければ、その体制は常に不安定なものとならざるを得ない。そこに出てきたのが家康を神として祀り、それを権威の源泉とすることである。

家康が死去したとき、将軍秀忠（一五七九～一六三二）はじめ幕閣の人々は、家康の側近であった金地院崇伝《こんちいんすうでん》（一五六九～一六三三）や、吉田神道家の神龍院梵舜と相談して、彼を神として祀ることを決定した（これは家康の遺言であったとされているが、そのはっきりした証拠はないらしい）。特に梵舜は秀吉を豊国大明神として祀るにあたって尽力しており、明らかにその先例に倣って決定されたのであった。このとき幕府は諸大名が贈った香典を謝絶している。これは、家康の埋葬が通常の仏式の葬儀ではなく、神として祀るためのものだったからである。家康の遺骸は、駿府城に近い久能山《くのうざん》に葬られることになった。このとき幕府は諸大名が贈った香典を謝絶している。久能山には仮殿が作られ、吉田神道の方式により、新しく神を迎え入れる儀式として埋葬が行われた。

ところが、これに異を唱えたのが、同じく家康の側近であった天海《てんかい》（?～一六四三）である。天台僧だった天海は次のようにいった。家康がまだ病気になる以前、天海に向かって自分は天台宗の山王（一実《いちじつ》）神道に基づいて、最初久能山に葬り、一年後に日光へ改葬して欲しいといっていた。にもかかわらず、家康が吉田神道式で葬られたことはその遺命に背くものである、と。

このことをめぐって、天海と崇伝の間で激しい論争が起こったが、最終的に天海の主張が通った。吉田神道に基づいて祀られた秀吉の子孫（秀頼《ひでより》）が、まもなく滅びてしまったことが不吉であると考えられたからであろう。家康は山王一実神道式で改めて葬られることになり、朝廷から「東照大権現」の神号が下された。「東照」とは東に照らす者という意味で、その本体は薬師如来とされた。薬師如来は東方にある浄瑠璃《じょうるり》世界の教主なのだから、まさに東の国＝日本の支配者となった家康に相応しい神号であった。

久能山埋葬の一年後、家康の遺骸は日光に移された。日光は八世紀以来の天台宗系の霊場で、その中心が日光山輪王寺《りんのうじ》であった。遺骸は輪王寺の域内の霊廟に納められ、その神号にちなみ東照宮という社殿が建てられた。これが日光東照宮の始まりである。日光東照宮は、絢爛《けんらん》豪華な社殿で有名であるが、現在の社殿は三代将軍家光《いえみつ》（一六〇四〜五一）が寛永十一年（一六三四）に造営したものである。祖父であった家康に対する家光の崇拝は熱烈なものがあり、また、一連の家康神格化に主導的役割を果たした天海は、まだ存命中だった。社殿の新築は、東照権現信仰を確固たるものとすべく、この二人によって行われたのだった。家康は江戸時代を通じて東照神君と尊称され、全国の大名家の領内に勧請された東照宮の数は、五百社以上に上っている。

幕藩体制確立後、権力者が自らを神格化することは、諸大名にも広がっていく。また、吉田神道やそれを受け継いだ吉川・垂加神道において、生前・死後に霊社・霊神号を得て神となることが行われ、仏葬に対抗する神葬祭も考案された。明治維新後、幕末の志士や国学者たちが祀られ、その後も軍人を中心とした神社が多く作られるようになるのも、この系譜を引くものであった。

3　渡来神と習合神

天部の土着化

仏教伝来によって、さまざまな仏菩薩への信仰が日本にもたらされたが、それに伴って、これら諸仏の眷属、あるいは仏法や寺院の守護神となったインド系の天部《てんぶ》の信仰が入ってきた。梵天《ぼんてん》、帝釈天《たいしゃくてん》、四天王《してんのう》、毘沙門天《びしゃもんてん》、弁才天《べんざいてん》、吉祥天《きっしょうてん》、大黒天《だいこくてん》、十二神将《じゅうにじんしょう》、十二天《じゅうにてん》、夜摩天《やまてん》、執《しゅ》金剛神《こんごうじん》、金剛力士（仁王《におう》）、龍王、荼吉尼天《だきにてん》等がそれである。これらは日本に浸透していく過程で、在地の神と習合したり、独特な日本化を遂げた。以下にその例を紹介しよう。このうち弁才天、吉祥天等の女天については本章第4節「女神信仰の展開」で扱うので、ここではそれ以外の男天について扱いたい。

毘沙門天は、四天王のひとつで北方を守護する多聞天《たもんてん》の異称である。四天王とは、欲界の六天のうち一番下の四王天《しおうてん》（四大王衆天）の主のことで、多聞天のほか持国天《じこくてん》（東）、広目天《こうもくてん》（西）、増長天《ぞうちょうてん》（南）がある。『金光明最勝王経《こんこうみょうさいしょうおうきょう》』四天王護国品《ごこくぼん》には、釈迦の前で四天王が『金光明経』を読誦《どくじゅ》・聴聞する者の護持を誓うと記され、これを所依として仏法守護の守護天となった。四天王への信仰は、聖徳太子の四天王寺建立の逸話より知られるように、仏教伝来当初から日本にもたらされ、早くから寺院伽藍の守護神として、造像も盛んに行われた。四天王信仰はその後も続くが、毘沙門天（多聞天）への独立した崇拝が日本で始まるのは八世紀であると考えられる。桓武政権下での東北地方進出に伴い、北方の守護天としての毘沙門天の信仰が高まったのである。併せて中国における兜跋《とばつ》毘沙門信仰が日本にもたらされ、王城守護、国境守護の天としての認識も広まった。毘沙門天信仰と関係の深い寺院としは、京都北方の鞍馬寺《くらまでら》や、生《い》駒《こま》の信貴山《しぎさん》朝護孫子寺《ちょうごそんしじ》、摂津の神峯山寺《かぶさんじ》などがある。平安末期、従来の軍事神的性格のほかに、福神的性格を帯び始め、『毘沙門天功徳経《くどくきょう》』のような偽経まで現れた。声聞師《しょうもじ》などが『功徳経』を読誦して招福を祈念するなどという風習も室町時代には起こり、近世に七福神のひとつに入れられた。また修験道の刀八《とうはち》毘沙門、天台密教の双身《そうしん》毘沙門（三崎一九九二）といった独特の信仰も生まれるなど、多種多様な信仰が存する。

大黒天は、梵名をマハーカーラ（摩訶迦羅天《まかからてん》）という。「マハー」は大、「カーラ」は黒を意味し、意訳して大黒天という。インドにおける大黒天は、戦闘神であり、シヴァ神の化身とされる。密教でも大自在天《だいじざいてん》・降三世明王《ごうざんぜみょうおう》・荼吉尼天の化身ともされる忿怒《ふんぬ》暴悪の天である。『図像抄』『諸尊図像』などに描かれるその本来の図様は、三面六臂《さんめんろっぴ》の忿怒相で、三目、手に人の髪や山羊《やぎ》の角を握り、象皮をまとうといった異様な像容である。しかし一方で、後の福神化につながる要素もあり、七世紀のインドの仏教の様子を伝える義浄《ぎじょう》『南海寄帰内法伝《なんかいききないほうでん》』によれば、諸々の寺院の厨房《ちゅうぼう》に大黒天像が安置され、その像容は武装忿怒ながら金の嚢《ふくろ》を担いだ半跏像《はんかぞう》だったという。大黒天が日本に移入された当初は、国家守護の武神、あるいは寺院の守護神としてであった。ところが次第に、福神的性格が強調されるようになり、像容も当初の忿怒形から表情の柔和なものが多くなっていった。さらに、音の類似性から大国主命《おおくにぬしのみこと》と習合し（だいこくさま）、あるいは恵比寿《えびす》神と一対のものとして祀られ、近世以降は七福神のひとつに加えられた。

摩利支天《まりしてん》の「摩利支」とは、日月の光を意味する梵名の訳で、陽炎《かげろう》を神格化したものといわれる。自らの姿は人に見せず、人々の難を除いて利益を施すといい、常に日に仕える神としてインドの民間で信仰された。所依経典である『仏説摩利支天経』によれば、衆生を度《ど》し、国土を平らげ、軍隊を守護し、航海の安全を保証し、財宝を与え、衆生の苦患を救い、合戦に勝利を得させるとされる。我が国では特に、中世には武士の守護神とされ、護身・得財・勝利の神として信仰された。兵法の修法では摩利支天を本尊とすることが多い。その像形は、一般に三面六臂で、猪に乗る姿が多く、また天女形で天扇《てんせん》を持つ姿もある。

歓喜天《かんぎてん》は、摩醯首羅天《まけいしゅらてん》の眷属、あるいは天そのものという。梵名を毘那夜迦《びなやか》といい、また聖《しょう》天《てん》ともいう。もとは悪神であったが、仏教に取り入れられてからは、行動自在な智恵の神となり、全ての災禍を滅却し、福を与える神として信仰され、その形姿は多くの場合、相抱擁しあう象頭人身の双身像として図像化され、男天は歓喜天自身、女天は観音（特に十一面観音）の化身とされる。もと仏教障碍《しょうげ》の神だったが、観音と合体することで、仏教の守護神となった。歓喜天法（聖天法）は世俗的欲望（男女相愛、子女の出生）の成就に効果絶大な修法として、特に鎌倉以降盛んに修された。修法に際して、像に油を注ぐため、鋼製品など金属製が多い。日本における歓喜天は、在地の地神イメージと結びついて、荒神という新たな神格をも生み出した（伊藤聡二〇一一a）。

第六天とは欲界第六天の主、他化《たけ》自在天のことである。仏教障碍の魔王として、釈迦の成道を阻止しようとしたという。日本では中世以降、天照大神とこの第六天の誓約をめぐる説話が生まれたが（これについては第四章第2節で詳述する）、そこで魔王は伊弉諾尊《いざなきのみこと》・大己貴命《おおなむちのみこと》と習合し、国津神《くにつかみ》としての性格が付与された。また、荒神・堅牢地神《けんろうじしん》とも同一視された。東国を中心に第六天社と称する神社が多数存した（明治維新後はほとんど祭神が変更されている）。

護法神

天部と同じく、仏教の移入に伴って渡来してきた神々がいる。新羅《しんら》明神・赤山《せきさん》明神・清瀧《せいりゅう》権現・摩多羅神《またらじん》などである。これらはインドではなく朝鮮半島や中国出身である。空海・最澄・円仁・円珍等、求法《ぐほう》のため入唐《にっとう》した祖師たちは帰朝に際し、その宗の護持する神を連れて帰ってきたとされる。これらは必ずしも史実とはいえず、多分に伝承的・説話的なものである。しかもそれらに対応する、神・信仰が大陸・半島にあったかも明確ではなく、いわば、新しく創造された神で、後述する習合神に近い。

新羅明神は、天台宗寺門派の本山である園城寺《おんじょうじ》（三井寺《みいでら》）の護法神である。智証《ちしょう》大師円珍が帰朝の折、船中に新羅明神と称する神が出現して仏法守護を約し、帰国後再び出現して、円珍が園城寺に入るのを助けたという。その際、寺の北側に勧請したのが新羅明神を祀るはじめと伝える。この伝承は康平五年（一〇六二）成立の『園城寺龍華会縁記』に見えるのが最初であるが、天禄二年（九七一）には神階を受けており、創祀はそれ以前に遡る。その像容は唐装束に頭冠を着した老翁形で、経巻と錫杖《しゃくじょう》を持することが多い。中世以降、本地を文殊菩薩あるいは不動明王とし、素戔嗚命、牛頭天王、娑竭羅龍王《しゃからりゅうおう》の子などと習合する。現在も園城寺北の新羅善神堂に祀られる（山本ひろ子一九九八）。

赤山明神は、慈覚大師円仁が在唐中、天台山登山を祈願して赤山法華院の山神（赤山明神）に祈願し、帰国後に洛北修学院離宮《しゅがくいんりきゅう》の脇に赤山禅院を建立して祀ったという。本体は泰山府君《たいざんふくん》であるといわれる。ただ、円仁の明神感得説話は、寺門派の新羅明神に対抗して作られたものと考えられる。像容は赤衣の装束に三山冠を著す。弓矢を持つことが多い。本地は地蔵とされる。

摩多羅神は天台宗、特に玄旨《げんし》帰命壇《きみょうだん》における本尊で、阿弥陀経および念仏の守護神ともされる。常行三昧堂《じょうぎょうざんまいどう》（常行堂）の「後戸《うしろど》の神」として知られる。『渓嵐拾葉集』巻三十九「常行堂摩多羅神の事」では、天台宗の円仁が中国（唐）で五台山の引声《いんぜい》念仏を相伝し、帰国する際に船中で虚空から摩多羅神の声が聞こえて感得、比叡山に常行堂を建立して勧請し、常行三昧を始修して阿弥陀信仰を始めたと記されている。しかし、相当する神格が大陸になく、由来譚の類似から見て、赤山明神や新羅明神の信仰の影響を受けて、常行堂の本尊として、国内で創造された神というべきものである（山本ひろ子同前）。

清瀧権現は、真言宗の護法神のひとつで、醍醐寺の鎮守神である。元来、長安《ちょうあん》の青龍寺の守護神であったが、入唐して青龍寺の恵果《けいか》のもとで学んだ弘法大師空海が請来、高雄《たかお》の神護寺《じんごじ》に祀る際、青龍に「さんずい」をつけて清瀧権現とした。その後貞観年間（八五九〜八七七）に理源大師《りげんだいし》聖宝が、醍醐寺開山にあたり鎮守として勧請したと伝える。記録では座主勝覚《しょうかく》のとき、寛治《かんじ》三年（一〇八九）上醍醐《かみのだいご》に、承徳《しょうとく》元年（一〇九七）に下醍醐《しものだいご》に社殿を建立したと見えるのが最初である。醍醐山上に祀る如意輪・准胝《じゅんてい》両観音を本地とし、その像容は尼形・俗形二体の女神で、仏母たる俗形は宝珠を執るという。またもと西天竺の無熱達池《むねつたっち》の龍王であったとし、娑竭羅龍王の三女、厳島明神の妹などともいう。

また、修行者に仕えて命令に服し、その身を仏敵から守る小さい護法神たちがいる。護法童子という。護法童子の原イメージは不動明王の脇侍たる矜羯羅《こんがら》・制多迦《せいたか》童子であるが、平安以降の仏教説話などに、著名な高僧や聖に仕える護法童子が現れる。そのひとつに乙護《おとご》法《ほう》がある（菅野一九八七）。その名は書写山《しゃしゃざん》の性空《しょうくう》（九一〇〜一〇〇七）と谷《たに》阿闍梨皇慶《こうげい》（九七七〜一〇四九）に仕えた護法として、史上に現れる。その初見は、性空没後まもなく撰述された『一乗妙行悉地菩薩性空上人伝』で、乙丸・若丸の二童子が随行したことが記される。それを受け継ぐのが、性空の甥たる皇慶の伝記『谷阿闍梨伝』（天仁《てんにん》二年〔一一〇九〕成立）で、性空のもとを追われた乙丸が、比叡山にいた皇慶に仕えたとする。一方『谷阿闍梨伝』とほぼ同時期に出来た『今昔物語集』巻十二「書写山性空聖人語」には、名の明かされない「十七八歳許《ばかり》ノ童子」が、性空が筑前《ちくぜん》国背振山《せふりやま》に修行せしときに参じたことを記す。背振山のことは、『谷阿闍梨伝』にも見え、童子は、皇慶が背振山で堅牢地神に地震を起こさせたのを見て、その徳を慕ってやって来たと語っている。以上より分かるのは、乙護法には、播磨の書写山と筑前の背振山に所伝があることである。双方は深く関連しあうものながら、書写山側は乙・若一対の護法童子であるのに対し、背振山の方は乙護法のみである。

また、信貴山《しぎさん》にいた命蓮《みょうれん》上人に仕えたといわれているのが、「剣《けん》の護法」である。この童子は全身を、剣を着けた衣装で覆い、輪宝に乗って天かける。『信貴山縁起絵巻』延喜加持巻には、命蓮の名代として、病気の延喜帝（醍醐天皇）の平癒のために、信貴山より内裏に飛んで行く姿が描かれる。『縁起絵巻』の童子は美しい少年であるが、別の肖像では醜い小鬼のような顔をしており、これが本来の姿だろう。このような容貌は乙護法とも共通している。これは制多迦童子の影響でもあろうが、ほかに役行者に仕える前鬼・後鬼や陰陽師の使役する式神などとも、容貌や性格が近似する。

習合神と中国民間神

さらには外来の神のように見えて、新たに創造されたニュータイプの神格もある。これらは神仏習合が生み出した〈習合神〉とでもよぶべき存在である。蔵王《ざおう》権現、牛頭天王、荒神などがそれにあたる（先の摩多羅神もこのなかに入るだろう）。

蔵王権現は、金剛蔵王ともいう。修験道独自の主尊で、奈良県吉野金峰山《きんぷせん》より生まれた。南北朝時代成立の『金峰山秘密伝』等が伝える伝承によれば、役小角が山中守護神を得ようと祈念したところ、釈迦・千手観音・弥勒についで降魔のために出現したという。その姿は、三目の忿怒相で色は青黒、三鈷冠《さんこかん》を著し、左手は剣印を結んで腰にあて、右手は三鈷杵《さんこしょ》を執って振り上げ、左足は磐石《ばんじゃく》、右足は空中を踏んでいたという。蔵王権現の確実な初見は、承平七年（九三七）以前成立の理源大師聖宝（八三二〜九〇九）の伝記『聖宝僧正伝』に、彼が金峰山に「金剛蔵王菩薩」の像を造立したとある記事である。また前節で見たように、天慶四年（九四一）の道賢の冥界巡りでも「蔵王菩薩」が登場していた。そして、この頃中国で撰述された『義楚六帖《ぎそろくじょう》』にも「金剛蔵王菩薩」の記載があり、十世紀にはすでにその信仰が相当に拡まっていたと考えられる。さらに、寛弘四年（一〇〇七）に藤原道長が金峰山に埋経したとき、彼は「南無教主釈迦蔵王権現」と記しており、この頃には釈迦の垂迹・権現と見なされるようになったらしい。現在総持寺にある銅板の線刻蔵王権現像は長保三年（一〇〇一）の紀年銘が見えるもので、三目・忿怒の像容で描かれている。このような像容の源流は、仏を護衛する執金剛神だったと考えられている。それが金峰山の山岳信仰に持ち込まれて金剛蔵王菩薩となり、さらに本地垂迹思想の影響を受けて、蔵王権現へと発展していったのである。

牛頭天王は、京都東山祇園社（現在の八坂神社）に鎮座する神であり、その他全国には天王社と称する神社が多数あり、明治維新の神仏分離令の際には、真っ先に槍玉《やりだま》に上がった（第一章第1節参照）。祇園とはいうまでもなく、釈迦牟尼が道場を開いた祇園精舎にちなみ、牛頭天王はその守護神なのだとされるが、仏典等にこれと対応する神格は存在せず、成立の経緯は謎めいている。祇園社の創建時期は明確ではないが、延喜二十年（九二〇）には「咳病《がいびょう》」を祓うために同社に幣帛等を捧げたという『貞信公記《ていしんこうき》』の記事が最も古い。当初より疫神として信仰されものらしく、天禄元年（九七〇）にはここで御霊会が行われた。これは前に述べた貞観元年（八五九）の御霊会の系譜を引くものである。牛頭天王信仰は陰陽道との関係が深い。最初は『辟邪絵《へきじゃえ》』に見えるように天刑星《てんけいせい》に食べられる疫神として登場するが、後には天刑星自体と習合する。また、蘇民将来《そみんしょうらい》説話の武塔《むとう》天神とも同一視され、それに帰依するものは疫病から免れると信じられた。その由来を記したのが陰陽道書として名高い『簠簋内伝《ほきないでん》』である。また、神仏習合では薬師如来の垂迹であるとともに、スサノオの本地とされた（鈴木耕太郎二〇一九）。

荒神とは伝統的な神の荒魂《あらたま》的要素が、神仏習合の展開過程において、独立した神格を獲得したものと考えられる。その存在が確認できるのは平安末期頃からで、陰陽道や密教・修験道において祭祀が行われている。仏教では毘那夜迦（聖天、歓喜天）と結びつき、三毒を示す障碍神とされ、三毒にまみれた衆生を生み出す母胎としての衣那《えな》の神格化という側面も持つに至る。このような荒神＝障碍神が即法性と観念されるようになり、如来荒神・麁乱《そらん》荒神・忿怒荒神の三面を有する三宝荒神とよばれるようになっていく。その他、猿楽芸能者の守護神となる宿神《しゅくしん》も荒神と結びつき、民間では火の神・屋敷神・集落神等として信仰された（高橋悠介二〇一四）。

今まで述べてきたのは、仏教系、およびその影響を受けた神々だったが、他に中国の民間神で日本に流入したものもある。漢神、泰山府君、媽祖《まそ》の信仰がそれである。このうち、漢神についてはすでに述べたので、ここでは泰山府君と媽祖について触れておきたい。

泰山とは中国山東省《さんとう》にある山で、死者の集う冥界と考えられてきた。その主が泰山府君である。泰山府君の信仰は道教に入り込み、日本では陰陽道系の祭祀として泰山府君祭が行われた。泰山府君信仰の日本への移植の最も早い事例が前述の赤山明神である。六朝時代に仏教の閻魔王と結びついて十王《じゅうおう》信仰が起こり、十王のひとつとして泰山府君が組み込まれた。日本には所依経典たる『預修十王生七経《よしゅうじゅうおうしょうしちきょう》』『地蔵発心因縁十王経』によってもたらされた（ただし、『発心因縁経』については日本撰述説もある）。十王信仰とは、冥府に落ちた亡者は、初七日から三周忌まで十人の冥官によって、生前の行状を審査・裁判されるというもので、泰山府君（太山王）は七七日《しちしちにち》にあたる。中世に製作された閻魔王像では、その周囲に司命《しみょう》・司録《しろく》、五道太神とともに泰山府君像を置くこともあり、閻魔の眷属という理解もあった。

媽祖（天妃）への信仰は、宋代に福建《ふっけん》にある湄洲島《びしゅう》より起こったもので、実在の女性が神格化されたものといわれる。海上の守護神として崇敬され、その信仰圏は南中国を中心に、台湾・朝鮮・琉球、さらには日本の九州地方に広がる。琉球へは十五世紀には、すでに流入していたと考えられ、上下天妃廟が建てられた。十七世紀のはじめに琉球に滞在した袋中《たいちゅう》は、日本本土にはほとんど知られぬ同信仰に非常に興味を抱き、『琉球神道記』のなかで詳しく報告している。

4 女神信仰の展開

外来の女神たち

日本の女神は大きく分けて、古くからの神祇信仰の系譜を引く女神たちと、仏教とともに渡来したものたちがあるが、ここでは主に後者について述べておきたい。

仏教伝来に伴い、インド系の女神たちが日本でも崇拝されるようになったが、これらの信仰の定着にあたっては、古くからの女神信仰と神仏習合の過程で互いに結びつきを深め、さらには新たな神格を作り出すに至った。その典型が弁才天である。

弁才天は、本来北インドにあった河の神であるが、仏教に取り入れられ護法の天部のひとつとなった。主たる所依の経典は、『金光明最勝王経』大弁才天女品である。同経では弁舌・智恵、音楽、さらに除災・致福の神と位置づけられている。日本においても、その複合的な性格を受け継いだ信仰が展開する。

ひとつは水の神としての信仰で、寺院の池や河川で、中世までに叡山に近い近江の竹生島《ちくぶしま》をはじめとして、相模の江島、安芸の厳島、大和の天川《てんかわ》などに、その霊場が出現する。ついで音曲の守護神としての信仰で、この場合は妙音天《みょうおんてん》とよばれる。妙音天信仰は、琵琶《びわ》の名手たる藤原師長《もろなが》（一一三八〜九二）や藤原孝道《たかみち》（一一六六〜一二三七）が、琵琶の本尊として妙音天像を安置したことに始まり、琵琶の家たる西園寺《さいおんじ》家で篤く尊崇された。

さらにまた、弁才天信仰の福禄神としての性格は、宇賀神《うがじん》と習合することにより、中世以降に大きく変貌した。宇賀神は蛇身人頭で、神仏習合の過程に現れた新しい神格である。鎌倉末期までに、『宇賀神王福徳円満陀羅尼経《うがじんおうふくとくえんまんだらにきょう》』『宇賀神将陀羅尼経』『仏説宇賀神将十五王子《うがじんしょうじゅうごおうじ》頓得如意宝珠経《とんとくにょいほうじゅきょう》』『弁才天刀自女経《べんざいてんとじめきょう》』等の擬（偽）経が製作され、『最勝護国《さいしょうごこく》宇賀耶《うがや》頓得如意宝珠王修儀《とんとくにょいほうじゅおうしゅうぎ》』や『雨宝壇度頓成宇賀耶惹野蘗念珠儀軌《うほうだんどとんじょううがやじゃやへいねんじゅぎき》』の儀軌類が成立しており、この頃までに宇賀弁才天信仰の骨格が出来上がっていたと考えられる。

これら経典によれば、姿は天女形だが、八臂にて、おのおの鉾《ほこ》・輪・弓・宝珠・剣・棒・鍵・箭《や》を持ち、頭上に老人の顔をした白蛇（宇賀神）を戴《いただ》く。眷属として、十五童子（印鑰《いんやく》・官帯・筆硯《ひっけん》・金財・稲籾《とうちゅう》・斗升《としょう》・飯櫃《はんき》・衣装・蚕養・酒泉・愛敬《あいぎょう》・生命・従者・牛馬・船車）を率い、この天に帰依するときは、福禄長寿思いのまま、という（「弁財天」なる表記はこのことに由来する）。このような尊容は、『金光明最勝王経』大弁才天女品等が説く本説を全く逸脱したもので、世俗的欲望を満たし、福貴をもたらす女神として、後世に至るまで篤く信仰された。また、稲荷神・荼吉尼天などとも習合する。宇賀弁才天信仰は、竹生島において、山王神道などの天台宗系の秘説（『渓嵐拾葉集』に詳しい）などの影響を受けて形成され、全国の弁天霊場に広がったと考えられる（山本ひろ子一九九八、伊藤聡二〇〇七a）。

弁才天以外に、広く信仰された外来系、あるいは習合系女神に吉祥天、訶梨帝母、荼吉尼がいる。これらについても述べておこう。

吉祥天は、本来バラモン教の女神ラクシュミー（laksmi）であり、功徳天、吉祥功徳天とも称され、毘沙門天の妃ともいわれている。仏典では『金光明最勝王経』に説かれる。その名の示す通り、美と繁栄をもたらす女神であり、豊饒《ほうじょう》を司る日本古来の女神たちと類似したものがあった。奈良時代にはしばしば吉祥悔過《けか》（自らの罪悪を慨悔し、福徳を求める法要。吉祥天を本尊とする）が行われた。その目的は「五穀豊穣」「兆民快楽《ちょうみんけらく》」であった。このことは、吉祥天の現世利益的性格をよく物語っている。

訶梨帝母は、サンスクリット語のハリティ（hariti）の音写で、我が国では鬼子母神の名で親しまれている（宮崎一九五八）。鬼神王パーンチカの妻で、五百人の子があったが、他人の子を捕らえ食い殺す外道《げどう》の鬼女として恐れられていた。しかし、釈迦によって最愛の末子ヒルダカを隠され、子を失った者の悲しみを諭され、改心して逆に子どもを守る神になったと伝えられている。日本でも訶梨帝母に対する信仰は、早くより行われ、安産・息災・延命・除病に霊験があるとされ、特に子どもの守り神として信仰されている。その像容は、右手に吉祥果《きっしょうか》（ザクロ）を持ち、左手で幼児を抱き唐風の衣服をまとって椅子に腰かける姿にあらわされるもので、母性のやさしさを見事に表現している。

茶吉尼は、古代インドのヒンズー教において人肉を食べる夜叉《やしゃ》の一種であったが、釈迦に肉食をいさめられ、そのかわりに六ヶ月前に人の死を予知する能力を授けられ、人の死後、その心臓を取って食べるといわれる。胎蔵界曼荼羅中には、右手に人足、左手に人手を持ち、口を開けて食べる姿が描かれている。仏教に取り入れられてからは、人の心の垢《あか》を食いつくす神に転じ、また大黒天と同体とも考えられて、司食神・財福神などとされ、さらに我が国古来からの神とも結びつき、稲荷神、飯綱《いづな》権現などとも同一視された。さらに宇賀弁才天や歓喜天の性格も取り入れた独特の女神となっていった。その図像を見ると、狐に乗った女神として描かれている。

このほか、本来は女神ではないが、観音や普賢といった菩薩は、それが持つ女性的要素ゆえに、女神と習合する例が多い。天照大神はじめ、春日四宮（比売神）・丹生都比売《にうつひめ》等の女神が観音を本地とするのは、このことと関係している。

女性罪業観の女神信仰への影響

古代から中世へと至る過程で、女性の社会的地位は低下していったが、それにつれて、宗教上の女性の地位も変化していった。神祇信仰においては、かつて神事において中心的役割を果たした女性は、巫女として限定的に参与するか、神事によっては全く排除されるに至った。

この傾向を助長したのが、仏教の女性罪業観である。仏教では、インド仏教以来、「五障《ごしょう》」といって、女性は梵天・帝釈・魔王・転輪聖王《てんりんじょうおう》・仏になれず、成仏するには「変成男子《へんにょうなんし》」（いったん男性に転生すること）が必要とされた。また戒においても、比丘戒に対して、比丘尼戒はその数倍の数がある。仏教的女性観は、仏教伝来とともに日本にも持ち込まれ、次第に根づいていった。さらに平安以降急速に高まっていった「穢れ」観念（特に産穢・血穢）の増大が、このことと結びつき、女性の社会的地位低下に拍車をかけた。

このような女性罪業観は、女神の性格にも大きな影響を与えずにはいなかった。この傾向は、特に中世以降に著しい。たとえば、謡曲『葛城《かづらき》』『三輪《みわ》』や室町時代物語（御伽草子《おとぎぞうし》）『頼朝之最期《よりとものさいご》』には、弁才天・三輪神といった女神が、女性の身からの救済を願う話が載せられている。『葛城』は役行者の葛城神使役説話に取材した作品であるが、ここでは葛城の神（一言主神《ひとことぬしのかみ》）が女神となっており、それが役行者に命ぜられて大峯と葛城との間に橋を架けんとした（第一章参照）のは、「その功徳にて五衰三熱《ごすいさんねつ》の苦しみを免れうずると思し召しける」ゆえであるとする。五衰とは天人（神を含む）が寿命が尽きようとするときの五つの兆候を指し、三熱とは煩悩にまみれた龍蛇の苦しみを指す。『三輪』にも同様のくだりがあり、三輪神（女神）が玄《げん》賓僧都《びんそうず》に衣を求めたことについて、

まづ当社は女体にてござ候。また承り候へば、神も五衰三熱の苦しみござあると申し候へ

ば、さやうのおんことに御衣を御所望ありたると推量仕り候。

と見える。

また、室町時代物語『頼朝之最期』は、前半は清水冠者《しみずかじゃ》（木曽義仲《きそよしなか》の遺児）の悲劇、後半は頼朝の横死に始まり、畠山六郎《はたけやまろくろう》の冒険と逃亡に終わる話だが、後半の最初に、将軍頼家《よりいえ》一行が、「建長寺」に「大覚禅師（蘭渓道隆《らんけいどうりゅう》）」を訪問したとき（もとより頼家と道隆は時代があわない）、弁才天が示現し、「御くちよりはおそろしきいきをはきいだし、御くちはくれなゐの御したをいだしたまひて、かしらにはつのをいただ」いた龍蛇身としての姿を顕《あらわ》す話がある。そのなかで弁才天は、蘭渓に「のちの五すい三ねつをば御たすけ候てたまはり候へ」と懇願するのである（伊藤聡二〇〇七a）。

女神が高徳の僧に帰依して五衰三熱の苦からの救済を請うモチーフは、ひとつの物語の型として定着していたことが分かる。さらに「五衰三熱」という表現から、龍蛇神であることが前提となっていることも注意される。しかも、弁才天はともかく、葛城神や三輪神といった、本来男性神とされていた諸神が、ここではあえて女神に置き換わって抜苦請願《ばっくせいがん》する役割を与えられている。古代以来の神身離脱のモチーフや、それを受け継ぐ中世の実類神としての性格が、女人罪業観と結びつくことによって強調されているわけである。また、第二章第4節で述べた中世的心・神観の理解に照らせば、仏菩薩が女人の罪業を引き受けて和光同塵した姿が、蛇神たる女神ということになろうか。

一方、中世においては、天照大神が男神とされる例がしばしば見受けられる。[3] たとえば、「天照大神は太郎の御子なり」（京大図書館蔵『両部神書』）などといわれ、衣冠束帯姿のアマテラス像が描かれたりもした。「天照大神」（アマテラス）の呼称には、性別を示す要素は全くない。このことが、アマテラスの性別に関する、さまざまな所説を生み出したのであるが、これは神々の頂点に立ち、天皇家の始祖神でもある天照大神に対し、ほかの女神と同様の罪業性を負わせることが問題視されていたことを窺わせる（伊藤聡二〇二〇a）。

女性罪業観の浸透とともに、中世以降特に高まったのが母性尊重である。この傾向は、女神の母神イメージを増幅させた。室町時代物語で多く見られる、母子がともに神と祀られるというモチーフや、鬼子母神信仰の広がりなどは、その例である。ただ、母という存在は、我々の生の根源であると同時に、我々の罪障の根源でもあるのだから、女性罪業観と母性尊重観とは、まさに表裏一体の関係にある。

第四章　国土観と神話

1　国土観の変遷

「神国」としての日本

日本を「神国」と称することは、古代より始まり、中世・近世を経て、近現代に至るまで折に触れてしばしば見られる。「神国」という言葉が意味するのは、日本が神の子孫である天皇によって統治されている国であり、国土には多くの神々が住し、その加護を受けているということである（佐々木馨一九八七）。一見するとそれは、よそにもある唯我独尊的自国呼称（たとえば「中華」）のひとつに過ぎないように見える。もちろん、そのような要素は多分にあるのだが、子細に見ていくと、時代ごとにこの言葉の含意するところは変化しており、後述するように単純なる自尊とはいえない場合もある。さらに古代・中世には、「神国」意識のほかに、「小国」「粟散辺土《ぞくさんへんど》」といった、否定的自国認識とも併存するなど、そのまなざしは錯綜している。

以下、「神国」を中心として、古代から中世に至る国土観の変遷を見ていきたい。

「神国」の語の初見は、『日本書紀』神功《じんぐう》皇后紀の三韓《さんかん》出兵に関する記事である。日本が攻めて来ることを知った新羅国王は次のように言うのである。

私は東方に〈日本（やまと）〉という神の国があると聞いている。またそこには〈天皇〉という神聖なる王がいる。必ずやその軍勢であろう。防ぐことができるわけもない。

こうして新羅以下三韓が白旗を揚げて降参する云々《うんぬん》と話は続くが、まず確認しておきたいのは、「神国」という意識が、『日本書紀』が編纂された奈良時代前期の律令国家成立期の日本の自己規定だった点である。

第一章第3節でも述べたように、日本の律令制は唐制の模倣である。しかしながら、忠実なるコピーではなく、多くの面において自国に合うように改変を加えた。その最たるものが君主の位置づけである。中国皇帝は天より命を受けて天子となることで、その地位に就く。もし、ある天子が相応しくないと天が判断すれば、命はほかに移る。すなわち「革命」である。王朝の交替はこのようにして正当化される。これを天命思想という。

これに対し日本では、天つ神の主である天照大神の孫である瓊瓊杵尊《ににぎのみこと》が、下界に降臨して以後その子孫が国土を統治すべしとの天壌無窮の神勅を受けたことが『日本書紀』神代巻上に記される。そして、これをもって天皇による日本統治の正当性の根拠とするのである。つまり、天命に対する天孫の論理をもって、中国皇帝との差異化を図ったわけである。

さらに注目したいのは、新羅王の口から「神国」なる呼称が発せられていることである。『紀』編纂当時、新羅・唐の連合軍に敗れた六六三年の白村江《はくすきのえ》の戦いの記憶はいまだ生々しいものがあり、新羅との関係は険悪だった。『紀』の神功皇后の三韓出兵譚は、現実の負け戦に対する神話的敵討ちというべきものであったのだ。また、日本を「中華」に見立て、新羅を「夷《い》」に配する、華夷意識（この発想も唐の模倣）の日本的表現ともなっているのである。

この神話と対応するように、日本は新羅に対して、その後も朝貢国という扱いを続けた。それに対し新羅は、朝鮮半島を統一し（六七六年）、唐との国境も画定（七三五年）、国家としての隆盛期を迎えつつあった。かつて倭国が「日本国」と国号を改めたように、「王城国」と名乗り、日本にも対等な関係を要求した（天平七年〔七三五〕）。それに対して日本は従来の態度を改めず、新羅使を追放（翌年には日本の使者が新羅から追放されている）、新羅追討すら計画された（村井一九九五）。

平安以降も新羅との国家関係は良好とはいえず、そのなかでまたもや「神国」なる呼称が顔を出す。貞観十一年（八六九）のことである。この年、博多周辺に新羅の船が来寇し、略奪行為を働いた。それに対し朝廷は、伊勢神宮や石清水八幡宮に奉幣使を派遣して告文《こうもん》（神に捧げる文）を奉った。その伊勢神宮に捧げたくだりは次のごとくである。

しかしながら、我が日本はいわゆる「神明の国」であります。神明が助け護り下さるのです。どうして外国の侵略者を近づけることがありましょうや。ましてや、皇太神（伊勢神宮）は我が朝の太祖にして、国土を照らしお護り下さっています。ですから、「他国異類」の者どもが侮り、乱を起こそうとすることをお聞きになれば、驚きなされ拒み退けないことがあるはずはありません。（中略）掛けまくも畏《かしこ》き皇太神よ、国内の神々を率いなさり、彼らが出発する前に阻み拒みたまえ。もし、賊どもの謀《はかりごと》が熟して兵船が近づきつつあるならば、境界内にいれずに追い返し沈没させ、我が朝が「神国」と畏れ憚られた「故実」を軽々しく失うことがないようにして下さい。（以下略）

右引用の傍線部の最後に見える「故実」とは、明らかに神功皇后の三韓出兵譚を指している。天照大神に対して、このことを想起するように求め、同様に神々の加護により兵船を退けることを願っているのである(1)（正確にいえば、先のは日本から攻め入ったのであるから状況は違うが）。さらに、新羅を指して「他国異類」とよんでいることも注目される。他国人を禽獣視《きんじゅうし》する視線はこの頃から醸成されつつあったのである。これは穢れ意識と結びつくことで強化されていく(2)。天皇が外国の使節に御簾を通してしか接見しなくなるのもこの頃からのことである(3)。

粟散辺土観と「小国」意識

「神国」であることは、「律令国家」日本の独自性を保証するものだったのだが、律令体制の変質・融解とともに、その理念は大きく変わっていく。とりわけ、顕密の仏教勢力が自立し、国家に従属し奉仕する立場から、国家を支える存在へと変化し、双方の関係も、国家（王法）と仏教（仏法）が互いに支え合うことで、世俗秩序の安定を保証すると考えられるようになった（王法仏法相依論）。天皇も天孫たる神聖王としての正統性に加えて、十善《じゅうぜん》の君《きみ》・金輪聖王《こんりんじょうおう》として仏教を外護《げご》する帝王と見なされ、またそれにより仏法の守護を受けてその地位を安寧ならしむるものと意義づけられることとなった。これは鎮護国家仏教としての古代仏教の系譜を一面では引くものであるが、それはかつてのような一方的奉仕ではなく、相補的関係にある点で相違する。

かかる天皇と仏教の関係を象徴すると見なされたのが聖徳太子であった。太子は、日本仏教の礎を築いた聖王として崇拝が強まり、南岳慧思《なんがくえし》の生まれ変わり、さらには救世観音の化身ともされた。また、聖武天皇・空海・聖宝といった、日本仏教における重要人物が太子の再誕といわれ、転生を繰り返しながら、日本仏教の隆盛に寄与していると考えられたりした。古代・中世における聖徳太子信仰の高まりは、彼こそがまさに王法仏法相依を体現する存在と見なされていたからであった。

このような変化に伴い、日本の地理的位置づけも、仏教的世界像のなかで、あるいは仏教史的コンテキストにおいて再解釈されることになる。仏教において世界の中心はあくまで釈迦牟尼が法を説いたインドであり、日本ははるか辺境にある。また歴史的にも仏法が日本に到達したのは釈迦入滅後千五百一年目のことであった（入滅を周穆王《ぼくおう》五十三年〔紀元前九四九年〕、日本への伝来を欽明天皇十三年壬申〔紀元後五五二年〕とした場合）。

日本とは、空間的にも時間的にも、仏法より疎外された国という評価がここから導きだされる。そのことの端的な表現が「粟散辺土」である。『仁王経』などによれば、我らの住む南閻《なんえん》浮提《ぶだい》（須弥山《しゅみせん》を取り巻く四大陸のひとつ）は五天竺を中心に、十六の大国、五百の中国、一千の小国、さらにその周囲には無数の「粟散国」があるという。「粟散国」とは粟のごとく散らばった取るに足らぬ国という意味で、日本はそのような辺境群小国のひとつだというのである。

日本に対してこの呼称が使われた初見とされるのは、延喜十七年（九一七）に成立した『聖徳太子伝暦《でんりゃく》』である。同書によれば、百済より来日した日羅《にちら》が、観音の化身である幼い聖徳太子に跪《ひざまず》き合掌して、「敬礼救世観世音大菩薩、伝燈東方粟散王（東方粟散王に仏法を伝えた救世観音菩薩に敬礼いたします）」と申したとある。「東方粟散（王）」とはもちろん日本（の天皇）を指している。さらに、十世紀後半に成立した『宇津保《うつほ》物語』吹上《ふきあげ》の「種松《たねまつ》は十六の大国より始めて、粟散国にいたるまで、財を貯へて侍《はべ》る物なり」とあるくだりがそれに続く。特に『伝暦』に見えた「伝燈東方粟散王」の話は以後の聖徳太子の伝記に頻出し、「粟散国」をもって日本の別称とする理解が広がった。さらに鎌倉以降になると「辺土」「辺地」と組み合わせて、

「粟散辺土（地）」の呼称が定着することになる。たとえば、『平家物語』巻十一「先帝身投」のなかの、入水する二位《にい》の尼が幼い安徳天皇に語る、

この国は粟散辺地とて、心うきさかひにてさぶらへば、極楽浄土とて、めでたき処《ところ》へ具しまゐらせさぶらふぞ。

という物言いなど、その典型的な例だろう。

「粟散辺土」とともに、この頃から見えるようになるのは、日本を「小国」と自称する例である。これは粟散辺土の言い換えといえるものだが、この表現は中国を指して「大国」とよぶことに対応して用いられるようになった。「小国辺土」などという、組み合わされた言い方がされることもあった（たとえば、覚憲《かくけん》の『三国伝燈記』の「我日本葦原境辺土小国ノ中ノ中之小国也」などが典型的な用例）。天竺を中心とする仏教的世界観に基づく呼称が「粟散辺土」であるとすれば、中国の華夷秩序を引き受けた表現が「小国」ということになろう。

粟散辺土観は、仏法が衰亡に向かいつつあるという末法意識（後述）と結びつくことで、末法辺土観として、十一世紀以降の日本の同時代的意識として広く共有されるようになる。たとえば鴨長明《かものちょうめい》『発心集《ほっしんしゅう》』の跋文《ばつぶん》には、「釈尊入滅の後、二千余年、天竺を去れる事数万里、わずかに聖教伝はり給ふといへども、正像すでに過ぎて、行ふ人もかたく、其しるしも又まれな

り」と見える。仏法の中心から遠く離れ、しかも末法のただ中にある時勢において、教化に与《あずか》るには遅すぎる。そのなかにあって、どのようにしたら我々は救済されうるのか。鎌倉期の〈新〉仏教運動も、かかる末法辺土よりの発想という性格を基本的に持つものだった。

三国世界観と本朝意識

仏教的地理感覚と仏教東漸の仏教史理解を受容するなかで日本が作り上げた世界認識が、三国世界観である。「三国」とは、インド（天竺）・中国（震旦《しんたん》）・日本（本朝）を主要な三国として構成されていた。これは仏法がインドに起こり、中国に渡り、日本に来たった（正しくは朝鮮半島を経て）歴史過程を空間化したものである。その意味から、先に見た粟散辺土観を俯《ふ》瞰《かん》・敷衍《ふえん》したものといい得よう。

ただしかし、同時に別の意識も働いていたようである。「三国」の語の初見は、九世紀前半の最澄の『内証仏法相承血脈譜《ないしょうぶっぽうそうじょうけちみゃくふ》』叙である。この書は日本に天台宗を伝えた最澄がその道場たる比叡山寺（後の延暦寺）に大乗戒壇《だいじょうかいだん》建立を目指して朝廷に呈上したもので、仏法東漸を説いて、

そもそも仏法の源は、中天竺より大唐（中国）を過ぎて日本に伝流した。天竺よりの付法については経伝がある。中国の相承には血脈がある。それに対して我が叡山の伝法には、

未だ師々の譜がない。(そこで)謹んで「三国相承」(の譜)を編纂して、宗の後裔《こうえい》たちに示す。

と述べている。同書は天台・菩薩戒・密教などの「正統」仏教が最澄によって日本に伝えられたことを明かすもので、「三国相承」はその正統性を強調する表現として用いられたのである。

その後、元興寺《がんごうじ》の僧護命《ごみょう》がその著『大乗法相研神章《ほっそうけんじんしょう》』(天長七年〈八三〇〉)のなかで、三国のうちインドや中国では、仏教者以外に外道や道士がいるのに比して、日本こそが純粋な仏教国であると説いたほか、安然《あんねん》も『教時諍《きょうじそう》』などで、三国のなかで九宗(南都六宗＋天台＋真言＋浄土)が等しく行われているのは日本のみであることを力説している。また、永観《えいかん》二年(九八四)成立の源為憲《ためのり》『三宝絵《さんぼうえ》』でも、インド・中国における仏教の衰退に比して、日本におけるその隆盛が自国への肯定的評価の根拠になっている。このように三国世界観は、「正統」仏教の伝来という面を強調するとき、日本の相対的地位上昇をもたらす。とりわけ、「大国」たる中国との華夷意識を相対化する効果があったといえる(日本にとってインドは、実際には交流がなく、半ば空想上の国であるから)。

これと関連して、「天竺」(インド)・「震旦」(中国)という仏典由来の呼称に対して、自国を「本朝」とよぶ例が増えてくるが、これもそのような自負のあらわれであろう。「本朝」という自意識は、「神国」思想の変形という側面もあろうが、むしろこの時期『本朝文粋《もんずい》』『本朝無題《むだい》詩《し》』といった「本朝」を冠した多くの詩文集が編纂されたことにあらわれているように、本場中国の文人に比して遜色《そんしょく》のない詩文を作れるのだという王朝貴族たちの自負を示すものだ。仏教（インド）・漢詩文（中国）といったいずれも他国に淵源する文物を、自国において十分に咀嚼《そしゃく》し得たことが自国意識の肯定的評価（本朝意識）につながっているのであり、国際標準に照らして、「本朝」の上昇が実感されたのである（小原一九八七、伊藤聡二〇二二b）。

このように三国意識は、自国への肯定と否定という裏腹な意識を内包しつつ形成されていった。この意識は鎌倉時代以降も受け継がれ、日本の知識層の世界観となっていった。法隆寺に残されている「五天竺図」は、『大唐西域記《だいとうさいいきき》』に記された玄奘三蔵《げんじょうさんぞう》（六〇二～六六四）のインドへの道程を図示した地図で、鎌倉時代の作である。そのなかに玄奘の辿ったコースとは関係のない日本が、北東の角に描き込まれている。中世人の表象した世界と日本とはまさにこれであった。この世界観が瓦解《がかい》するのは、ヨーロッパ人が日本に到達した十六世紀のことであった。

最後に注意すべきは、上川通夫が指摘しているように、三国世界観が仏教史的にも密接な関わりがあるはずの朝鮮半島国家（新羅─高麗）を「黙殺」した上で成り立っていることである（上川二〇〇七）。これについては神功皇后の三韓出兵譚の中世での展開と密接に絡む問題であり、次節の「中世神話と中世日本紀」であらためて取り上げることとしたい。

大きく変貌する時代というのは、同時代人にとって、一種の終末として意識されるものである。この時代において、人々を強烈に捉えていたのは、末法《まっぽう》思想だった。末法思想とは、仏教に基づく一種の没落史観で、仏滅後、正しく教法・修行・証果《しょうか》が行われる正法《しょうぼう》の時代から、徐々に仏教への信仰が衰え、像法《ぞうぼう》（教・行のみの時代）を経て、堕落混乱した法滅の時代たる末法（教のみの時代）を迎えるという思想である。そして、永承《えいしょう》七年（一〇五二）が入末法元年と考えられた。仏法世界の混乱と衰退がいわれ、浄土信仰が貴賤僧俗を問わず広がった（釈迦の入滅を周穆王五十三年〔紀元前九四九年〕とした場合、正法千年、像法千年とすれば、永承七年が二千一年目にあたる）。

末法思想を王権に引きつけたものに百王思想がある。これは、天皇の代世は百代をもって滅亡するという説である。「百王」という語は、『荀子《じゅんし》』などにも見えるもので、多くの王という意味である。日本でもすでに『古事記』序に見えるものだが、そこでも「百王相続《あいつづ》きて」とあり、王統の継続性を称える意味で使われていた。『続日本紀』にも「百王不易之《ふえきの》道《みち》」（養老五年〔七二一〕三月詔）とあってこれも同意である。

ところが、天皇の代数が百まで数十代を数えるだけになってくると、王統の終焉、あるいは日本国の滅亡の表示として意識されるようになってくる。それを象徴するのが長元《ちょうげん》四年（一〇三一）の伊勢斎王《さいおう》託宣事件である。同年六月のこと、伊勢斎王嫥子《せんし》女王に伊勢神宮荒祭宮（天照大神の荒魂）が憑依《ひょうい》し託宣を下した。託宣の内容は、斎宮寮頭《さいぐうりょうのかみ》藤原相通夫妻の追放を求めたものだが、そのなかに次のような一節が見える。

> 帝王と私との交わりは糸のようにからまったものなのに、近頃の帝王には敬神の心がなく、次々と即位する天皇たちは、神事を勤めない。天孫降臨の始めより、已《すで》に王運の暦数は定まっている。百王は已に過半に至っているのだ。（『小右記《しょうゆうき》』同年八月四日条）

このときの天皇は後一条、神武天皇から数えて六十八代目にあたる。さらに、末法の世もあと二十数年後に迫っていた。この託宣を聞いた、天皇や関白藤原頼通《よりみち》等は王朝の滅亡の予言に打ち震えたであろう（その証拠に、託宣の予言は秘密にされ、天皇・頼通・右大臣藤原実資《さねすけ》が知るのみだった。ただ実資がその日記〔『小右記』〕に詳しく記録していたために今日まで伝わったのである）。

王朝滅亡へのカウントダウンというべき百王思想は、その後もしばしば王朝貴族たちの取り上げるところとなった。たとえば、寿永二年（一一八三）六月、各地の源氏の挙兵（なかでも義仲の京都への進軍）を前にして行われた、伊勢神宮以下十社への奉幣の際の宣命《せんみょう》（案）に、「世は縦《たと》へ淑末《しゅくまつ》に及ぶとも、俗は縦へ澆醨《ぎょうり》に属すとも、百王の暦運《れきうん》未だ尽きずば、諸神の擁護、豈《あ》に空《むな》しからんや」（『吉記《きっき》』同年六月三日条）とある。

また、摂関家出身の天台僧慈円《じえん》（一一五五〜一二二五）は、後鳥羽《ごとば》上皇と鎌倉幕府との間の緊張が高まりつつあるなかで著した『愚管抄《ぐかんしょう》』のなかで、しばしば「百王」のことに言及し、「人代トナリテ神武天皇ノ御後、百王トキコユル、スデニノコリスクナク、八十四代（順徳《じゅんとく》天皇）ニモナリニケル」（巻三）、「末代ザマノ君ノ、ヒトヘニ御心ニマカセテ世ヲ行ハセ給ヒテ、事出《い》デ来《き》ナバ、百王マデヲダニ待チツケズシテ、世ノ乱レンズルナリ」（巻七）と、述べる。同書を執筆してまもなく起こった承久《じょうきゅう》の乱（三上皇が配流になった）などは、百王思想の実現へと加速していく事態の、まさにあらわれと感じられたのであった。

ところで、先の斎王託宣において、「降誕の始めより、已に王運の暦数定まる」と、天皇の祖、瓊瓊杵尊の降臨のときより決まっていたとしている。ところが、『日本書紀』によると、天照大神が皇孫に勅して、

> 葦原《あしはら》の千五百秋《ちいほあき》の瑞穂《みずほ》の国は、我が子孫が王となるべき国である。我が孫よ、そこへ行き治めなさい。その王統が栄えることは天地と同じく永久であろう。（宝祚《あまつひつぎ》の隆《さか》えまさむこと、当《まさ》に天壌《あめつち》と窮《きわま》り無けむ）

と仰《おっしゃ》ったとあり、むしろ天皇による永劫《えいごう》の統治が約束されている。これがいわゆる「天壌無窮《てんじょうむきゅう》の詔勅」である（このほかの『古事記』『古語拾遺《こごしゅうい》』等、古代神話テキストのなかにはそのような話は見いだすことはできない）。

では「百王」のことはどのように根拠づけられているのであろうか。おそらくこの頃より流布していた新しい神話、伊勢神宮（および八幡宮）百王鎮護の約諾譚《やくだくたん》に基づいている。これは、後述する中世神話の典型といえるもので、たとえば、『保元物語』「将軍塚鳴動幷《なら》びに彗星《すいせい》出づる事」には、

夫《そ》れ天照太神は百王鎮護の御誓《おちかい》浅からず。しかるにいま廿六代御門《みかど》をのこしたてまつりて、当今《とうぎん》の御代（後白河天皇）に、王法のつきむことの口惜《くちお》しさよ。

とあり、また、保安《ほうあん》四年（一一二三）石清水八幡宮別当光清《こうしょう》告文（『石清水文書之一』）には、

弥勒寺は、八幡権現の御願、百王鎮護の仁祠《じんし》なり。

とある。これは先の天壌無窮の詔勅に想を得たものだが、内容は大いに違う。皇祖神たる天照・八幡は、太古において天皇百代まで守護することを誓い、それゆえ代々の天皇は、両神の鎮護を得て統治しているというのである。この神話は、運数の終わりが意識されることで、危機意識を助長する作用も果たすが、また一方では神明加護の明証として肯定的にも受容され、以降両義的意味を帯びつつ中世を通じてしばしば言及された。

未来記（予言書）の出現

百王思想と同じく、日本の滅亡・衰退を記すものに『野馬台詩《やまたいし》』や『聖徳太子未来記』などの予言書の存在がある。

『野馬台詩』は、通常のように上から下、右から左へ読むのではなく迷路を辿るように屈曲しながらでなければ読めない謎詩である。作者は南朝梁《りょう》の僧であった宝誌《ほうし》（四一八～五一四）という（別名『宝誌讖』）。宝誌は生前から、奇瑞《きずい》をもって世に知られ、しばしば予言を行って、梁の武帝の帰依を受けた（侯景《こうけい》の乱を予言したという）。そして死後には、十一面観音の化身と崇められた。大江匡房《おおえのまさふさ》『江談抄《ごうだんしょう》』等によれば、吉備真備への難題として、この詩が作られたというが、少なくとも九世紀には成立し

水	丹	腸	牛	龍	白	昌	孫	塡	谷	終	始
流	尽	鼠	喰	游	失	微	子	田	孫	臣	定
天	後	黒	食	窘	水	中	動	魚	走	君	譲
命	在	代	人	急	寄	干	伐	膾	生	周	天
公	三	鶏	黄	城	胡	後	葛	翔	羽	枝	本
百	王	流	赤	土	△空	▽東	百	世	祭	祖	宗
雄	英	畢	与	茫	為	海	国	代	成	興	初
星	称	竭	丘	茫	遂	姫	氏	天	終	治	功
流	犬	猿	青	中	国	司	右	工	事	法	元
飛	野	外	鐘	鼓	喧	為	扶	翼	衡	主	建

野馬台詩

ていたらしく、またこれが日本で作られたのか、大陸あるいは半島製なのか諸家の見解は分かれている。

この詩を並び替えると、次のような内容が浮かび上がる。

東海姫氏国《とうかいきしこく》、
百代、天工《てんこう》に代る。
右司《うし》、扶翼《ふよく》と為り、
衡主《こうしゅ》、元功《げんこう》を建つ。
初めには、治法の事を興す。
終りには、祖宗を祭ることを成す。
本枝、天譲に周《あまね》く、
君臣、始終を定む。
谷塡《こくてん》、田孫《でんそん》に走り、
魚膾《ぎょかい》、羽を成《せい》じて翔《かけ》る。
葛の後、干伐《かんばつ》動き、
中ごろ微にして、子孫昌《さかん》なり。
白龍、游《およ》いで水を失ひ、

窘《きん》急にして、胡城に寄す。
黄鶏、人に代つて食し、
黒鼠《こくそ》、牛腸を喰《く》らふ。
丹水、流れ尽きて後、
天命、三公に在り。
百王、流　畢《ことごと》く竭《つ》き、
猿犬、英雄を称す。
星流れて、野外に飛び、
鐘鼓《しょうこ》、国中に喧《かまびす》し。
青丘、赤土と、
茫々《ぼうぼう》として、遂に空と為る。

日本を指すと思われる「東海姫氏国」の発生から、ようやく国制が整い、国の形をなすが、やがて君臣の序列が乱れ、簒奪《さんだつ》者が現れ、戦乱が起こり、百代に至って滅亡するまでの過程が記されている。『野馬台詩』は、院政期以降、急速に知られるようになった。保元・平治の乱、平家滅亡、承久の乱といった院天皇を巻き込んだ兵乱が、詩の内容と対応すると信じられたのである（小峯二〇〇三）。

また、これと類似するものに、聖徳太子の「未来記」がある（小峯二〇〇七）。聖徳太子が予言能力があったという記事は、すでに『日本書紀』に見えるが、予言書としては寛弘四年（一〇〇七）の『四天王寺《してんのうじ》御手印縁起《ごしゅいんえんぎ》』に始まり、以後、複数のものが出現している。初期の太子未来記は、後世における仏法の隆盛を説くものが多いが、後になると終末論的色彩を強める。たとえば、藤原定家《さだいえ》の『明月記《めいげつき》』嘉禄《かろく》三年（一二二七）四月十二日条には、次のような記事が見える。

春より伝聞する所の太子石御文、今日始めて眼見す。末代、土を掘るごとに御記文出現す。河内国太子御墓の辺、堂を造立せんが為に地を曳《ひ》くに、瑪瑙《めのう》石出で畢《おわ》んぬ。其の石記文に云《いわ》く、（中略）「人王八十六代の時、東夷《とうい》来たり、王を泥《けが》し国を取る。七年丁亥《ひのとい》歳三月、閏月に有るべし。四月二十三日、西戎《せいじゅう》来たりて国を従ふ。世間豊饒たるべし。賢王治世三十年、而《しか》も後空より、獼猴《みこう》・狗《いぬ》、人類を喰ふべし」と云々。彼《か》の石、天王寺聖霊堂に納め置き了《おわ》んぬ。（中略）人王・獼猴の字、頗《すこぶ》る古文の体有り。時代を逐《お》ひて頻りに出現。其の事毎度実あるか、如何《いかん》。

（もと漢文）

右は河内国にある聖徳太子の墓（磯《し》長《なが》廟）から出土した瑪瑙石に刻んだ「御記文」に関する記事である。磯長廟周辺からは十二世紀頃からしばしば類似の御記文が出土しているが、それらは仏教の隆盛を予言する内容であった。ところが、ここでは王朝の危機と夷狄《いてき》の侵略が予言されている。明らかに『野馬台詩』や百王思想の影響が濃厚である（特に傍線部）。まさに、末法思想に呼応した王権サイドからの危機意識が形をとったものとなっているのだ。

院政・鎌倉期の神国思想

すでに述べたように、「神国」なる呼称は、本来対外的緊張のある際に用いられるものなので、特に遣唐使が廃止され、渤海《ぼっかい》・新羅などが衰亡した九世紀後半から十世紀前半になると、ほとんどその用例が見えなくなる。ところが、十一世紀以降、再び「神国」の語が見られるようになってくる。これは宋帝国の成立によって大陸の政治情勢が安定し、再び日本との交流が盛んになってきた時期にあたる。以前と同じように、外部との接触面において「神国」意識が復活したのである。

ただここで注目されるのは、必ずしも対外的な局面でなくとも「神国」と自称する例が見られるようになってきたことである。たとえば、藤原行成《ゆきなり》は、その日記『権記《ごんき》』長保二年（一〇〇〇）正月二十八日条で、藤原氏出身の后妃が皆出家してしまったことについて「我が朝は神国なり。神事を以て先と為すべし」と述べている。また、前出した長元四年（一〇三一）の託宣事件の際の朝廷から伊勢神宮への宣命草案には、「本朝は神国なり。中にも皇大神の殊《こと》に助け政《まつ》りごち給ふなり」(『小右記』同年八月二十三日条)と見える。つまり、神国思想は、平時と有事とに関わらない自国認識となってきたのである。

この新しい「神国」意識は、天皇家の始祖としての天照大神・八幡大菩薩の国家への加護が強調される二所宗廟観[4]の進展とともに、具体的相貌を帯び始める。特に八幡大菩薩は神功皇后の新羅征服譚との関係で重んぜられ、一連の八幡縁起を生み出し、鎌倉期以降も鎮護国家の中心的神格と見なされた。その後の蒙古襲来を契機とする神国思想の新たな高まりは『八幡愚童訓』等の著作を生み、以後も宗廟神にして軍神という性格を持つ神格として信仰されていくことになった。

ただ、中世の神国思想を考える上で、特に蒙古襲来以前に関していうと、極めて興味深い特徴が見える。すでに述べたように当時の国土観念の主流は、粟散辺土観である。復活してきた「神国」がこれと関係があるかが問題になるだろう。一見相反するふたつの思想について、長い間、末法辺土観の超克としての神国思想と評価される傾向があった。これは蒙古襲来以後の思想的推移を考える上においては有効だが、それ以前の関係を説明する場合は十分とはいえない。

当時の人の言に、粟散辺土なるがゆえに神国なのだとの認識もあったのである。そのことを端的に表現しているのが、前章でも引いた『沙石集』巻第一「出離ヲ神明ニ祈ル事」の一節である。前は現代語訳を載せたので、ここでは原文で引いておこう(『日本古典文学大系』)。

我国ハ粟散辺地也。剛強ノ衆生因果ヲシラズ、仏法ヲ信ゼヌ類ニハ、同体無縁ノ慈悲ニヨリテ、等流《とうる》法身《ほっしん》ノ応用ヲタレ、悪鬼邪神ノ形ヲ現ジ、毒蛇猛獣ノ身ヲ示シ、暴悪ノ族《やから》ヲ調伏シテ、仏道ニ入レ給フ。サレバ他国有縁《うえん》ノ身ヲ重シテ、本朝相応ノ形《かた》チヲ軽《かろ》シムベカラズ。我朝ハ神国トシテ大権《だいごん》アトヲ垂レ給フ。又、我等ミナ彼孫裔《かのそんえい》也。気ヲ同《おなじく》スル因縁アサカラズ。此外《このほか》ノ本尊ヲ尋ネバ、還《かえり》テ感応ヘダ、リヌベシ。仍《よりて》、機感相応《きかんそうおう》ノ和光ノ方便ヲ仰《あおぎ》テ、出離生死ノ要道《ようどう》ヲ祈申サンニハシカジ。

本地垂迹的神仏関係を基調とする中世において、神は仏の化身・垂迹した姿である。仏は辺境劣悪なる民に住む日本の住民を救済するために、神というその国に相応しい姿をとって現れたのであり、これこそ「機感相応の和光の方便」だというのである。この場合、自国に対する否定的感情こそが、神国思想の基礎となっているのである。

ほかに、先に少し引いた鴨長明『発心集』跋文には以下のようにある。

だいたい、末世の我等にとって、たとい後世《ごせ》を願う場合でも、必ず神に祈り申すべきと考える。どんなことでも折にふれ場所に応じて、その身分なりのお勤めがたやすくできるし、又その霊験も（確実に）ある。釈尊入滅の後、二千余年が過ぎ、天竺から数万里（も離れたこの日本は）、わずかに聖教が伝わったといっても、正法・像法もすでに過ぎ、修行するのも難しく、その効果もまたまれである。ここにおいて諸仏菩薩は、（日本の住民が）悪世の衆生で（ある上に）辺卑《へんぴ》の環境に生まれ、無仏の世に惑い、浮かばれる方途のないことにかんがみ給いて、我が機根に叶うように、卑しい鬼神の姿となり、あるいは悪魔を従え、仏法を守り、あるいは賞罰を示して、信心を発《おこ》させなさるのである。これはつまり、衆生利益の方便が周到であることより起こるのである。中でも我が国のありさまは、神明の助けがなくては、どうして人民も安楽に、国土も穏やかでいられよう。（日本は）小国辺卑の地域であるので、国の力もよわく、人の心も愚かなのである。

「小国」との自己規定が、少なくとも鎌倉中期までの神国思想の重要な要素だったことが窺われよう（佐藤弘夫一九九八）。

また、神が仏の垂迹であるならば、神国であることはそのまま仏土となりうる。ここにおいて自国への否定意識は、容易に肯定へと転じるのである。王法仏法相依論に基づき日本を仏国土と見なす考えや、密教や両部神道の大日本国説などがそれにあたり、特に後者は密教化した神国思想といえるものであった（第二章第1節参照）。両者は表裏一体の関係にあり、否定と肯定とは常に変換可能なものであった。

このように、中世の神国思想は、近世以降のそれとは相違する多様な相貌を持ち、単純な自国優越思想に陥らないものだった。特に衆生救済の方便として神国思想が機能していたことは注目に値する。神国思想が持っていたこのような両義的性格を変えたのが、文永・弘安年中に起こった蒙古襲来である。この事件以後、神国思想は自国肯定の論理に大きく傾斜していくことになったのであった。

ただ、蒙古襲来以前・以後も含めて神国思想なるものは、発想の基盤において、日本という「場」に絶対的に規定されている。右に見たような和光同塵による利生も、あくまで日本の空間においてのみ機能しうるものであって、それ以外に及んでいくことは想定されていないのである。したがって、どこまでいっても地域的言説であり、普遍性は持ち得なかったのは他の時代の神国思想と同じであった。

2　中世神話と中世日本紀

日本紀講

『日本書紀』が成立したのは養老四年（七二〇）のことである。そして『古事記』はそれに先立つ和銅《わどう》五年（七一二）に成った。『書紀』はほぼ純正な漢文体で書かれ、一方の『古事記』は、和文・漢文的和文・漢文が混ざりあった文体が採用されていた。これは『紀』が律令国家の正史として、東アジア世界の通有の文体が要求された結果であり、『記』は、文字化にあたって、元の口承世界をどのように復元し解読するかの便宜をふたつながら追求した結果採用された文体だった（その事情は『記』の序文に縷々《るる》述べられている）。

『日本書紀』については、訓読という作業を通じて、口承世界を復元することが目指された。成立当初から訓読することが想定されていたと考えられるが、時代を経るに従って、どのような和訓が相応しいのか、次第に分からなくなりつつあった。そこで始まったのが、日本紀講《にほんぎこう》である（津田博幸二〇一四）。

これは、宮中における『日本書紀』の講義で、『書紀』三十巻の博士の講義と、参加者を交えた討論で成り立ち、断続的に二、三年かけて行われた。最初は嵯峨天皇の弘仁三年（八一二）から翌年にかけて行われ、以後、承和十年（八四三）から十一年、元慶《がんぎょう》二年（八七八）から五年、延喜四年（九〇四）から六年、承平六年（九三六）から天慶六年（九四三）、康保《こうほ》二年（九六五）と六回実施された。『書紀』成立の翌年にも講書があったとも言われる[5]。

講師を博士、助手を尚復《しょうふく》といい、参加者は大臣・大納言以下の廷臣で、時として天皇も臨席した。もちろん『日本書紀』は全三十巻という大部なものであるから、一回で終わるものではなく、二、三年あるいはそれ以上かけて行われた。講義はほぼ三十年間隔で行われ、世代ごとの知識の継承が期待されたのだった。当時の講義の覚書や問答の一部は、今日も『日本書紀私記』として残されている。

講義の方法は、尚復が音読して読み上げ、それに基づき博士が訓読を行うというもので、このとき先行する複数の訓みの検討が行われた。残されている資料から講義の様子を示しておこう。『紀』冒頭の「溟涬而含牙（溟涬《めいけい》にして牙《きざし》を含《ふく》めり）」についての解釈である。

質問。「溟涬」の二字について、さまざまな典籍を検討すると、みな天地がいまだ分かれないときの形といっている。今、倭語で訓むときはどうなるのか。

師の説。この文は『荘子《そうじ》』『春秋緯《しゅんじゅうい》』ならびに『淮南子《えなんじ》』にもあり、何《いず》れも「天地未分」の意味である。倭語としては五説ある。一つ目は「あかくらにして」、二つ目は「ほのかにして」、三つ目は「くぐもりて」、四つ目は「くらげなすただよひて」、五つ目は「くらげなすたゆたひて」である。この五説のうち、「くぐもりて」説を第一とすべきである。（なぜなら）この説が「天地未分」の意に最も叶うからである。ただ、あとの四説も副《そ》えておいた方がよかろう。

講義に際しては、参加している廷臣からも質疑が発せられ、専門的な検討がなされている。次に挙げるのは『日本書紀』の書名をめぐる質疑の様子である。

質問。「書」「紀」の二字を読んで、「フミ」という。その意味は何か。

師の説。先師の説では「書」「紀」の二字を読んで「書（フミ）」とする。今またこれによる。

質問。「書」「紀」の二字の訓は同じではない。各々別に読むべきではないか。

師の説。これをもし分けて読めば、意味に合致はするけれど、煩瑣《はんさ》となるので、分けて読まないのである。

質問。両字を一字に読むのは、何か根拠があるのか。

師の説。この本の例では、一字をもって二つの訓で読み、あるいは二字をもって一字のように読んでいる。例として、「含牙」を「葦穎（アシカビ）を含む」と読み、また「神聖」を「神（カミ）」と読んでいる等である。

質問。「書」字の訓を「フミ」と読む理由は何か。

師の説。昔、新羅の上表文の文句が非常に不敬であったので、怒って地に擲《なげう》ち、踏みつけた。それ以後、訓を「フミ」という。これは師説である。今考えるに、蒼頡《そうけつ》が鳥が地を踏んで往く跡を見て文字を作ったという。よって「フミ」という訓はこれより起こったのではなかろうか。

博士の応答の仕方はまず、先師からの説を挙げ、それに対して自分の見解（今案《こんあん》）を加えるというものである。博士の今案は記録され、次回の講義では、先師の説の一部となる。このように、訓読をめぐる知識が集積されていったのである（現存する『日本書紀』の伝本において、一つの語に夥しい訓が付されているのはその結果である）。

なお、日本紀講の最後には、宴会が催され（これを日本紀竟宴《きょうえん》という）、宴席上、日本紀にちなんだ詩歌が列席者によって作られた。そのとき詠ぜられた和歌を日本紀竟宴和歌という。現在、元慶六年・延喜六年・天慶六年の分が残っている。

「中世日本紀」の形成

ところが、康保二年（九六五）を最後として、日本紀講は実施されなくなってしまった。以後、『日本書紀』への関心は次第に薄れ、その知識は一部でのみ継承され、一般的には難解なものと理解されていたようである。紫式部が「日本紀局《にほんぎのつぼね》」とよばれたとの逸話（『紫式部日記』）などがそのことを示唆していよう。十二世紀に入っても、信西《しんぜい》（藤原通憲《みちのり》、一一〇六～五九）の父で、無類の秀才といわれた藤原実兼《さねかね》（一〇八五～一一一二）が、本書をよく読んでいないといっており、状況はあまり変わっていなかったらしい（『江談抄』）。

ところが、実兼の子どもの信西の世代になると、再び関心が高まってくる。そのときの中心となったのが歌学である（前代の日本紀講の博士は漢学者だった）。藤原仲実《なかざね》『綺語抄《きごしょう》』、源俊頼《としより》『俊頼髄脳《ずいのう》』、藤原範兼《のりかね》『和歌童蒙抄《どうもうしょう》』、藤原清輔《きよすけ》『奥義抄《おうぎしょう》』、勝命《しょうみょう》『古今集序注』、藤原教長《のりなが》『古今和歌集注』、顕昭《けんしょう》『袖中抄《しゅうちゅうしょう》』等、平安末から鎌倉初頭の歌学書・『古今集』注釈書において、『日本書紀』が重要な典拠として使用されるようになってきたのである。なかでも信西は『日本書紀』講義を行い、これは『日本紀鈔《しょう》』として結実した（この時代最大の学者としての信西の面目躍如たるものがある）。これは歌学者の『日本書紀』への関心に応えたもので、『日本書紀』のなかから重要語句三百五を選び注解している。同書は後の歌学書に頻繁に引かれた。

ここで注意されるべきは、右の諸書に「日本紀云」として引かれるのが、『書紀』本文そのもののほかに、かつての日本紀講の際に行われた日本紀竟宴和歌の歌および注記に拠るもの、あるいは『日本書紀私記』（日本紀講の記録）等の注釈、『古語拾遺』等も含まれていることである。たとえば『奥義抄』には、「かはやしろ」（川社）という語についての問答がある。ここでは、これを「夏神楽《なつかぐら》」のことだとして、以下「日本紀云」として、天岩戸神話（すなわち神楽の起源等）を説き記している。ところが、その最後に至り、「古語拾遺に見えたり」と結んでいる。内容は神話伝承に関するものとはいえ、『日本書紀』ではない。にもかかわらずここでは「日本紀」とよばれているのである。つまり、「日本紀」の呼称は、一連の神話記述全体の総称となっていたのだ。歌学における「日本紀」への注目は、和歌の発生と歴史とを探求しようとする院政期歌学の関心の方向性を示すものであった。そして、それは日本の始源への注目に直結していた。

さらにこの時期の「日本紀」は、如上の神話テキストにも見えない異様な話が散見される。たとえば、『醍醐雑事記』には「故少納言入道通憲」の説として、次のような神話を載せる。

「天古耶根」（アメノコヤネノミコト）には八人の子があり、その末弟を「蘇佐乃於」（スサノヲノミコト）といった。ここに頭八つの大蛇があり、長男から順々に八人を食らった。スサノヲは出雲国に逃げ、八重雲を立てて隠れたため、蛇に見つからなかった。アメノコヤネは天磐戸《あまのいわと》を開いて天下り、剣で蛇を八つに切ると、尾のあたりから村雲が立った。見てみると剣があったので、これを「村雲」と名づけた。この剣はスサノヲに奉られ、以後国の護りとなった。あるときスサノヲが狩りに出たとき、野火が出てあやうく焼け死にしそうになった。このときこの剣を抜いて振ると、二、三町もなぎ払われた。よって「村雲」の名を改めて、「草那義《くさなぎ》」と名づけることになった。

記紀の天岩戸、ヤマタノオロチ、ヤマトタケルの東征譚の登場人物やモチーフがない交ぜになり、新たな異伝が出来上がっていることが分かろう。また、後白河院の命で製作された『彦火々出見尊《ひこほほでみのみこと》絵巻』も、原話の海幸山幸《うみさちやまさち》神話と相違する内容を多く含んでいる。

さらに、長寛《ちょうかん》年間（一一六三〜六五）に成った『長寛勘文《かんもん》』は、熊野と伊勢の同体の可否をめぐる論争についての勘文を集めたものだが、そのなかに『日本書紀』や『旧事紀《くじき》』、『日本書紀私記』と並んで『初天地本紀《しょてんちほんぎ》』『天書神記《てんしょじんき》』なる書物が引かれている。つまり「日本紀」の名の下に多くの異説・異伝、さらには新たな神話テキストまでが発生したのである。伊藤正義は、このような『書紀』の異伝を「中世日本紀」とよび、中世の日本紀享受の特徴であると指摘した（伊藤正義一九七二）。つまり、古代国家から中世国家へと日本が変質していく過程における、新たな神話創造の営みだったのである。「中世日本紀」がまた、中世神道書へとつながるものであることはいうまでもなかろう。

中世の『日本書紀』注釈

鎌倉期に入ると、卜部《うらべ》氏を中心とした『日本書紀』研究の機運が起こってくる（原二〇一二）。卜部氏は、卜部平麻呂《ひらまろ》を祖とする神祇官人の家柄で、その名の示すごとく、亀卜《きぼく》をもって宮中に奉仕していた。平安中後期から、この一族は神祇大副《たいふ》（神祇官の次官）を世襲するようになり、さらに『日本書紀』を中心とする史書を書写相伝するようになっていった。

特に卜部兼文《かねふみ》は、文永十一年（一二七四）から翌年にかけて、一条実経《さねつね》等に『書紀』を講じたが、その子兼方《かねかた》はその折の問答と、かつての日本紀講の博士たちの記録等に基づき『釈日本紀《しゃくにほんぎ》』を編纂した。内容は開題・注音・乱脱・帝皇系図・述義・秘訓・和歌の七部門から成る。『日本書紀私記』をはじめとする多くの古書を引用した、いわば平安以来の『日本書紀』研究の集大成というものになっている。これによって卜部氏は『書紀』および関連の古典の研究と管理とを家職とする「日本紀の家」としての地位を確立する。現在伝わる『書紀』の伝本の多くが卜部氏の系統を引くものである。

なお、卜部氏と同じく神祇官の家柄である白川家《しらかわ》も『日本書紀』を所持していたらしく、弘安三年（一二八〇）資緒王が時の皇太子熙仁《ひろひと》親王（後の伏見《ふしみ》天皇）に『書紀』を進講している。

これと呼応して、あるいはその一環として登場したのが〈中世神道書〉と総称されるテキスト群である。これらは、鎌倉時代を通じて、各地で数多く製作された（第二章参照）。これらのテキストは、各々の寺社内での縁起伝承あるいは記紀（およびその異伝）等の神話テキストを土台としながら、その上に密教・天台等の教説や中国思想を重ね加え、一種の教理化を志向したものであったことを特徴としている。これらは、顕密の諸法流を通じて、伝授・書写相伝されて流通し、後には神道流派として独自な法脈を形成していった。

『日本書紀』は、これら一連のテキストとともに、神書・神典として一ジャンルを構成し、その頂点としての地位を獲得していく。そして、その写本も寺院内に伝来していった。たとえば、叡尊の門流（西大寺流）の伊勢神宮における拠点であった弘正寺《こうしょうじ》や興光寺《こうこうじ》では、多くの両部・伊勢神道書とともに『書紀』が書写相伝され、また、関東の称名寺《しょうみょうじ》の第二世釼阿《けんな》（一二六一〜一三三八）は、兼方本・資緒本系の『書紀』写本を伝授されている。

彼らによる日本紀講義および注釈活動も盛んで、右の釼阿は『日本紀私抄』を著し、応永年中（一三九四〜一四二八）に、天台僧であった良遍は『書紀』講義を行って、その聞書は『日本書紀第一・第二聞書』・『神代巻私見聞』として残されている。同じ頃、荒木田氏出身の道祥・春瑜が、多くの神道書とともに、『日本書紀私見聞』を書写している。また、浄土宗七祖であった了誉聖冏《りょうよしょうげい》（一三四一〜一四二〇）も『日本書紀私鈔』を著している（原二〇一二）。

これらの注釈書は、中世神道の所説がその解釈に大々的に導入されているのが特徴であり、多分に秘説相承の趣を有する。たとえば良遍が行った講義は、日本紀灌頂という秘密作法を伴うもので、衆多《しゅうた》に向けた講義ではない。日本紀灌頂とは、両部神道による神道灌頂のひとつで、灌頂壇を設《しつら》え、その上で密印授与と多数の秘説を記した印信等の伝授を行ったのである。

室町中期までの『日本書紀』研究は、『釈日本紀』を除くと、そのほとんどが僧侶によるものであった。しかし、室町後期になると、新しい潮流が現れてくる。それが一条兼良《かねよし》（一四〇二〜八一）と、卜部吉田家の日本紀研究である。

兼良は、五摂家のひとつ一条家の出身である。前述のごとく一条家は、鎌倉時代に実経が、卜部兼文から『日本書紀』の講義を受けた。以後一条家は、卜部氏より代々『書紀』の伝授を受けた。兼良は「五百年来の学者」と称された、東山文化を代表する知識人であり、和漢の諸学にわたる広い教養の持ち主だった。彼はその学殖を背景に、『日本書紀』神代巻の注釈書を著す。それが『日本書紀纂疏《さんそ》』である。同書は、和漢の漢籍・仏書を博引傍証して、神代巻の本文に注釈を施したもので、その基調は当時流行していた諸教一致思想である。その意味で中世の学問伝統から大きく逸脱するものではないが、特に『書紀』の典拠研究や構成論において、後世に大きな影響を与えた。

一方の卜部氏は、南北朝期を境に、従来日本紀研究の中心であった平野家が衰え、吉田家が台頭する。特に室町前期に出た兼熙《かねひろ》・兼敦《かねあつ》親子が名高い。その後しばらく学問的には停滞したようだが、兼敦の曽孫兼倶《かねとも》（一四三五～一五一一）の出現で大きく変化する。彼は家学の伝統を発展させて吉田神道（唯一神道）という神道説を創唱するが（第五章第1節）、その一環として『日本書紀』講義をしばしば行った。今日残されている講義の台本や聞書を見ると、その内容は『纂疏』の影響が見られるほか、吉田神道の教理に基づく説明も多い。彼以後、後継者たちも『日本書紀』の講義を行い、その子清原宣賢《きよはらののぶかた》や孫の吉田兼右《かねみぎ》も同様の注釈書を編んでいる。彼らは、越前朝倉《えちぜんあさくら》氏・若狭武田《わかさたけだ》氏・周防大内《すおうおおうち》氏のもとに下向して、『書紀』の講義を行っている（米原一九七六）。吉田神道流の日本紀研究は、吉川神道や垂加神道にも大きな影響を与えた。

3　中世神話の諸相

中世神話とは

『日本書紀』注釈に伴って創出された異伝は、注釈書のレベルを越え、神道書はもとより、歌学・説話・軍記・謡曲等の中世の諸文芸に取り入れられ、仏典・陰陽道などの宗教文献に引用、言及されるようになってきた。まさに「中世神話」ともいうべきジャンルが形成されたのである。

「中世神話」という用語自体は、日本中世の神話叙述を古代神話と区別するために、一九七〇年代頃より用いられるようになった。当初は室町時代物語の本地物や寺社縁起等の唱導文芸における神話的性格を指す用語として使われたが、先に見た伊藤正義の「中世日本紀」の提唱以降、中世神道を含む中世における神々をめぐる諸言説全般に押し広げられて使われるようになった。「中世神話」と「中世日本紀」とは、区別して使われる場合もあるが（後者を『日本書紀』注釈に限定）、ここでは「中世神話」の名で総括して論を進めたい。

中世神話の世界は、中世宗教（仏教・神道）や中世文芸と結びついて多彩な展開を遂げたように見える。しかし実際には、古代神話と全く無関係に、放埒なるイマジネーションを飛翔させていたのではない。古代からの神話の型に大きく拘束され、それに中世的要素を加えて再編成されたものである。そこで中世神話全体について、構成・発想・環境の三つの点からまとめておく。

【構成】いうまでもないことではあるが、中世神話の基底には『日本書紀』を中心に『古語拾遺』『先代旧事本紀』『古事記』等の、古代より継受されてきたテキスト群があり、その上に中世的要素が加えられている。中世的要素とは、日本紀注・古今注・伊勢注等の注釈書に書き込まれた異伝、仏典・中国典籍の神話記述、中世神道書における新たな神話解釈といったものが挙げられよう。

【発想】発想の基本となるのが、中世に広く流通した本地垂迹思想である。本地垂迹思想の論理とは、世俗の神・人・生物・事物その他に仏菩薩の利生を見ようとするものであるから、本来的に無関係なものを結びつける。そのとき有効性を発揮するのが、仏教における会釈《えしゃく》（和《わ》会《え》通釈）・会通《えつう》という方法である。これは「一見矛盾しているように思われる異義・異説の相違点を掘り下げて、その根本にある真実の意味を明らかにすること」（『例文仏教語大辞典』）で、中世はかかる付会、アナロジーが説得的に機能した時代であった。

これと関連して注目すべきは、インド・中国・日本から成る三国世界観である。この古代以来の世界認識は、中世では本地垂迹説と結びつき、三国に仏菩薩・陀羅尼（インド）、聖人神仙・詩賦（中国）、神祇・和歌（日本）を対応させ、一種比較神話学的に同体・本迹関係を説明しようとする傾向が現れたのである。

さらに、そのような同体・本迹関係を基礎にして、日本の神々に関する教説化への志向（中世神道説）が起こり、仮託書を含む新たな神話・神学テキストが出現し、その相承に伴う儀礼（多くが灌頂形式）が作られ、さらには室町以降には独自の流派まで形成されるに至ったのである。

【環境】　中世という時代は、天皇・摂関・幕府・巨大寺院といった複数の権門が並列し、「神話」を一括管理するような巨大権力が存在しなかった。したがって、中世社会を構成する「家」「職」「寺社」等の単位が、自らの正統性を根拠づける「神話」を必要とした。ある集団が競合する他集団に対してその権益を守り、優越性を確保するためにも、「神話」はなくてはならぬものであった。さらに、中世の自国意識は、仏教の浸透に伴い粟散辺土観・本朝意識・神国思想などが錯綜していた。このような状況においては従来の古代神話を継承するだけでは不十分であり、時代に相応すべく付加・改変が行われたのである。

右のような観点から、以下に中世神話のいくつかを取り上げ、具体的に解説したい。

第六天魔王と大日本国

中世の国土創世神話の代表というべきものが、大日印文《だいにちいんもん》・第六天魔王をめぐる神話である(伊藤聡二〇一一a)。その大まかな内容は以下の通りである。

日本開闢以前、大海の底に「大日印文」があり、その上に天照大神(あるいは伊弉諾尊《いざなきのみこと》、国常立尊《くにとこたちのみこと》)が鉾《ほこ》を指し下ろし、したたる滴《しずく》が固まって日本国が出来る。それを見た第六天魔王は、この国が仏法流布の勝地《しょうち》となることを察知し、破壊せんと降りてくる。これに対し大神は三宝を身に近づけないことを誓約して魔王を追い返した。

右の話は、『太平記』等の軍記類や謡曲『第六天』、幸若《こうわか》舞曲『日本記《にほんぎ》』、室町時代物語『神道由来の事』等の題材となっており中世には広く流布した(ただし、モチーフ等の異同は多い)。「大日印文」すなわち、大日如来を象徴する印相が海底に沈んでいたというモチーフは、日本では仏教の到達が最も遅れた世界の周縁であるとする同時代的「常識」に抗して、日本こそが密教流布の勝地なりと主張するものである。これは空海が大日如来に発する真言密教の正流を伝えたとするとの立場を正当化することを目的とする。日本と密教との結びつきの必然性を主張する発想の原型は、十一世紀中葉に小野僧都《おののそうず》成尊《せいぞん》が著した『真言付法纂要抄』に見いだせる。ここでは、真言八祖の伝記を記述した末尾において、次のように述べる（これについては第二章第1節でも言及したが、再説する）。

> 世界の中にあって日本のみ密教が盛んなのは、かつて大日如来の化身たる威光菩薩が太陽に住して阿修羅の災いを除いたように、現在「遍照金剛」（空海）が日本に住し、「金輪聖王」（天皇）の福を増進させているからである。日本の神を「天照尊」（天照大神）、国を「日本国」と号するのも、自然の理が、自然の名を立てるものである。

つまり、日本が密教流布の勝地としてあらかじめ約束されていたことを、国号と神名とが示しているというのである。かかる認識を神話化したのが大日印文のモチーフである。

一方第六天魔王のモチーフであるが、第六天魔王とは欲界の第六番目の天（他化《たけ》自在天）の主のことで、地上世界の支配者であると同時に、仏教を障碍《しょうげ》する魔王であった（仏伝には釈迦の成道《じょうどう》を妨げようとした話を載せる）。第六天魔王がここに登場するのは、本話が伊勢神宮における仏教忌避の由来譚でもあるからである。伊勢神宮には平安前期以来仏教忌避の伝統があり、神前に僧侶や持経者が参ることが禁じられていた。ところが、十二世紀後期以降鎌倉期にかけて僧徒の神宮参詣が隆盛を極める。この矛盾した事態を合理化しようとするものがこの神話だった。

さらに、大日印文・第六天魔王神話を伝えるテキストの多くに、魔王との誓約の際に、その証《あかし》として、三種の神器のひとつである神璽《しんじ》（八坂瓊曲玉《やさかにのまがたま》）を請い受けたという話が見える。現在では神璽とは曲玉の形をしたものとイメージされているが、必ずしも中世ではそう考えておらず、誓約書（『太平記』）、手印（百二十句本『平家物語』）、日本の地図（真福寺蔵『神道秘密三種神器』）等と、さまざまなイメージが諸テキストに散見される。たとえば『太平記』巻十六「日本朝敵事」には、次のように見える。

これにより、第六天魔王は怒りを鎮め、五体より血を出し、「未来永劫、天照大神の子孫である人をもって、この国の主としよう。もし王命に違《たが》う者がおり、国を乱し人民を苦しめるならば、十万八千の眷属は朝に駆けつけ、夕べに来たり、罰を行い、その命を奪うであろう」と、堅く誓約を書いて天照大神に奉った。今の神璽の異説がこれである。

王権の正統性を根拠づける神璽が第六天魔王に由来するというのは、天皇による日本国統治が魔王によって保証されていることを意味する。かかる認識は、魔王に対して単なる仏法障碍の悪神という以上の性格が付与されていることを窺わせる。テキストによっては、魔王＝伊弉諾尊という理解もあった（『通海参詣記《つうかいさんけいき》』『高野物語』）。つまり伊弉諾尊たる魔王とは、日本本来の造化神・地主神なのである。実際、国土創世を天照大神が魔王に依頼する例もある（『神道秘密三種神器』）。

大日印文・第六天魔王神話におけるもうひとつの主題とは、日本国が魔王の国土から大日如来の国に変じたということだ。神璽とはその譲渡を証明するものなのである。魔王の領国たる日本とは、日本を世界の辺境と捉える粟散辺土観に代表される否定的自国意識を、大日如来の領国たる日本とは、肯定的自国意識を象徴している。大日印文・第六天魔王神話のストーリーは、中世における相反する自国意識の二面性を合理的に結びつけるものとして構想されたといえるのである。

国土創成神話の変奏

次に、中世神道の教説が中世神話の中にどのように反映されているかを見ていきたい。中世神道書においては、法身大日如来と諸神とが結びつけられ、本覚神、大元神、法性神とよばれる尊格が構想された。これは記紀の天御中主尊《あめのみなかぬしのみこと》・国常立尊、あるいは天照大神が宛てられるが、より抽象化された根源神で、宇宙・世界創世以前の存在として位置づけられる。

たとえば最初期の両部神道書である『中臣祓訓解』では本覚神・大元尊神とよばれ、「本来清浄理性、常住不変妙体」と定義される。伊勢神道書である『豊受皇太神御鎮座本紀』では、天地いまだ剖《わか》れず、陰陽分れざる以前を混沌といい、そのなかに「万物霊」を封じたる存在があるとされ、それは「虚空神」「大元神」または「国常立神」「倶生神《くしょうじん》」という、としている。

このような根源神の観念は、宇宙・世界の初発の神であることに重ねて、個々の人間の中にある存在としても理解されている。かかる神理解は、元来人間の外部にあった神（カミ）が、内在するものとして把握されるようになったことと関係している。第二章第4節で見たように『中臣祓訓解』には、心が「神明」の主であるから（「心は是れ神明の主なり」）、祈禱者にとって、その態度（謹慎の誠、如在の礼）が重要との記述が見える。右のくだりは、『訓解』の最末尾の本覚神の観念をめぐって出されている。つまり、心を媒介として神と仏を関係づけているのである。

さらに、このような心神観は、抽象的なものではなく、交合―受胎―出生という具体的な人間的営みと結びつけて構想されていたことも注意される。このことが中世の神話解釈と密接に関わるのである。すなわち、天地開闢・国土創成の神話記述を、我らの出生へのプロセスのメタファーとして理解しようとしているのだ。

たとえば、春瑜本『日本書紀私見聞』（応永三十三年〔一四二六〕頃写）では、『紀』神代巻冒頭の「渾沌《まろか》れたること鶏子《とりのこ》の如《ごと》く」の一文を注して、仏典（具体的には『倶舎論《くしゃろん》』等）にある、胎内五位《たいないごい》（胎児が①羯羅藍位《からランい》、②頞部曇位《あぶどんい》、③閉戸位《へいしい》、④鍵南位《けんなんい》、⑤鉢羅奢佉位《はらしゃきゃい》の五段階の過程を経て生長する説）に相当するとし、「神明の始めも亦た是《ま》のごとし。何を況《いわん》や人間をや」と、神々の生成と胎児の生長とを重ね合わせる。

また諸冉二神の国生み以降をもって、人間の生成と重ねているのが、叡山天海蔵『天地灌頂記』（永禄《えいろく》十一年〔一五六八〕写）「伊勢二字事」で、ここでは「高間原《たかまのはら》」を女人のいまだ子を宿らぬこと、「天ノ逆鉾《さかほこ》」を男女の振る舞いとし、伊弉諾尊が生んだ天照大神をはじめとする地神五代を「胎内（五位）」にあてている。

このように、中世の神話解釈は、表面上の記述の背後にあるもうひとつの意味を見いだすことにある。ミクロコスモス（身体）とマクロコスモス（宇宙）とを照応させるごとく、中世神話では、天地創造の過程と我らの胎内の生長の過程が重ね合わされる。我らの出生とは、畢竟《ひっきょう》世界の始まりを追体験することにほかならないとの認識がここには示され、『日本書紀』とは、その二重化された深義を証すテキストとして理解されるのである。

盤古神話の中世的再生

『日本書紀』の天地開闢や三貴子誕生のくだりにおいて、中国の盤古《ばんこ》神話が参照されていたことは周知の事柄だが、中世では盤古神話があらためて取り上げられる。盤古は原初の巨人神で、死後、その身体が大地の山河海川沼沢となったという。中世においてそれが注目される所以《ゆえん》は、第一には一種の「比較神話学」的関心からである。当時の三国世界観において、天竺・震旦・本朝の神話は、同一の事実の異なった記述、あるいは本地垂迹に基づく、真説と方便の関係で捉えられた。したがって、仏典における世界創世の記述（『起世経《きせいきょう》』等）とともに、中国の神話が参照されるのである。

たとえば、『神皇正統記』は、「世ノ始」についての三国の比較から説きおこされている。また日本の天神七代・地神五代が、三皇五帝と対応させる試みもなされ、室町後期の成立と考えられる『神祇霊応記《れいのうき》』の「天神七代縁起」では、国常立尊以下三代を天皇氏《てんこう》・地皇氏《ちこう》・人皇氏《じんこう》に、埿土煮之尊《うひじにのみこと》・大戸道尊《おおとのじのみこと》を五龍氏《ごりゅう》に、面足尊《おもだるのみこと》を伏義氏《ふっき》に、伊弉諾尊を神農氏《しんのう》に配当する。同じく室町後期成立の『塵荊鈔《じんけいしょう》』第六では、盤古神話について述べるに際し、「此年吾朝ハ地神三代、天津彦彦火瓊瓊杵尊《あまつひこひこほのににぎのみこと》、一十七万六千八百六十三年ニ当ル」としている。

中世における盤古神話への関心をめぐる第二の注目点は、この神話のモチーフが新しい神話記述として大々的に取り入れられている点である。盤古神話を中世神話として再導入したのは、陰陽道の神話叙述である。『簠簋内伝《ほきないでん》』巻二に「天、もと容貌無く、地また形像有るに非ず。天地一混にして猶《な》ほ鶏卵のごと」し、と『紀』冒頭の叙述を踏まえながら、そのなかに「盤牛《ばんこ》王《おう》」が生じたと続ける。これは盤古と牛頭天王を重ねた神格で、世界全体は「盤牛王」の身体より成り、本地は大日如来である、とする。この後五人の妻より五龍王が生まれたという記述が続いている。これは方位および季節の起源神話で、陰陽道の神話としての性格がここにあらわれているといえよう。また、盤牛王と五龍王の神話は、民間の土公神祭文《どくじんさいもん》の詞章に取り入れられて、荒神神楽などで演じられたことは、よく知られている。盤牛王は荒神あるいは土公神と結びついている。

また『簠簋内伝』巻一では、五節句の起源として、牛頭天王（盤牛王）に殺された巨旦将来《こたんしょうらい》の体の各部位が、正月の鏡餅―骨肉、上巳《じょうし》（三月三日）の蓬莱《ほうらい》草餅―皮膚、端午の菖蒲結粽《しょうぶちまき》―髪、七夕の小麦素麺《そうめん》―筋、重陽《ちょうよう》（九月九日）の黄《き》菊酒《ぎくしゅ》は血脈であり、頭は蹴鞠《けまり》、目は弓の的となったとあるが、これは盤古の身体がバラバラになって世界を構成したモチーフがもとになっていると思われる。

実は、五節句の起源説話として、室町後期に成立した『旅宿問答』には次のような話が載せられている。すなわち、諾冉二神が作った日本国だったが、第六天魔王によって奪い取られてしまった。天照大神との誓約で神国とはなったものの「魔界執心止まず」、その後も人民を苦しめていた。特に五節に障碍甚だしきにより、五節句として魔王退治に見立てた行事を、神武天皇のときより行うようになった。すなわち、正月舞射《ぶしゃ》は「魔王ノ眼ヲ抜出シ」的《まと》として射ることを示し、年縄《としなわ》を引くことは彼の侵入を防ぐこと、幕や楯は魔王の舌の意、五穀の粥《かゆ》はその五臓、三月三日の餅は魔王の肉の表示、五月五日の粽《ちまき》はその臂《ひじ》、七夕の素麺は脈筋、九月九日の菊水は血脈を表すとする。

前に見たように、第六天魔王には日本本来の神としてのイメージが投影されている。巨旦将来は、征服される国津神としての魔王の一側面を体現しているのである。

また、魔王が荒神とよばれることがあることもここで注意されよう。荒神を媒介に盤古と魔王とは重ね合わされるのである。『簠簋内伝』では盤牛王（牛頭天王）と巨旦将来に分裂させられているが、盤古は新来の神＝仏（天照大神＝大日如来）によって殺害、放逐、馴致《じゅんち》される「旧神」（第六天魔王、荒神）という中世神話世界の重要なモチーフのヴァリアントとして、ここに召喚されたのである。

神功皇后説話の変貌

記紀の世界に現れ、中世神話のなかで肥大化し、後の時代に深刻な影響を与えたのが神功皇后の三韓征服譚である。この神話＝伝説の持つ重要な意味は、「神国」なる語の日本での初見がここに見えることである。すでに述べたように、倭軍の来襲を知った新羅王は「吾聞く、東に神国《かみのくに》有り。日本《やまと》と謂《い》ふ。亦聖王《またひじりのきみ》有り。天皇《すめらみこと》と謂ふ。必ず其の国の神兵《みいくさ》ならむ。豈兵《あにいくさ》を挙げて距《ふせ》くべけむや」（「神功皇后紀」）と言ったと記される。

院政期以降神国思想が再び勃興するなか、その本説ともいうべき神功皇后譚は、独特な成長を遂げる。そのきっかけになったのは蒙古襲来である。日本にとってかつてない外国の侵入という事態への衝撃は大きく、ここより増広《ぞうこう》された神功皇后譚が現れる。それを伝えるのが『八幡宇佐宮御託宣集』『八幡愚童訓』（甲本）である。神功皇后以前の六回の外敵の侵略の歴史が記され、七回目に皇后による三韓征討があったと位置づけられる。つまり現在の事態（蒙古襲来における元軍の撃退）を神話的に正当化しようとしているのである。

この新しい神功皇后譚のなかで、特に注目すべき点は、新羅蔑視《べっし》の視線の強調である。その初見は『八幡愚童訓』で、

この時皇后は、御弓の弭《ゆはず》で、大岩の上に、「新羅国の大王は日本国の犬也」と書き付けた鉾《ほこ》を王宮の前に立てさせて帰朝した。犬追物《いぬおうもの》というのは異国人を犬にかたどって、敵軍を射ることを示すもので、現在までも絶えず行われているのである。

とある。犬追物の起源譚としての性格を付与されたこの侮蔑的なエピソードは、『太平記』巻三十九「神功皇后攻新羅給事」、『神功皇后縁起絵巻』以下、『八幡愚童訓』の影響を受けた中世の神功皇后譚に受け継がれていくのである。

犬追物のほかにも、神功皇后譚には、武家に関わるさまざまな伎芸・故実の起源説話としての性格が付与されている。小笠原流の兵法書では、弓の起源を神功皇后に求めている。

弓というものは、天竺では「多羅樹《たらじゅ》」の枝で作り始めたゆえ、「御多羅枝」（みたらし）という。漢朝では、黄帝が蚩尤《しゆう》を退治するために、弓を作りなさった。（中略）吾が朝では、

十五代神功皇后が異国を退治しようとして、弓をこしらえなさった。昔は桑の弓といって木だけで弓をこしらえていたのを、三韓をたやすく従えようとそのやり方を学び、内外に竹を合わせて弓を作らせなさった。そのようにして異国を退治できたのである。そして御帰朝のとき、弓のうらはずにて、「異国の王は、我朝の犬也」と書かれた。これにちなんで犬追物が始まったといわれる。(内閣文庫蔵『七張弓《しちちょうのゆみ》』)

右で説くところは印・中・日三国の弓の起源である。印度では多羅樹(ヤシ科の常緑樹。インドではその葉に経文を書いた)をもって弓を作ることと、弓の和名「みたらし」とを音通させ、梵和両国の弓の通名とする。このような理解は、慈円の『拾玉集《しゅうぎょくしゅう》』五にもそれを示唆する記述が認められるから、すでに鎌倉初期には成立していた。さらにここでは、弓の改良が三韓征服と結びつけられ、あわせて犬追物(新羅=犬)の起源譚にも言及されるのである(伊藤聡二〇〇二)。

また兵法書として著名な『張良《ちょうりょう》一巻書』も神功皇后が中国に求めたものだとの説が、『太平記』等に見える。

昔、仲哀《ちゅうあい》天皇は、そのすぐれた文武の徳によって、高麗《こうらい》・三韓を攻めなさったが、戦いに利なく帰朝されたのを、神功皇后は「これは智謀と武備が足りないからだ」と唐朝の戦法を学ぶために、謝金として金三万両を遣わし、履道翁《りどうおう》の秘書一巻を入手した。これは、黄石公《こうせきこう》が第五日目の早朝に、渭水《いすい》の土橋の上で張良に授けた書である。

（『太平記』巻三十九「神功皇后攻新羅給事」）

このとき授けられたのが『張良一巻書』で、日本兵法の根本テキストといわれる[6]（もちろん日本で偽作されたもの）。神功皇后は、日本の兵法全体にとって、いわば曩祖《のうそ》と位置づけられていたのである（金一九九四）。

「新羅国の大王は日本国の犬也」と隣国を畜類視し、属国視する中世の神功皇后譚の朝鮮観が、豊臣秀吉の朝鮮侵略の正当化のためのイデオロギーとなったことは疑いないところである。文禄《ぶんろく》・慶長《けいちょう》の役（壬辰《じんしん》・丁酉倭乱《ていゆうわらん》）とは、神功皇后三韓「征伐」譚の再現であった。林羅山《はやしらざん》『梅村載筆《ばいそんさいひつ》』が伝えるところによると、戸川肥後守《とがわひごのかみ》の語ったこととして、彼は攻め込んだかの地において「高麗王者《ハ》日本国ノ犬也」と刻んだ二丈ばかりの岩を発見したという。また秀吉は朝鮮攻めの軍勢を、神功皇后を祭神とする御香宮《ごこうぐう》（伏見山西）より見送ったという（『山城名勝志《やましろめいしょうし》』巻十六・紀伊郡「御香宮」条）。中世神話が想像世界からあふれ出て、現実において牙《きば》を剝《む》いたのであった。そして、この妄想は近世においても温存され、近代にまで及ぶことになるのである[7]。

第五章　近世神道へ

1　吉田神道

吉田神道の成立

室町後期に登場した吉田神道（唯一神道、卜部《うらべ》神道、元本宗源《げんぽんそうげん》神道とも）は、先行する神道説および儒仏道にわたる言説と儀礼のさまざまな要素を取り込むことで成り立っている。そのようなあり方自体、中世神道説の典型といえようが、同時に近世の吉川・垂加神道は吉田神道から発生し、その他の神道もこれを批判するなかで新たな展開を示したという意味において、吉田神道は近世神道説の母胎でもあった。

吉田神道の教説および祭祀の体系は、吉田兼倶《かねとも》（一四三五〜一五一一）によって構想・創唱されたものである。兼倶の祖先は伊豆卜部氏の平麻呂《ひらまろ》（八〇七〜八八一）である。卜部氏は、その姓が示す通り亀卜をもって宮廷に仕える一族であったが（他に壱岐《いき》卜部氏、対馬《つしま》卜部氏がある）、平麻呂の曽孫兼延《かねのぶ》が神祇大副《たいふ》となり、以後同職を世襲した。鎌倉時代になると、加えて『日本書紀』その他の神書古典を相承する家門としても知られるようになった。

卜部氏には兼倶の出た吉田流（吉田神社預）と平野流（平野神社預）の二つの流れがあり、特に平野流では鎌倉中期、卜部兼文《かねふみ》・兼方《かねかた》が出て、『日本書紀』の講義・研究を行った。その成果は『釈日本紀』としてまとめられており（第四章第2節）、平野流は「日本紀ノ家」と称され（『太平記』巻二十五）、「帝々ノ御師範為ル」家ともいわれた（良遍『日本書紀第一聞書』）。一方、吉田流も南北朝期より室町初期にかけて兼豊《かねとよ》（一三〇五～七六）・兼熙《かねひろ》（一三四八～一四〇二）・兼敦《かねあつ》（一三六八～一四〇八）が出て、神祇の知識をもって知られ、特に兼熙は「神道之元老」（『吉田家日次記《ひなみき》』応永九年〔一四〇二〕七月二十二日条）と称せられ、足利義満の信任を得、たびたび神祇に関する下問を受けている。

兼倶は兼熙の高孫《こうそん》にあたる。彼は自分の神道説は卜部氏代々に継承されたものであると主張している。しかし、実際は兼倶の独創になるところ頗《すこぶ》る多く、卜部吉田家の学問伝統もその構成要素のある部分を占めるに過ぎない。現在知りうる吉田神道の主要部分は、吉田兼倶という一個の特異な宗教的人格によって構築されたものである。

吉田兼倶は、永享《えいきょう》七年（一四三五）吉田兼名《かねな》の子として生まれた。その前半生については詳らかにしないところが多いが、若年の頃に独自の説を唱えていたような形跡は見いだせない。彼にとって転機となったのが、その属する公家社会全体にとってもそうだったように、応仁元年（一四六七）に始まった応仁の乱である。当時の記録によれば、兵火によって洛中にあった吉田家の邸宅も東山の吉田社（京都大学脇の吉田山に鎮座）も焼亡してしまっている。日本紀の家・神道の家として重代の書物を伝えていたであろう吉田家にとって、深刻な事態だったことは想像に難くないが、この過去からの断絶がむしろ兼倶をして新しい神道説を構想させる契機となったらしい。事実、彼が独特の教説を唱えるのはこれ以後のことである。

兼倶の神道説の存在が初めて確認できるのは、いまだ戦乱の続く文明二年（一四七〇）二月に出された「宗源神道誓紙」（北野社蔵『日本紀正義』所収）である。ここで彼は自家の神道を宗源神道の名でよび、その伝授における制戒を五条にわたって列挙している。この誓紙を発展させたものが、後に彼の主著である『唯一神道名法要集《みょうほうようしゅう》』に「制戒八條」として収められており、すでに文明初年において彼の神道説が構想されつつあったことが分かる。さらに、同三年から五年にかけて『中臣祓』に関する伝授を二条持通《もちみち》以下数人の公家に行っており、彼はこの頃より『中臣祓』講義を始めていたらしい（吉田文庫蔵『相承秘抄』）。

兼倶の神道の祭儀の中心的施設であるのが、現在も吉田山上に残る大元宮斎場所《だいげんぐうさいじょうしょ》である。これは文明十六年（一四八四）に創建されたものだが、その原型ともいうべき施設が同二年「神祇官斎場所」の名で現れる（『諏訪上社並社家文書・大祝《おおはふり》文書』所収「足利義政願文」）。この斎場所は洛内の吉田邸内にあったと考えられ、文明五年には、そこで「立壇神道御勤行《ごんぎょう》」「天供《てんく》」「弁才天御勤行・宇賀神御神事」等が行われており、その祭祀組織が整備されつつあったことが窺われる（吉田文庫蔵『文明五年記』）。
また、この年の五月以前には、斎場所に関する勅裁を得ている（『親長卿記《ちかながきょうき》』五月一日条）。これは後述のごとく、斎場所の神用として「万雑一芸一役《まんぞういちげいいちやく》」をもってあてることを指すと考えられ、斎場所が公的に認められたことを示している。

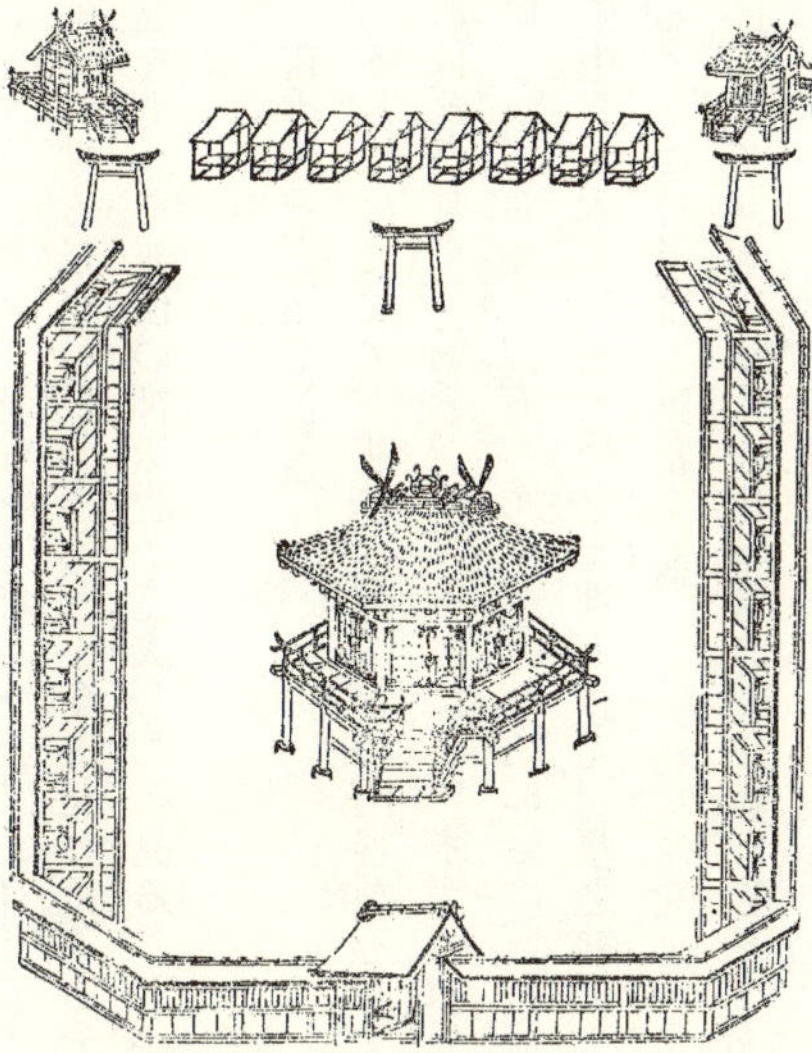
大元宮斎場所（『神道名目類聚抄』所載）

おそらくこの勅裁が契機となったのだろう。兼倶の動きも以後活発になってくる。文明八、九年頃より『日本書紀』ならびに『中臣祓』の講義が本格的に開始され、急速に公武の信奉を集める。またこの頃より、自らを「神道長上《ちょうじょう》」と名乗るようになった。これは、吉田家の上に立つ白川神祇《しらかわじんぎ》伯家《はっけ》を凌駕して、神祇界の頂点に立とうとする意思のあらわれといえるだろう。

そして、文明十六年十一月二十四日、日野《ひの》富子《とみこ》の援助を受けて、吉田山上に大元宮斎場所が建立される。これは大元宮と称する八角の特異な殿舎を中心にして周囲に内外両宮・八神殿《はっしんでん》・式内三千余社を配する奉祭場で、ここが神武天皇以来の我が国における祭祀の根源であり、全国諸社はその分祀にほかならぬと主張した。この大元宮の建立をもって兼倶の神道説が完成したと見ることができる。

吉田神道の教説と修法

それではここで、兼倶の神道説の内容をその主著である『唯一神道名法要集』（ただ遠祖兼延に仮託される）によって見ておこう。まず冒頭で、神道を本迹縁起《ほんじゃくえんぎ》神道（各神社の個別の縁起類）・両部習合《りょうぶしゅうごう》神道・元本宗源神道に分け、自家の元本宗源神道こそ「陰陽不測《ふそく》之元元《げんげん》・一念未生《みしょう》之本本《ほんぽん》・一気《いっき》未分《みぶん》之元神・和光同塵之神化」を明かす「吾国開闢以来」の神道と位置づける。この神道は、国常立尊《くにのとこたちのみこと》（大元尊神《たいげんそんしん》）を主神とし、天照大神が天児屋根命《あめのこやねのみこと》に授けて以来、子孫である卜部氏に代々相承された正統な教えであると主張する。

そして、元本宗源神道の教理の典拠として、『天元神変神妙経《てんげんじんぺんしんみょうきょう》』『地《ち》元神通《げんじんつう》神妙経』『人元神《じんげんじん》力《りき》神妙経』の三経が挙げられる。これらは隠幽《いんゆう》教とよばれ、『古事記』『日本書紀』『旧事本紀』の顕露《けんろ》教に対する。顕露教は天地開闢・神代の元由・王臣之系譜を明らかにするもので、他の神道諸流とも共有されるが、この隠幽教こそ唯一神道のみが伝えたもので、他と截然《せつぜん》と区別される。顕露教・隠幽教などということは、明らかに仏教の顕教・密教の関係に倣ったもので、兼倶は唯一神道（吉田神道）をもって神道における密教として位置づけたのであった。

次いで「神道」について説明がある。まず神とは「天地万物之霊宗《れいそう》」、道とは「一切万行《いっさいまんぎょう》之起源」であると定義される。そして「神道」を体（根本的なすがた）・用（はたらき）・相（外部にあらわれたすがた）に分けて説明する。体は三元《さんげん》（天元・地元・人元）である。次の用は三妙《さんみょう》（天妙・地妙・人妙）であり、この三妙は各々神変《しんぺん》・神通《じんつう》・神力《じんりき》を具す。このうち、天の神変は日・月・星辰、神通は寒暑・晦朔《かいさく》・昼夜、神力は雷鳴・風雨であり、地の神力は山河・大地・江海《こうかい》、神通は山沢通ずる気・海潮の干満、神変は草木が枝葉を顕わし、花を生じ実を成すことであり、人の神力は拝《はい》・供《く》・印《いん》、神通は読《どく》・誦《じゅ》・唱《しょう》、神変は観・念・想であり、これらを総称して三才九部妙壇《さんさいくぶみょうだん》とよぶ。

また、相は天地人三行《さんぎょう》で、これらはさらに天五行・地五行・人五行に分けられる。天五行は水火木金土（五行相克《そうこく》）の元気神にして天の神光であり、化して五星・五色・五方・五時・五季・五干《ごかん》となる。地五行は木火土金水（五行相生《そうしょう》）の太祖神にして地の神霊、五龍王・五間《ごかん》色《しき》・五相生・五支十二となる。人五行は地水火風空（五大《ごだい》）の五大輪神《りんしん》にして人の荒魂《あらみたま》、化して五肉・五臓・五腑・五蘊《ごうん》・五志・五味・五香・五音・五調子・五常・五智・五門・五仏・五菩薩・五明王・五教・五戒となる。この天地人五行に各々元気円満神道・一霊感応神道・性命成就神道を加えて天地人の六神道、併せて十八神道を構成する（江見一九四二、大桑一九八九）。

以上が三九妙壇十八神道の説である。いってみれば、森羅万象全て神道の顕現なることを説くもので、兼倶の神道説の基本理念といえるものである。

また、この理念を分かりやすく記しているのが、文明十八年（一四八六）に前将軍足利義政に奉った『神道大意』である。その冒頭で彼は、

> 夫《そ》れ神とは、天地に先《さきだち》て、而《しか》も天地を定め、陰陽を超《こえ》て、而も陰陽を成す。天地に在《あり》ては之《これ》を神と云、万物に在ては之を霊と云、人に在ては之を心と云。故に神は天地の根元なり。万物の霊性なり。人倫の運命なり。無形にして而も能《よ》く有形を養《やしな》ふ者は神なり。人の五臓に託《たく》して而も五神となる。各其臓を守る者なり。故に神字をたましゐと読《よむ》是《これ》也。

と述べている（第三章で同じ箇所の現代語訳を引いたので、ここでは原文を載せる。表記は『神道叢《そう》書《しょ》』所収本に従う）。これは一般的にイメージされる多神教的世界を表現したものではない。天上と地上と人体の内部に神（霊・心）がそれぞれ存在して宇宙全体に遍満しているとする一種の汎神論《はんしんろん》である。これこそが兼倶が構想した神道説であった（ただ、第二章で述べたように、心の中に神が内在するという発想は、先行する両部神道のなかで起こったものである）。

さらに兼倶は、右のような教説に基づいて種々の祭祀修法を作り上げたが、ただその内容は、特に神道における密教たらんとする隠幽教の修法において、密教儀礼を基本的に模倣したものとなった。その中核をなすのが三壇行事である。これは三元十八神道（陰陽行儀）・宗源妙《そうげんみょう》行《ぎょう》・神道護摩《ごま》を指し、三行事とも隠幽教の最深秘（第四重口《だいしじゅうく》決分《けつぶん》）に属するとされる。

これらの内容について、兼倶の孫であった兼右《かねみぎ》の『宗源神道行法惣目録』（吉田文庫蔵、兼右自筆『神道相承案』所収）には、各々「真言十八神道之類也」「真言金胎両部行法之類也」「真言云八千枚也」と説明されており、密教の四度加行《しどけぎょう》との類似性を吉田家自らが認めている。なお、同目録には三壇行事を含め大法《だいほう》十五・小祭《しょうさい》十三の名が列挙されているが、鎮火祭・鎮魂祭等に交じって「万《ばん》宗諸源灌頂」「重位灌頂」「水天供」「八天狗祭」「息災延命祭」「十二天供」（以上大法）、「弁才天供」「福神祭」「七星略次第」「日曜月曜祭」「荒神祭」等（以上小祭）の名が見えるが、これらも明らかに密教ないし陰陽道の祭祀修法に倣ったもので、吉田神道の祭祀組織がこれらを貪欲《どんよく》に摂取することで成り立っていたことが分かる。

偽作される経典と由緒

さて、先に挙げた三部の神経《しんきょう》について『名法要集』では、これらは元は天児屋根命の言葉で、後に「北斗七元星宿真君《ほくとしちげんせいしゅくしんくん》」が漢字に改めたとする。この三経はもとより架空の経典であり、また製作された形跡もない。ただ、兼倶は類似する神経類を製作していた。それは『神明三元五大伝神妙経』『三元神道三妙加持経』といった経典である。

このうち『神明三元五大伝神妙経』は、大元尊神の三つの神呪（天元・地元・人元）を内容とするものだが、文明五年（一四七三）には存在していたことが確認され、兼倶が自家の神道説独自の経典を早い段階から必要としていたことが分かる。また『三元神道三妙加持経』については、『日本書紀』や『中臣祓』と同様に講義を行っている。『名法要集』にはその末尾近くで「神経云」として「天に神道無くば、則ち三光有ること無く、亦た四時《しいじ》無し。地に神道無くば、則ち五行有ること無く、亦た万物無し。人に神道無くば、則ち一命有ること無く、万法亦《ま》た無し」と見えるが、これは現存する『三元神道三妙加持経』の文と一致し、この「神経」が同経にほかならないことを示す。

さらに『名法要集』には、「三元五大伝神録図云」とする引用が見えるが、吉田家の旧蔵書を伝える吉田文庫（天理図書館）には『三元五大伝神録』と題する兼倶の自筆本が現存しており、その内容が酷似している。この書の奥には「大化元年〔六四五〕六月廿七日、勅命に依り、之を密奏す。中臣朝臣鎌子《なかとみのあそんかまこ》」とあるが、もちろんこれが中臣鎌子（藤原鎌足）の著作であるわけもなく、前の二経と同様兼倶の偽撰であろう。

兼倶は、自家の神道を天照大神・天児屋根命以来連綿と続いてきたものであり、卜部氏は歴代の天皇の導師であったと主張した。それを根拠づけるのが『名法要集』に付された「唯受一《ゆいじゅいち》流《りゅう》血脈」であるが、さらにその奉祭場である斎場所の由緒をも作り上げた。先に述べたごとく、兼倶は文明五年五月以前、斎場所についての勅裁を得るが、そのとき、斎場所が神武天皇が創祀した我が国における天地諸神奉祭の本縁であり、夷賊征伐の根源であると主張したらしい。これは、折からの応仁の大乱の最中にあって、西軍降伏祈願のためには神武天皇が創祀した斎場所における神事興行が不可欠であるとして、その神斎料を請願したものであった。事実それに基づいて四月十日、神用として「万雑一芸一役」が進められたのである。
斎場所に関する神武創祀の由緒は、文明十六年の大元宮斎場所建立に際して、出資者であった日野富子に奉った「神祇斎場の事」に、より詳細に述べられている（『兼致《かねむね》朝臣記』同年十月五日条）。その内容は、おおむね次の通りである。

斎場所は神武天皇が初めて神祭りした根元であり、その父までは神代であって、別に神奠《しんてん》を奉ることもなかった。これ以後、神明と人王との差別が出来たのである。天下の悪神が神武を襲ったとき、大和国生駒山に斎場所を建てて天神地祇を祀ったのが始まりである。以後ようやく悪き神々共も鎮まったので、また同国丹生《にう》川上《かわかみ》に斎場所を建て天皇自ら神道の興行を行った。天下の荒神 悉《ことごと》く鎮まって後、初めて王城を橿原《かしはら》に定め、鳥見山《とみやま》に斎場所を建てて天照大神をはじめとして日本国中大小諸神八百万《やおよろず》神を祀り申し上げた。斎場所を皇城の近くに建てるのはこのことに由来する。天皇は斎場所を天地諸神勧請の根元であるとして「日本最上神祇斎場」という額を下されたのである。

この由緒は『日本書紀』神武天皇条を原拠とするものであるが、もちろん神武紀の記事が吉田家の奉祭場である斎場所と結びつくはずはなく、全く兼倶の捏造《ねつぞう》である。しかし、「日本紀の家」の当主たる者の発言であることと、応仁の乱後の混乱期という時代状況が、かかる由緒を信じさせたのである(伊藤聡一九九二)。

この神武創祀の由緒とともに、斎場所の京都遷座についての由緒も、兼倶は作り上げていた。おそらく兼倶作と推定される『神楽岡《かぐらおか》縁起』(神楽岡は吉田山の別名)において、弘仁八年(八一七)、嵯峨天皇は都鎮護のために、神祇伯大中臣智治麻呂《ちじまろ》(卜部氏の始祖に擬託される)に命じて如意嶽に斎場を建て、神道行法を行わせたと記されている。しかも、御念の入ったことに、このときの綸旨《りんじ》なるものまで一緒に偽作しているのである(1)。

唯一神道(吉田神道)が代々の天皇に信奉されてきたという彼の主張を根拠づけるには、その拠点というべき〈場〉が是非とも必要であった。そしてその〈場〉には、それに相応しい由緒が不可欠だった。彼の斎場所をめぐる動きが極めて政治的であったのはそのためにほかならない。その際是非とも凌駕せねばならなかったのが、皇祖天照大神を祀る伊勢神宮の権威だった。延徳《えんとく》元年(一四八九)十月に兼倶が伊勢両宮の「霊物」(すなわち神器)が斎場所に降臨した(つまり、伊勢神宮がこちらに移ってきた)と密奏した事件は、その意図を明確に示す出来事であった。

ただ、斎場所には文明十六年の遷座当初からすでに伊勢両宮も祀られていた。実はこの十六年の遷座にも伊勢神宮が関係していたのである。そのことを示すのが吉田文庫蔵『霊夢記』(兼致筆)で、同記によると、同年八月二十二日兼倶は、吉田山上に伊勢両宮が降臨したとの夢告を空海より受けたというのである。これが同年の斎場所遷座(大元宮建立)の直接的動機となったと思われるが、この夢告は兼倶にとって神宮を取り込むことが不可欠であったことを如実に示している（もちろん延徳の密奏は伊勢両宮神官たちより激しい抗議を受けることになった）。

吉田神道の発展

兼倶は、自家の神道の独自性を強調するが、大元尊神の観念は鎌倉期の両部・伊勢神道の教説に由来するものであり、三才九部妙壇十八神道説は陰陽五行説および道教思想の借用である。また八角形という構造を持つ大元尊神の神殿たる大元宮は、『易』の八卦《はっけ》と結びつけられている。

このように吉田神道は、神儒仏道諸教のさまざまな要素が混合して出来上がっているが、これが従来の神道諸流と截然と区別される点は、同神道が独自の教義・経典・祭祀組織を持った自立した存在として構想されていることである。しかも、従来の三輪流神道や御流神道などの仏教系神道流派（彼はこれらを「両部習合神道」とよんでいる）とは違う、初めての非仏教系流派（「元本宗源神道」）であったことは極めて重要であろう。仏教から独立した近世神道の枠組みはここに発するのである。

さらに、彼の構想した大元尊神は、呼称こそ借り物であるが、両部・伊勢神道のそれが法性神などと規定しつつも、事実上伊勢神宮の祭神（天照大神・豊受大神）のみを指していたのに対して、より抽象化された存在であった点が注目される（神統譜上は国常立尊）。これは後述する「天道」観念と共通する性格を持つもので、実際に吉田神道でも大元尊神を指して「天道」とよんでいる例も見いだせるのである（小山一九八〇）。

兼倶は公武の支持を得て宗源宣旨・神道裁許状を畿内の諸社に発行し神位・神号の授与権や祠官の補任権を握り、その影響力を強めた。彼の死後も、孫の兼右《かねみぎ》（一五一六～七三）、曽孫の兼見《かねみ》（一五三五～一六一〇）・梵舜《ぼんしゅん》（一五五三～一六三二）により中央・地方の諸社への影響力は一層強められた。近世以降も江戸幕府が発布した「諸社《しょしゃ》禰宜《ねぎ》神主《かんぬし》法度《はっと》」においてその神社支配権が認められることで、近世を通じて神道界の権威たる地位を保つこととなった（井上智勝二〇〇七）。

しかし、兼倶のさまざまなレベルの諸言説を越境的に統合していく手法は、極めて中世的なものであった。それゆえに、吉田神道は政治的には近世の神祇界の中心に位置しながら、思想的には常に批判に晒《さら》され続けた。特に彼が自家の説を神道における密教として構想していったことが、近世において吉田神道を時代の後衛に立たざるを得なくした。これは密教の模倣という外面的な問題もさることながら、このような密教的秘義秘説こそが、近世において打破されていく中世的要素の中心だったからである。

ところで、吉田神道の影響は、単に思想面だけにとどまらず、広く周辺の学問・文芸にも及んでいた。たとえば、飯尾《いいお》宗祇《そうぎ》は兼倶に宮廷の故実《こじつ》および神道を学び、「八雲《やぐも》神詠伝《しんえいでん》」を伝授され、以後これは二条宗祇流の最極秘伝となった（三輪一九九四）。また、おそらく兼右あたりより始まったと思われるが、能楽において観世《かんぜ》・宝生《ほうしょう》の大夫《たゆう》が「翁」をめぐる秘説である「翁の大事」を吉田家より伝授することが行われ、これは近世以降も続けられた（天野一九九五）。

さらに吉田家では、兼倶以来、神社支配の必要性もあって、全国諸社の由緒来歴に関する研究が行われ、その成果は『諸社根元記』『諸神記』等の著作となって現れた。これらは吉田家の「学問の家」としての蓄積を示して極めて詳細であり、近世以降の神社研究はここから始まったといえる（新井二〇一二）。

2 天道思想とキリスト教

天道思想

応仁の乱以降、安土桃山時代に至る宗教的権威の失墜・希薄化と合理主義への傾斜は、近世的世俗社会への移行期と位置づけられる。そしてそのような時代意識を示すとされるのが天道思想である。

「天道」とは、中国古代にすでに見られ（『周易』説卦『尚書』大禹謨）、自然の道理、さらに「天」の人格化に伴ってその意志を示す語ともなった。日本にも早くから移入されて同様な意で使われたが、明確な「天」への思想を持つ中国とは異なるこの国では、仏・神の利生・賞罰と重なることが多く、平安時代頃までは、漠然とした天・神の意志以上を出るものではなく、使用も限られていた。

しかし、鎌倉以降、新たな権力を手にした武家にとって、天皇の統治権を正当化する「王土」「神国」の観念を超越する語として、俄然《がぜん》注目されるようになった。これが使われたのがまさに後鳥羽《ごとば》上皇の「御謀叛《ごむほん》」を討った承久の乱をめぐってだったのは、示唆的である。『吾妻鏡《あづまかがみ》』によると、上皇に弓引くことに躊躇《ちゅうちょ》する北条義時《よしとき》に対し、大江広元《おおえのひろもと》が次のように言ったという。

関東の武士が団結せず、関を守って日を送るなら、かえって敗北の原因になります。運を「天道」に任せて、早く軍兵を京都に派遣すべきです。（承久三年五月十九日条）

君と臣との運命は皆天地が管掌するものです。今度のことを考えますと、その是非は「天道之決断」を仰ぐべきです。（だから）全く恐れる必要はありません。（同年六月八日条）

その後、南北朝の分立、足利幕府の開府により、王権の相対化と衰退がさらに進行する。また仏教権門（新たに台頭した一向一揆《いっこういっき》も含め）が戦国大名たちにとってまさにライバルとして打破される存在となるにしたがい、それらに対する伝統的アウラが薄れていく。このように、諸勢力が拮抗《きっこう》・抗争し、相矛盾する価値観が併存した戦国時代から、これら諸勢力を統合して、天下統一へと向かおうとするなかにあって、諸宗教および思想を統合・超越する用語として「天道」が広く、盛んに使われるようになった。

「天道」の思想は、特定の教理的背景をもって生み出されたのではなく、戦国武士たちの共通意識というべきものであるから、その指し示すものは多様で、明確に定義づけることが難しい。そこでここでは、近年戦国時代の天道思想について多くの成果を挙げている神田千里の研究に基づき、その特質を指摘しておく。神田によれば、天道思想の第一の特徴は「恩寵《おんちょう》と冥罰《みょうばつ》の摂理」、すなわち天道は人間の運命を左右するものと考えられていることである。二番目に、天道による恩寵は神仏の加護と同等と認識されていることで、これは具体的、個別的な仏・神ではなくそれらを統合・包括した観念となっている。第三に、世俗道徳の遵守が天道による加護の要件となっていることで、宗教的戒律よりも世俗道徳を優先することを特徴とする。第四に、外面的行動より内面的倫理を重視することで、「心中の実」が天道に適うかどうかが大切だとされることとである（神田二〇一〇b）。

以上のうち、三番目の世俗道徳の重視はまさに近世の行動規範の中心になっていくものであり、そのときの仏教批判の論点もここに集約されるのである。また四番目の内面倫理の重視についても、近世神道が「神の道」として「神道」の語の道徳的意義を強調していく傾向を見せることとつながっていこう。

「天道」への思想は近世以降も続き、個々人の倫理・道徳的側面から保証するものとなっていく。また素朴な信仰の面では太陽と結びつけられ、「おてんとさん」として太陽信仰の一部を構成するようにもなった。天道思想は、近世のひとつの特徴ともいうべき「思想の還俗《げんぞく》」を象徴するものであったといえる。(2)

諸教一致思想

天道思想の拡大と密接に関係すると思われるのが、五山禅林《ござんぜんりん》を中心に展開した諸教一致の風潮である。五山の禅僧たちはあくまで禅学を学問の中核に置きながらも、広く史書・老荘・儒書に関心を示した。この禅林の学問環境を保証していたのが、儒仏道三教は究極的に一致するとする主張であった。これは大陸の禅林の風潮が日本にも移入されたものであるが、日本では道教(道家思想)を神道に置き換え、神儒仏三教一致の思想として受け入れる。

諸教一致思想の淵源を辿れば、六朝《りくちょう》時代の道仏間の論争にたどり着く。このなかで道教側からは老子がインドにゆき釈迦(もしくは釈迦の師)となったとする老子化胡説《けこせつ》が生まれ、仏教側でも孔子・老子を釈迦が派遣した菩薩の化身なりと説く『清浄法行経《しょうじょうほうぎょうきょう》』などが偽作された。その後唐代に入ると、儒道仏一致論が次第に盛んになり、宋代の禅林において特に発達する。

この思想は鎌倉以降、蘭渓道隆《らんけいどうりゅう》(一二一三〜七八)、一山一寧《いちざんいちねい》(一二四七〜一三一七)といった来朝僧や、円爾《えんに》弁円《べんねん》らの入宋僧により日本にもたらされた。これに対しては道元《どうげん》のように否定的な見解を示す者もいたが、大方は肯定的に受け入れた(芳賀一九五六)。

室町期以後も五山僧たちにより諸教一致、特に儒仏融合が好んで論じられた。彼らが政道の学としての儒学の知識を権力者から期待されていたことや、老荘思想に親しみ、詩作を楽しんだ五山禅林の学問文化の気風に合致する主張だったためであろう。この禅林の宗教・思想観は特に室町中後期になると、公武の上層階級にも広く共有されるようになり、近世以降の日本人の宗教・思想に対する態度にも大きな影響を及ぼすことになる。

そのなかで登場したのが吉田兼倶である。兼倶と五山僧との交流は深い。横川景三《おうせんけいさん》（一四二九〜九三）・景徐周麟《けいじょしゅうりん》等の禅僧は、兼倶の『日本書紀』『中臣祓』の講義に参加し、その聞書を残している。彼らの神道への関心が諸教一致思想を背景とすることは明らかだが、兼倶にとっても同様である。

彼は教説の樹立に際して、五山経由の大陸の知識を得ている。『唯一神道名法要集』には「北斗元霊経《ほくとげんれいきょう》」と見えるが、これは道教の経典である『太上玄霊北斗本命延生経』の注釈書からの引用である（しかも適宜改変を加えている）。さらに、道教の霊符を「神祇道霊符印」として、そのまま自家の神道の秘印として取り込んでいる。このような道教の知識は五山との交流を通じて得たものだと考えられる（菅原一九九六）。

ただ、兼倶において諸教一致とは「神道」を中心に構築される。彼は「神道」を万物の根源と定義し、諸教もそれに包摂されるものと説いた。『唯一神道名法要集』のなかで、次のようにいう（原文書き下し）。

易に曰《いわ》く、天の神道を観《み》るに、四時《しいじ》忒《たが》はず。聖人神道を以て教《きょう》を設《もうけ》て天下を服す。
道教に曰く、道一を生じ、一二を生じ、二三を生じ、三万物を生ず。皆是れ神也。
内教《ないきょう》の中、密教に云《いわ》く、神変加持経 并《ならびに》諸経論中、神変・神通・神力、多く以て之《これ》在り。
是れ神道に非ずや。
儒教に云く、太極両儀を生じ、両儀四象を生じ、四象八卦を生じ、八卦万物を生ず。是れ則ち聖人の神道なり。

易・道教（老子）・仏教（密教）・儒教を全て「神道」だというのだ。

彼のこのような思想は、五山禅林の諸教一致思想を自分なりに摂取した結果というより、以前からある中世神道説の影響をも受けたものである。それが根本枝葉花実説である。

同じく『名法要集』には次のようにある。

第三十四代推古《すいこ》天皇の御世、聖徳太子が密かに奏上した。「我が日本が種子を生み、中国で枝葉が現れ、インドで花実が開いたのです。従って仏教は万法の花実、儒教は万法の枝葉、神道は万法の根本です。儒仏二教はみな神道の分かれたものです。枝葉と花実によってその根源が現れます。花が落ちて根に帰るものなのですから、今仏法が東へもたらされたのです。これは我が国が三国の根本であることを明かすためで、これより以来、仏法はここに流布しているのです」。

神道を根（本）、儒教を枝葉、仏教を花実に見立て、日本の神道を根幹として儒教、仏教が枝葉をつけ花開いたとの説で、インド→中国→日本という仏教の三国相伝を逆転させるとともに、儒仏二教を神道の分肢に過ぎないとするのである。

この譬喩《ひゆ》は兼倶の独創ではない。すでに鎌倉後期の両部神道書の『鼻帰書《びきしょ》』に類似する言説が見え、また南北朝期の人で兼倶と同族であった慈遍《じへん》の『旧事本紀玄義《くじほんぎげんぎ》』にも見いだせる説であった（西田長男は『鼻帰書』によってこの説を知ったのだろうとする。西田一九七八a）。兼倶は過去の両部神道などが生み出した説に基づき、諸教一致思想を神道中心に再編成してみせた。その結果として、彼における神道は、当時の「天道」観念とも極めて近似したものとなったのである。

いずれにせよ、兼倶によって五山の大陸経由の諸教一致思想と神道家流の説が融合され、中世の神儒仏一致思想は完成されたといえよう。この時期、兼倶以外では一条兼良（一四〇二〜八一）や兼倶の子である清原宣賢《のぶかた》（一四七五〜一五五〇）も諸教一致を説いている。たとえば兼良は『日本書紀纂疏』において、内典・外典を博引傍証して『日本書紀』神代巻の注釈を行ったが、そのなかで三器を『中庸《ちゅうよう》』の三達徳《さんたっとく》（知・仁・勇）および『涅槃経《ねはんきょう》』の三因仏性《さんいんぶっしょう》（法身・

般若・解脱）に配し、神器は神書の肝心にして王法の枢機であり、儒仏二経の道理であるといっている。

これ以後近世にかけて、神儒仏三教一致の思想は広い層に受容されていくことになる。この思想は仮名草子にもしばしば登場しており、石田梅岩《いしだばいがん》（一六八五～一七四四）や手島堵庵《てじまとあん》（一七一八～八六）等の心学《しんがく》でも盛んに行われた。そのほか儒家神道を中心とする排仏論への再反論として仏家でも神仏一致・神儒仏一致が盛んに論じられた。

キリシタンと神道

キリスト教が日本に入ってきた十六世紀は、仏教中心の宗教秩序が崩れ、吉田神道という非仏教神道流派が起こり、禅林より儒学が自立しつつあった時代だった。右に述べたように諸教一致的宗教思想観が広がり、それらを統合・包括する「天道」の観念が共有されるようになった。キリシタンがデウスを「天道」の名でよんだのも、天道が自分たちの神観念と最も近いと考えたからである（それ以前には「大日」をあてたが、すぐ放棄された）（井手一九九五、岸野一九九八）。キリスト教宣教師たちは、これら宗教・思想に勝利することを目指して、これらを研究し、批判を行った（日本語で書かれたその代表的著作がハビアンの『妙貞問答《みょうていもんどう》』〔一六〇五〕である）。

キリシタンの神道への評価は総じて低い。それは高度の思弁性や複雑な教理を持つ仏教や儒学に比べ、その多神教的観念、天体・動植物・自然物の何であれ神となりうる融通性、現世利益的性格、陰陽和合の原理をモチーフとする神話叙述（すなわち伊奘諾・伊奘冉《いざなみ》二尊の神話）などより、迷信的な土俗信仰に過ぎないと評価したからであった。そして、天神信仰や当時広まりつつあった人神信仰の観察から導かれたのであろうが、「カミ」を過去の国王や貴族などの人間に過ぎないとする（岡田章雄一九五五）。つまり、キリスト教の絶対神とは根本的に相違するものであるから、崇拝するに値しないということである（エウヘメリズムに基づくキリスト教の常套《じょうとう》的な異教批判）。

一方神道の担い手たちにとって、キリスト教の神観念は大きな衝撃であった。吉田兼右は、領国山口まで下向して神道伝授を行ったこともある大内義隆《おおうちよしたか》（一五〇七～五一）が陶晴賢《すえはるかた》の謀叛により自殺に追い込まれたことについて、彼がザビエル一行の山口での布教を許し、接見までしたことを結びつけて、「此の人、近年魔法専ら修行す。連々嘆息せしむる処、果たして此《かく》の如し」と嘆いている（『兼右卿記』天文二十年九月二十一日条）。

ところが、兼右自身も後には宣教師たちと交流を持ったらしい。それどころか、彼の周辺でキリシタンに入信する者が出た。甥の清原枝賢《えだかた》（一五二〇～九〇）である。枝賢は、祖父宣賢および父（業賢《なりかた》）より、清原家の家学たる儒学とともに吉田神道の教えを受けた。フロイス『日本史』によると、彼と思しき人物がヴェイラ神父よりキリスト教の教理について詳しく説明を受けて洗礼を受けるに至ったことを記す。さらにその娘（伊与局《いよのつぼね》、オイトノ方）も入信しており洗礼名をマリアといった。マリアは元は宮廷に仕えた官女だったが、後に親戚筋にあたる細川忠興《ただおき》（祖母が宣賢の娘）の妻（明智光秀《あけちみつひで》の娘）に近侍し、彼女を信仰に導くことになる。これが有名な細川ガラシャ（明智玉《たま》、一五六三～一六〇〇）である（海老沢一九七六）。また、兼右の子梵舜についても、彼が最初「勗庵《じょあん》」と号していたことに関して、これがジョアンという洗礼名を意味するのではないかとの説もある（西田一九七四）。それはともかくも、吉田家は複数の『妙貞問答』の写本を所持しており（吉田文庫に現蔵）、キリシタンに強い関心を持ち続けていたことは確かだったようだ。

このように、吉田神道の流れを汲む者がキリスト教に接近したことについて、小山悳子は、吉田神道の大元尊神（国常立尊）観念が持つ「創造神的性格」と、キリスト教のデウスとの類似性が彼らを引きつけたのだと指摘している。その根拠として、デウスの訳語として「天道」が採用される一方、前述のごとく吉田神道でも大元尊神を「天道」とよんでいたことを挙げている（小山一九八〇）。

キリスト教が十六世紀の日本社会に受け入れられ、他の時代では考えられないほどの信徒を生み出した背景には、キリスト教の唯一神信仰に近似する天道思想や吉田神道の大元尊神観が、従来までのさまざまな仏・神が蝟集《いしゅう》する多神教的信仰世界を変容させていたことが影響していよう。キリシタンは秀吉の禁教令以降は弾圧されていくが、キリスト教的神観念の残響は、『心学五倫書』のような、近世の天道思想・神儒仏一致を説く著作にも及んでいたともいわれる（石毛一九七五）。

3　近世神道の諸相

儒家神道の展開

さて、近世に入ると、吉田神道がその権威を確立すると同時に、新たな潮流が生まれつつあった。それは儒学による神道解釈の動きである。これを儒家神道という。

その先駆者が林羅山（一五八三～一六五七）である。羅山は最初建仁寺《けんにんじ》に入ったが、すぐに還俗して、藤原惺窩《せいか》（一五六一～一六一九）の弟子となり儒者として立った。後に幕府に仕え、博学多識をもって知られたが、神道についても吉田神道を学んだことがあり、その知識に基づいて、『神道伝授鈔』『本朝神社考』等を著した。しかし、彼はこれらの著作のなかで、吉田神道はじめ従来の神道説を「卜祝随役《ぼくしゅくずいやく》神道」に過ぎずと批判し、理当心地《りとうしんち》神道なる独自の神道説を唱えている。

彼の神道はその名称からも明らかなように、朱子学の理気説に基づいて神は理であり心霊なりと説いているが、全体として体系化への意志は希薄である。実際、理当心地神道は以後の林《りん》家《け》には相承されておらず、理気説に基づいて神道解釈を試みたまでである可能性が高い(3)。

また羅山は、神道と王道は同意であると説く。彼のいう王道とは、天皇による王統の連続性を指す。王道＝神道と儒学との関係だが、彼は『神道伝授鈔』などで三種神器を持ち出し、これを儒学でいう知仁勇に配することで結びつけようとする。ただこの説は北畠親房や一条兼良などがすでに言っていることである（『東家秘伝《とうかひでん》』『日本書紀纂疏』）。かくのごとく彼の神道説は、総じて前代の所説から仏教の色を取り去っただけのものが多い。むしろ神道史上における彼の重要性は、中世の神祇をめぐる言説を、批判的視点ながら明快分明に整理・解説をしたことで、これが近世の神道理解の出発点となったことにある。

またこの時期、吉田神道の道統を受けた吉川惟足《これたり》（一六一六〜九四）が出て、吉田神道説の上に宋学の知識を加味した論を展開した。ただ、その主張は必ずしも独自性に富むものとはいえない。その神道説を吉川神道とよぶ。惟足は保科正之《ほしなまさゆき》以下の武家方の庇護《ひご》を受け、後年江戸幕府の神道方《しんとうかた》に就任した。神社行政の一翼を担ったこともあり、彼の神道の主張は幕藩体制のイデオロギーに沿った「治道」として神道を強調することに重点があった。宋学の援用もそのあたりに発しているが、全体として吉田神道と宋学を有機的に結びつけることに成功しているとは言いがたい。

むしろ注目されるべきは山崎闇斎《やまざきあんさい》（一六一八〜八二）であろう。真の意味での朱子学の日本への移植者であったと同時に、吉川惟足を介して吉田神道（ないし吉川神道）を、河辺精長《かわべきよなが》（一六〇一〜八八）より『中臣祓』の伝授をそれぞれ受け、これらを基礎として独自の神道説（垂加神道）を唱えた。彼の神道関係の主著としては、『中臣祓風水草』『日本書紀風葉集』がある。闇斎もまた、朱子学における「理」の概念を神道の「神」と結びつける。その際、天の理と人の理の合一（天人合一）を神・心合一論に対応させ、これを「天人唯一之道」とよぶ。また彼の朱子学理解の中心的概念であった「敬」は「つつしみ」と同一視され、その実践行為が「正直」であるとする。それを説く秘伝として作られたのが「土金伝《どこんでん》」である。さらに神道を君臣関係を中心に置いて定義する等、朱子学の倫理体系と神道とを全面的に対応させようとした。

ただ彼は、神儒を真理を表現する二つの位相として捉え、両者の習合的理解を否定し、自らの立場を神儒兼学と位置づけた。その結果、闇斎門下は崎門《きもん》派（儒学）と垂加派（神道）に分かれることとなり、両者はしばしば対立することになる。このような闇斎の厳格な態度にもかかわらず、彼がその神道説形成にあたり素材としたのは、習合的要素の大きい伊勢・両部の神道書であった。これらは後の神道家および国学者によって批判・否定されることとなったため、その神道説も非難に晒されることになった。しかし、彼が行った神道の倫理主義的理解は以後も継承・拡大されていき、神道を宗教としてより倫理道徳の規範として理解する方向性は、闇斎により準備されたといってよい。

吉田（吉川）神道と並んで垂加神道に多大な影響を与えたのは、伊勢神道であった。ただし、これは中世のそれと必ずしも連続するものではなく、近世に入り出口《でぐち》（度会《わたらい》）延佳《のぶよし》（一六一五

〜九〇）・延経《のぶつね》（一六五七〜一七一四）父子を中心に新たに作り出されたものである。中世の伊勢神道は南北朝期を境にして、目立った活動を見せなくなるが、特に応仁・文明年間（一四六七〜八七）に激化した内外両宮の抗争の過程で、重代の伝書等も焼失してしまったらしい。その再興に尽力したのが延佳で、著作としては『陽復記《ようふくき》』『神宮秘伝問答《じんぐうひでんもんどう》』等がある。彼は、林羅山とも交渉があり、諸家に伝来する伊勢・両部神道書を収集して、伊勢神道の再生を図った。ただその学問姿勢は、単なる過去の復興ではなく、仏教色を廃して、易道・神道同一を唱える等儒家神道的色彩の濃いものであった。

以上の朱子学系統の神道に対し、陽明学《ようめいがく》の中江藤樹《なかえとうじゅ》（一六〇八〜四八）・熊沢蕃山《くまざわばんざん》（一六一九〜九一）や古学《こがく》派の先駆者であった山鹿素行《やまがそこう》（一六二二〜八五）等も各々神道に関する自説を述べている。このうち藤樹は道家・道教思想における「道」をもって神道を説明しようとし、蕃山は時処位《じしょい》論・水土論に基づいて神儒同一論を展開した。また素行はその著『中朝事実《ちゅうちょうじじつ》』の中で、聖教（儒教）渡来以前から日本にも聖教（神道）が存在し、天皇の血統が断絶せずに続いていることが、大陸より日本が徳化が行き渡っている証拠だとし、したがって日本こそが「中朝」なのだとする日本＝中国説を唱えた。彼らは流派を立てることはなかったが、後世の国学思想等に大きな影響を与えた。[4]

諸家神道と『先代旧事本紀大成経』

闇斎の垂加神道はその弟子たちによって継承され、公家・武家・神職等に浸透していくが、後継者によっていくつかの流れに分けることができる。闇斎の正式な道統の継承者と認知された正親町公通《おおぎまちきんみち》（一六五三〜一七三三）の正親町神道、玉木正英《たまきまさひで》（一六七〇〜一七三六）の橘家《きっけ》神道、若林強斎《わかばやしきょうさい》（一六七九〜一七三二）の望楠軒《ぼうなんけん》神道等である。

これらは大まかにいって二つの傾向に分けられる。そのひとつが浅見絅斎《あさみけいさい》（一六五二〜一七一一）や強斎に代表されるような、垂加神道の思弁的側面を強調するものであり、もうひとつは公通や出雲路信直《いずもじのぶなお》（一六五〇〜一七〇三）・梨木祐之《なしのきすけゆき》（一六五九〜一七二三）・跡部良顕《あとべよしあきら》（一六五八〜一七二九）に代表されるような、垂加神道が吉田・吉川神道より受け継いだ秘説伝授の面を強調するものである。

このうちの後者に属する者で、とりわけ特異なのが玉木正英である。彼は本来橘諸兄《たちばなのもろえ》以来橘氏に相承されたという橘家神道なる神道の継承者と称し、正親町公通に学んで垂加神道の伝授を受け、両者を統合した教説を唱えた。彼の唱えた橘家神道であるが、その特徴は蟇目《ひきめ》・鳴《めい》弦《げん》法の秘伝を持つなど兵法的色彩が強いことで、垂加流とは別の中世以来の兵法流派の系譜も引いていると考えられる。

この神道が橘氏の家伝であるとする点はもとより信じがたいが、吉田神道が吉田卜部氏に代々相承されたとし、また羅山の理当心地神道が彼自身により大江氏の家伝であるとされるなど、自家の神道説の系譜を特定の家筋に託すのは、同時期に登場した神道諸派に多く見られる傾向である。このような動きに影響されて、陰陽道の土御門家《つちみかどけ》や白川神祇伯家《しらかわじんぎはっけ》でも独自の神道説を唱えるようになる。特に白川家の伯家神道は、神祇伯家としての権威を背景に急速に成長し、近世後期には神社支配権をめぐって吉田家と対抗しうるまでになった。(5)

これらのほか、近世初頭から中期にかけて、吉田神道や垂加神道の直接的・間接的影響を受けた神道説がいくつか現れるが、そのなかでも特異な存在として、忌部《いんべ》神道がある。これは古代において宮中祭祀を司った忌部氏相伝の神道とされ、中世にその一族である忌部正通《まさみち》が『神代巻口訣《じんだいかんくけつ》』を著したとされるが、この人物の履歴は一切不明で、同書は後世の偽作である可能性が高い。しかしながら中世末期には忌部氏相承と称する神道説が存在したことは確かなようで、奈良時代の人物忌部色布知《しこふち》に仮託した『八箇祝詞《はっかのりと》』が作られている。(6) 近世に入ると山崎闇斎が『神代巻口訣』を重んじ、また広田坦斎《ひろたたんさい》が出て急速に広まった。

またこの忌部神道と関係が深いと考えられる動きとして聖徳太子撰『先代旧事本紀大成経《たいせいきょう》』の偽作がある。これは『先代旧事本紀』を基にして黄檗《おうばく》宗の僧潮音道海《ちょうおんどうかい》（一六二八〜九五）と伊雑宮《いぞうのみや》神官長野采女《ながのうねめ》が共謀して偽作したとされているが、極めて大部なもので、しかも七十二巻本（高野本）と三十一巻本（鷦鷯本《ささき》）などの伝本がある。いずれにせよ、とうてい二人のみの手に成ったものとは思われず、ある種の集団の存在が想定される。同書は伊勢神官の訴えにより出版停止処分を受け、版木も焼かれたりした。しかし、以後もその一部がしばしば版行され、依田貞鎮《よださだしず》（一六八一〜一七六四）などの祖述者も現れるなど信奉者が絶えず、近世を通じて異端的水脈を形成し続けた（河野一九五二、久保田一九七三）。それどころか近代以降現在に至るまでも、一部で愛好されている。

なお、同書のなかで特に人々の関心を引いたのが、聖徳太子の死後から元和《げんな》偃武《えんぶ》までの歴史を綴った「未然本紀」（太子の予言＝太子未来記の形式をとる）、十七条憲法ではなく八十五条憲法（通蒙《つうもう》・政家・儒士・神職・釈氏の五種の十七条憲法）を載せる「憲法本紀」で（このうち、通蒙憲法がいわゆる十七条憲法）、これらは単独で書写、出版されたりしている。

このように、近世初期においては儒家神道によって神道の哲学的理解が試みられ、併せてその倫理化が進められる一方で、忌部神道や橘家神道のようにその起源が不明瞭な神道諸派が登場した。これらの中世神道説との相違点は、明確な宗派意識が見られることである。この傾向は吉田神道より始まっているのであり、またその教説の内容から見ても、これら諸流派は皆吉田神道の子どもたちであった。また、儒家神道によって提示された排仏思想も多くの流派が共有しているもので、吉田神道も含めて仏教から自由ではなかった中世神道説と大きな対照をなしている。

ただ、これらも実はその教説の源泉となっている吉田・伊勢神道説を介して仏教と結びついているのであり、またこれも吉田神道の系譜を引く秘説伝授的側面は、国学を中心とした新しい潮流のなかで批判の対象にならざるを得なかった。その意味で、これら近世初期に現れた諸流派は中世と近世の混合物といった特徴を持ったものといえるだろう。

近世の仏家神道

仏教系神道に目を転ずると、近世初期には慈眼大師《じげんだいし》天海《てんかい》が山王一実《さんのういちじつ》神道を創唱した。彼は関東を中心に天台教学の振興に努め、織田信長により焼き討ちされた叡山復興にも尽力した人物であるが、徳川家康の知遇を受けて、政治の枢機にも参画した。

天海は家康の死後、彼に東照大権現号の勅許を得ることに成功し、いったん吉田神道方式で久能山に葬られた遺骸を、山王一実神道方式で日光山に改葬せしめた。このとき彼は、三種神器に類似した神器をもって供養を行っている（『山王一実神道塔中勧請鎮座最極深秘式』）。これは徳川将軍家をもうひとつの王権に仕立てようとする意図に基づくものであった。家康の墓所に東照宮が建立され、日光は徳川家の聖地となった（菅原一九九二）。

天海はさらにその由来を記した『東照大権現縁起』を述作して、家康の神格化に尽力した。同縁起から家康誕生のくだりを引けば、このような具合である（『続々群書類従』一、句読点私意）。

ことさらに当家の祖神に祝ひたふとび給ふ東照大権現の名高き世のほまれは、言説にも述べがたく、筆端にもつくしがたし。今この本縁を顕すも、巨海の一滴、九牛が一毛のみならし。そのかみ、彼《かの》慈父贈大納言広忠《ひろただ》卿、若君なきことを歎《なげ》き、北の方もろともに参州煙《さんしゅうえん》巌山鳳来寺《がんさんほうらいじ》の医王善逝《いおうぜんぜい》に参詣ありて、丹誠を擬し、諸有願求悉令満足《しょうがんぐしつりょうまんぞく》の誓約を深くたのみ

> 給ひき。ある夜北のかた、新たなる霊夢を蒙《こうむ》りたまふ。夫《それ》夢は六のしな四のわかちありといへども、瑞夢《ずいむ》掲焉《いちじるく》して御身も唯《ただ》ならずおはしませば、まさしき卜筮《ぼくぜい》の者にとはせ給へば、孕《はら》にいまするは、宿植徳本《しゅくじきとくほん》の男子、十有二月に平安に誕生あるべし。是《これ》十二神将擁護の故なりと考へけり。

薬師如来の垂迹たる東照大権現＝家康の伝記が、このような神話的筆致で綴られていくのである。

天海の山王一実神道とは、もとより山王神道の系譜を引くものであるが、その主眼は徳川家康の神格化にあり、東照大権現神学というべき性質を持つものである。ただし、彼自身は教理書の類を残してはおらず、どの程度流派形成への意志があったかは疑問である。

天海以後、乗因《じょういん》（一六八三～一七三九）・慈等《じとう》（?～一八一九）等が出て、その教説の整備がなされるが、なかでも特異な存在は乗因で、山王一実神道の伝授を受けてその教理書を編む一方、戸隠山《とがくしやま》に住して『老子』を重んじ、修験一実霊宗神道なる説を唱えて、異端として排斥された。その著作に『金剛幢《こんごうとう》』『転輪聖王章《てんりんじょうおうしょう》』がある。彼の教説は、忌部神道や『旧事大成経』の教説の影響を受けていると考えられ、『旧事大成経』を中心とする近世神道の異端の系譜に属するものである（小林一九四〇、久保田一九七三、菅原一九九六）。

また、両部神道については、近世以降も各寺院で相承されるが、全体としては新しい展開は見られない（三輪神道流の神道灌頂は長谷寺《はせでら》等で盛んに行われた）。ただ、吉田神道の影響を受けて、その教説が混入する傾向が見られる。(7)

このなかにあって、唯一新しい教説を唱えたのが慈雲尊者飲光《じうんそんじゃおんこう》（一七一八〜一八〇四）の雲伝神道《うんでんしんとう》（葛城神道ともいう。彼の住居が葛城山麓にあったことにちなむ）である。真言僧としての慈雲は『梵学津梁《ぼんがくしんりょう》』一千巻を著して悉曇学《しったんがく》を大成し、また戒律の復興を企図して正法律《しょうぼうりつ》を唱えるなど教学の振興に努めた学匠であり、神道説の提唱もその一環であった。彼は若い頃より両部神道の伝授を受けているが、集中的に神道について研鑽《けんさん》したのは晩年葛城山に隠棲《いんせい》した後のことで、『神儒偶談《しんじゅぐうだん》』『神道要語《ようご》』『天の御蔭《みかげ》』等の著作がある（和田一九二六、木南一九八八）。

慈雲の神道は、中世以来の両部神道の単なる継承ではなく、近世社会に適応すべく、その再構築を図ったものであった。彼は神密一如の立場から儒教批判を行ったが、実は儒教倫理の濃厚な影響を受けており、君臣の道をもって神道の要諦《ようてい》となすなど、旧来の両部神道とは異質な要素を持つ。また「赤心《せきしん》」を重んずるなど国学思想とも密接な関係が認められ、仏教を基本とした新たな諸教一致説といえるものであった。

排仏論の展開

中世と近世との間にある、思想・宗教史上の断層の最も大きなもののひとつは、仏教に対する評価であろう。近世になると、多くの仏教批判（排仏論）が行われ、それに対する仏教側の反論も含め、ひとつの思想史的ジャンルを形成する。このような事態は中世までは見られなかったものである。それを担ったのが、儒者や神道者といった、事実上中世には存在しなかった宗教者であるのだから、起こるべくして起こったといってしまえばそれまでであろう。

しかし、あえてここで問題にしたいのは、その批判の多くが仏教的なものに対する感覚的、生理的な反発に由来していることである。つまり、仏教が日本文化に定着していくなかで培い、中世においては当然のこととして受け取られていた仏教的感性の多くが、近世社会では理解されにくくなってしまっているのだ。たとえば、中世において広く了解されていた、煩悩即菩提のごとき聖なるものと俗なるもの（あるいは賤なるもの）をコインの表と裏のように一体と捉える感受性が（失われてしまったとはいわないまでも）ひどく鈍くなってしまったのである。

代わって台頭したのが日常性であり、世俗社会の倫理道徳こそを最も重要なものと考える感性である。日常性の重視は天道思想が持っていたものだったが、近世にはそれが定着し、一般化する。その結果として起こったのが、仏教がその根本に持っている出世間《しゅっせけん》的、脱俗的性格への批判である。そして、批判者の中心が、世俗社会の社会関係（父子・君臣・夫婦・兄弟・朋友）を第一義と考える儒者たちである。

皮肉なことに（あるいは当然だったかもしれぬが）、排仏論の先鞭《せんべん》をつけたのが、藤原惺窩《せいか》、林羅山、山崎闇斎などの還俗僧上がりの儒者だった（古田一九七一、福間一九七三、倉田一九七七）。羅山はたとえば『釈老《しゃくろう》』のなかで、道とは「人倫」を教えることのみであり、この「倫理」のほかに別の道はない。ところが彼（仏教や老荘思想）は、世間を出るといい、方外に遊ぶという。これは人倫を捨てて「虚無寂滅」を求めるものである。

といっている。「人倫」「倫理」、すなわち人として守るべき道に背馳《はいち》するものとして仏教が批判されているのである。実はこのような批判は、一面において中国の儒家の仏教批判を踏襲するものに過ぎない。しかし、これが日常的な倫理道徳を優先する天道思想に基づく当時の時代意識と共振するものだったことも事実である。(8)

さらに、前述したように羅山は、王道即神道といって神道の本質を王権に求めるが、これに関して『本朝神社考』の序文のなかで、

仏氏は隙《すき》に乗じて、彼の西天の法を移し、吾が東域の俗を変ず。王道既に衰え、神道漸《ようや》く廃る。（もと漢文）

という。これは王権の衰退の原因を仏法伝来と神仏習合に求めるものにほかならない。王法仏法相依をもって歩んできた日本仏教の根本理念の否定である。仏教界より同書に対する反論書

が多く著されたのも『弁正録』『神社考志評論』、羅山の批判の重大さが分かっていたからであろう。事実、仏教をもって反王権的存在と見なす言説は、以後の仏教批判の大きな流れになってくる。

このことをめぐって大きな変化を見せるのが、聖徳太子への評価である。南岳慧思・観音菩薩の化身とされた太子は、古代・中世を通じて、王権と仏教の親和性を象徴する存在であった。顕密仏教、鎌倉仏教に共有される日本仏教の祖であり、彼への批判的言辞は中世以前にはほぼなかったといってよい。儒者の聖徳太子批判は、やはり羅山より始まり、熊沢蕃山、荻生徂徠《おぎゅうそらい》などが行っている。さらに国学者でも平田篤胤《ひらたあつたね》が批判している。ただし、太子を全面的に否定することはできず、彼のもうひとつの面、すなわち古代国家の基礎を築いた偉大な政治家としての評価が強調されていくことになる（新川二〇〇七）。

さて、排仏論の論拠は、反倫理性、反王権性のほか、生死観が儒者たちの批判点となった。このような仏教批判は、単に言説にとどまることはなく、具体的な施策として現れてくる。寺請《てらうけ》制度を人民掌握の基礎に置いた幕府自体が反仏教政策を実行することはあり得なかったが、藩主が儒教の排仏論に共鳴した藩によっては、すでに十七世紀段階で、寺院整理、僧侶の還俗・帰農の強要などが行われた。徳川光圀《みつくに》（一六二八～一七〇〇）の水戸藩、池田光政《いけだみつまさ》（一六〇九～八二）の岡山藩、保科正之（一六一一～七二）の会津《あいづ》藩などである。これらが明治の廃仏毀釈《きしゃく》を準備するものであったことはいうまでもない（圭室一九七九）。

これらのうち水戸藩では、天保年間《てんぽう》（一八三〇～四四）にも藩主斉昭《なりあき》（一八〇〇～六〇）のもと、大々的な廃仏政策が実施されている。そのイデオローグだった会沢正志斎《あいざわせいしさい》（一七八二～一八六三）・藤田東湖《ふじたとうこ》（一八〇六～五五）等の水戸学者たちは、僧侶たちは堕落した生活を送っており、経済的にも社会を圧迫していると批判し、廃仏の意義を正当化した。このような僧侶堕落論は、近代以降においても、江戸時代の排仏論やその延長線上にある維新時の廃仏毀釈の歴史的背景を説明する際に長く用いられることになるのである。

ところで、羅山の先の文章では、仏教が外来宗教であり（「西天の法」）、日本の風土（「東域の俗」）に合わなかったことが強調されている。ただこのように批判した場合、儒学とて同様であるという根本的な矛盾を孕《はら》んでいる。事実、本居宣長《もとおりのりなが》の「からごころ」批判では、儒学もその対象になっていくのである。

この難問を克服するものとして彼らが注目したのが神話である。元来儒家というものは、神話を独立したものとは認めず、歴史記述の訛言《かげん》、寓言《ぐうげん》として理解する傾向がある。そのことは江戸儒学者も同様で、『日本書紀』等が記す国生み、天孫降臨の神話の背後に歴史的事実を見ようとした。そこで注目されたのが、三世紀の中国の史書『魏略《ぎりゃく》』が記す日本人が呉《ご》の太伯《たいはく》（周の文王の伯父、呉の祖）の子孫だとする説（『翰苑《かんえん》』倭国条所引）である。羅山や蕃山は、天孫降臨とは呉太伯（あるいはその子孫）が日向《ひゅうが》（あるいは筑紫）に漂着した史実に基づくのだと主張している。これによって日本と中国の同祖性を根拠づけ、神儒一致を歴史的に証明し、儒学の持つ外来的性格を払拭《ふっしょく》しようとしたわけである（荻原一九九八）。ただこの説は（当然ながら）神道学者や国学者たちの強い批判を浴びることになる（儒者だった新井《あらい》白石《はくせき》も、これについては否定的である）。

なお、呉太伯説は、すでに中世の禅僧の間で注目されていた（たとえば中巌円月《ちゅうがんえんげつ》。村尾一九四〇）。輸入宗教だった禅宗が同説に関心を抱いたのも近世儒者と同じ理由からである、というより、儒家のそれは禅僧の説に由来するというべきだろう[9]。

4　国学への道

学問としての神道

知識・情報の伝達をめぐって中世と近世とを截然と分けるのは、印刷文化の発達である。近世以前でも印刷事業は行われていたが、それがひとつの産業として定着するのは近世以降のことである。これまで写本の転写による細い流れのなかで受け継がれてきたさまざまなテキストを、同一の複製により広く流布させることが可能になったのである。

このことは学問のあり方に大きな変化をもたらした。ひとつには同一テキストが多量に流布することで、一対多の教授方法が容易になり、従来の師《し》資相承《しそうじょう》・一子相伝による知識の伝達方式の必然性が薄れ、また口伝・切紙伝授といった知識の秘密化・権威化が次第に無意味化したことである。さらに研究のあり方についても、基礎的文献の披見が容易になることにより、多くの人々による検証・精査が可能になり、その結果として中世的附会説が排斥されて、より実証的な研究が促進されたことである。

かかる変化は、学問・文芸全分野に及ぶものであったが、神道においても同様であった。しかしながら、これが一足飛びに実現されたのではない。

まず第一段階としては、旧来の神道説の整理・類聚《るいじゅう》が近世初期に行われたことである。その成果としては、林羅山『本朝神社考』、徳川義直《よしなお》（一六〇〇～五〇）『神祇宝典』、真野時縄《まのときつな》（一六四八～一七一七）『古今神学類編』等がある。これらは古代以来の神祇にまつわる知識の集積を分類整理して提示することで、従来一部に独占されていた神道的知識を一般に開放するという啓蒙的役割を担うと同時に、彼らが「正しい」と認める神道の方向性を示すものであった。

この「正しさ」の水準は、『日本書紀』をはじめとする「神典」および史書・故実書に依拠するかどうかにあったが、この水準に照らして特に中世に述作された典籍群が偽書として指弾されることになった。これが次の段階である。ここにおいて両部神道書はもちろんのこと、五部書以下の伊勢神道書・吉田神道書、果ては記紀と並んで「三部神書」としてその神聖性が自明視されていた『先代旧事本紀』までもが偽書として指弾されることになった（『古事記』についても偽書説が起こった）。

これら批判者の代表的存在に吉見《よしみ》幸和《ゆきかず》（一六七三〜一七六一）がいる（阿部秋生一九四四）。幸和が神道五部書批判として著した『五部書説弁《せつべん》』は、奈良時代の撰述とされる五部書の本文を逐語的に検討・考証してその典拠を洗いだし、これらが中世の偽書であることを明らかにした著作で、今日でもその学問的価値を失わない。さらに彼には、吉田神道を批判した『弁卜抄俗《べんぼくしょうぞく》解《かい》』もある。また幸和は、若い頃垂加神道・橘家神道の秘説伝授を受けているが、その伝授の内容および次第を詳細かつ客観的に書き留めており、秘伝的なものに対する冷めた視線が感じられる⑽。

ほかに同様の傾向を持つ者として、天野《あまの》信景《さだかげ》（一六六三〜一七三三）や谷川《たにかわ》士清《ことすが》（一七〇九〜七七六）がいるが、彼らの神道研究における実証主義的姿勢は、当時の伊《い》藤《とう》仁斎《じんさい》や荻生徂徠の古学派や国学における態度と共通するものであった。垂加神道の道統を受け継ぐ幸和や士清が見せたこのような傾向は、神道説の主流が垂加神道から国学へと移りつつあったことを示している。事実、垂加神道による神道研究は、これ以降国学と融合していくことになるのである。

なお、右の幸和や信景は尾張藩士であった。尾張藩は義直以来の神道研究の伝統を持ち、多数の神道学者を輩出した。なかでも幸和の門人であった河村秀根《かわむらひでね》（一七二三〜九二）が重要である。彼は、その一族とともに『書紀集解《しっかい》』を編述した。同書は幸和の学の伝統を受け継いで実証精神に富み、谷川士清の『日本書紀通証』と並んで、江戸期の『日本書紀』研究の到達点を示すものであった（阿部秋生一九四二）。

国学の成立

中世以前において、「学問」とは、本来漢学および仏典の研究を指すものであり、日本の文芸・歴史・故実等がその対象になるとは考えられておらず、ただ、それぞれの分野を担う「家」において、知識の維持と継承のために研究が行われていたに過ぎなかった。このような「家学」の伝統が著しい危機に瀕《ひん》したのは、応仁・文明の大乱であった。この戦乱により、各家累代の蔵書の多くが焼失し、また各家も断絶ないしは知識を維持する能力を失うに至った。

しかし、かかる事態は、日本の文物の学問研究の必要性への自覚を惹起《じゃっき》することになった。この時期、主導的役割を果たしたのが、一条兼良、飯尾宗祇、三条西実隆《さんじょうにしさねたか》、清原宣賢等であった。彼らは古典・有職《ゆうそく》・法制に関する注釈・講義を盛んに行い、近世以降の和学研究の先駆けとなった(吉田兼倶による『日本書紀』『中臣祓』講義もそのなかに含まれよう)。

また京都での戦乱の影響で、経済的基盤を失った文人公家や学僧が諸国大名の庇護を求めて地方に下向したが、そのことが地方における学問・文芸を普及させる結果となった(米原一九七六)。戦国期は従来いわれるような文化不毛の時代ではなく、むしろ学問が、家や階層や地域差を越えて普及していった時代であった。またその対象が上層知識人のみではなく、教養の浅い地方武士や都市市民層をも含み込むようになった結果、平易な「抄物《しょうもの》」形式が多く採用されれた。これは啓蒙的な意味を持つのみならず、ややもすれば無意味な神秘化へ流れていきがちな中世の学問伝統からの離陸をも促したのである。

近世における戦乱の終息と平和の時代の到来は、学問研究の発展のために絶好の環境を用意した。前述したように、印刷文化の発達は書物へのアクセスを容易にして、学問への諸人の参加を可能にした。また幕府も統治者的要請から学問の奨励に努めた。幕府が主に奨励したのは、統治者の学としての儒学（特に朱子学）だったが、和学においても中世以来の古典研究の伝統を曳《ひ》きつつ、新たな展開を見せ始める。江戸前期においては加藤盤斎《かとうばんさい》（一六二一～七四）や北村季吟《きたむらきぎん》（一六二四～一七〇五）が出て古典類の注釈を行った。これらは啓蒙的色彩が濃く、その多くが版行されて古典の普及に寄与したが、中世的研究の残滓《ざんし》を多分に曳くものであった。

真の意味で近世の古典研究の創始者と認むべきは契沖《けいちゅう》（一六四〇～一七〇一）である。彼は『万葉代匠記《まんようだいしょうき》』その他を著したが、その学問姿勢は仏教や陰陽五行説などに引きつけられがちな研究姿勢を排して、文献に基づく客観的方法を採用し、以後の和学における実証主義的文献学的方法の土台を築いた。

なお、契沖を庇護したのが徳川光圀である。彼の『大日本史』編纂事業は後に水戸学とよばれる学問の流れを形成するが、その思想は垂加神道の影響を強く受けた日本主義的色彩を多く持つもので、水戸は以後の尊王思想の拠点となっていく。

また、契沖に遅れて活躍を始めるのが、荷田春満《かだのあずままろ》（一六六九～一七三六）である。彼は京都伏見稲荷社の社家の家に生まれたが、ほぼ独学によって古典を修め、記紀、『万葉集』、律令格式の注釈書を著した。彼の古典注釈はいまだ前代の遺風を脱しているとは言いがたく、また記紀注釈においても垂加派の影響を受けたもので、真の意味で国学の創始者は賀茂真淵《かものまぶち》の登場を待たなくてはならない。

にもかかわらず、春満は後世になると国学四大人の一人として大いに顕彰される。これは幕府に対して『創学校啓《そうがっこうけい》』なる意見書を提出し、「国学」の学校創設を請願したとされるからで、このことをもって、彼は国学の始祖と評価される。しかしながら、現在では『創学校啓』の文章は春満の門弟等による偽作であるとの説が有力である。ただ、その内容に春満の思想の反映を認めることはできるかと思われる。

このなかで特に注目すべきは、中国の学を尊崇し、「皇国の学」を軽視する儒者への批判を展開している点で、日本の「学」が中国の儒学に拮抗ないし凌駕する存在であることが主張されている。これは国学の中心的主題として、後の真淵や宣長に継承発展させられていくことになる。同書が国学のマニフェストとして高く評価されたのは、この点に由来するのであろう。しかし、国学の方法論的基礎は契沖によって方向づけられたのであり、春満はその点においてはむしろ過去の神道説から自由ではない。春満を国学成立の先駆者として位置づけたのは平田派であり、平田派の構想する国学の方向性によって作られた先駆者であった（契沖が僧侶だったことも外された原因のひとつだろう）。

国学は賀茂真淵（一六九七～一七六九）および本居宣長（一七三〇～一八〇一）によって大成

された。まず真淵は荷田春満に学び、田安宗武《たやすむねたけ》に仕え、江戸を中心に著述活動および門人の育成に努め、その著作として『万葉考』『国意考』『歌意考』等がある。一方宣長は伊勢松坂に生まれ、医術や儒学を学んだ後、次第に契沖等の古典研究に傾倒し、三十四歳のとき真淵の知遇を得、三十五年の歳月をかけて大著『古事記伝』を完成させた。

真淵の思想は宣長の著『玉かつま』によると（『日本思想大系』）、

> 神の御典《みふみ》をとかむと思ふ心ざしあるを、そはまづからごゝろを清くはなれて、古《いにしえ》のまことの意をたづねえずはあるべからず。然《しか》るにそのいにしへこゝろをえむことは、古言を得たるうへならではあたはず。（二の巻「あがたゐのうしの御さとし言」）

とあり、古典特に記紀等の神典を読むには、まず「古言」を学んで古意を知った上でなされねばならないとする。

真淵はこの古言に何の作為もない日本本来に備わっている「天地のこころ」を見いだすのであるが、宣長はそれを発展させて「古への道」＝「皇国の道」として道義化する。そして従来の神道説で説かれた神典理解は、古意を知ることなく「からごころ」によって解釈されたものとして否定されることになる。

古言に即して古意を知るために、契沖以来の文献実証主義の方法論はより精緻な研究方法として鍛え上げられるが、それは「古への道」へ至るための信仰のエネルギーの所産にほかならない。文献実証主義的方法論は単なる学問的探求のための手段ではなく、信仰に基づく実践行為なのである。

しかし、それによって見いだされる古道の内実を、宣長は「もののあはれ」という主情的共感のなかに求める。丸山真男はこれを「文学の政治化」とよび、それは裏返せば「政治の文学化」であり、さらには「政治の非政治化」にほかならぬとする（丸山一九五二）。この定式化は国学がなぜ幕藩体制から明治国家への変革においてその思想的源泉となりながら、実践的側面において無力であったかを説明するのに有効であると考えられる。

宣長の持つイデオロギー的部分は、平田篤胤らの復古神道に継承されていくが、一方の文献実証主義的方法論は、その学統に属する伴信友《ばんのぶとも》（一七七三～一八四六）、上田百樹《うえだももき》（?～一八二九）、橋本稲彦《はしもといなひこ》（一七八一～一八〇九）等に受け継がれた。彼らは宣長の方法論や清朝考証学の影響を受けて、厳密な諸本校合の上に立つ文献研究の方法論的基礎を確立し、これは日本近代の歴史・文学研究に多大な影響を与えた。

国学の宗教化

宣長において「もののあはれ」という主情的共感のなかに内面化された神道（古道）を再び外在的に取り上げたのが、平田篤胤（一七七六～一八四三）であった。[11] 彼は宣長の生前には直接教えを受けることはなかったが、その正統的後継者をもって任じ、以後平田派は国学の主流となっていく。本来和学より発生して、真淵・宣長により思想的内実を具備するに至った国学であったが、篤胤によって宗教的性格を付与されたということができよう。

宣長の内面化された神道とは、現実的契機を持たない純粋なる主情的美意識であって、そこにおいては、現実の一切を所与のものとして受け入れることが要求され、論理的・合理的思考を持ち込むことは「さかしら」として否定される。これは状況の変革への志向を阻むものであり、政治的服従の論理となってしまっている。彼の日本中心主義的排外主義は観念的なものであったがゆえ、極めて過激で危険な傾向を孕むものだが、あくまで内面のドラマに終始し、彼自身それが現実の幕藩体制を否定し、状況を変革していく契機を持つものであるとは考えてはいなかった。

宣長の正系を自称した篤胤もまた政治的には秩序維持論者であったが、宣長が「古道」に日本の本来あるべき姿をのみ見て、今ある現実との関係を説くことはしなかったのに対し、篤胤は「古道」に現実の規範を見ようとした。これは、篤胤の本来の関心が古人の心ではなく現実の人情と状況にあったことを示している。その際、古道＝神道は、宣長が文献主義的方法を駆使して厳密に定義したような「古言」にのみ存するのではなく、より広い事象全般に遍在するものとなってしまう。篤胤が、洋学に強い関心を示し、キリスト教も含めた諸思想を積極的に取り込み、その思想がむしろ彼が批判した「俗神道」に近いものになってしまっているのは、そのためにほかならない（平野一九八一）。

宣長は、天照大神の信任を受けた天皇およびその名代である将軍が統治する日本の現秩序そのものが神の恵みに適い、そこで「真心」のまま人情に従って生きることが古道＝神道の実践であるという絶対的な現状肯定論を展開する。ただ、如何《いか》に正しく生きようとも不平等・幸不幸は現実に存在する。篤胤はこの矛盾を幽冥《ゆうめい》論によって解消しようとした。人間は死後全て大国主尊の支配する幽冥界において正邪を判定されるとするもので、これにより万民は現世において神の道を正しく実践することが求められるという。宣長においては黄泉《よみ》とは善人も悪人も隔てなく向かう所に過ぎず、むしろこのような仏教的地獄観に近似するような説は排するのであるが、篤胤はその教説の中心的主題として重要視した。彼が幽冥界の実在性を証明すべく熱心に調査研究を行ったことは、『仙境異聞《せんきょういぶん》』『勝五郎再生記聞《かつごろうさいせいきぶん》』等の著作の存在に示されている。

篤胤の教説は、宣長学から多くを継承しながら、その主眼が現実世界の解明にあり、より宗教的性格を帯びたものになっている。両者の相違は、もちろん資質的な面が大きかったにせよ、むしろ宣長があくまで学者的世界の住人であり続けたのに対し、篤胤が布教者的性格を持っていたことによるのであろう。これは従来からある神道講釈というものに近い（河野一九五八）。

神道講釈の起源は、吉田兼倶が『日本書紀』『中臣祓』の講義を行った中世後期にまで遡りうるが、近世以降、主として吉田家が中心となり、民衆への神道教化のために行われ、その代表的存在として、橘三喜《たちばなみつよし》（一六三五～一七〇三）、増穂残口《ますほざんこう》（一六五五～一七四二）、玉田永教《たまだながのり》（一七五六～一八三六）がいる。これは、師が弟子をのみ対象に行う講義とは相違し、むしろ仏教諸宗の行う談義説法や心学者の道話と類似するものである。篤胤の講説が神道講釈の流れを汲むものであったことは、『古道大意』や『俗神道大意』といった講義録が持つ平易な語り口や、これらの講義録がそのまま版行されていることにも現れている。その意味で彼は垂加神道の門流や真淵・宣長等とは異質なところにおり、むしろ教派神道的なものに近づいている。篤胤の教説が大きな影響力を持ち得た背景には、彼の言説が従来の国学の範疇を越えたより広範な享受層を対象にしたものであったことによると考えられる。

篤胤は弟子五百五十三人、死後の弟子一千三百三十人といわれ、その影響力は極めて大きく、幕末の国学者は平田派により席巻《せっけん》された。そのなかでも特に矢野玄道《やのはるみち》（一八二三～八七）、岡熊臣《おかくまおみ》（一七八三～一八五一）、大国隆正《おおくにたかまさ》（一七九二～一八七一）、六人部是香《むとべよしか》（一八〇六～六三）等が著名である。彼らを中心とする国学系神道の動きを総称して復古神道という。これら復古神道家たちが明治維新の神仏分離・廃仏毀釈に大きな役割を果したことは、本書の冒頭に述べた通りである（特に隆正の系統である津和野派）。

なお、復古神道家たちの担った篤胤の思想のうち、その国粋主義的部分は、明治以後も国体主義のイデオロギーとして継承されていくが、もうひとつの大きな要素である幽冥観を中心とする宗教的部分は排除されていった。ただ、その思想は教派神道や日本的神秘思想のなかに脈々と受け継がれていくこととなる。

終章　「神道」の成立

「神道」成立期としての中世

以上五章にわたって、古代から近世に至る「神道」の形成過程を辿ってきた。まず第一章で古代における神仏習合信仰の形成について、次いで第二章では中世神道説の淵源と展開および中世仏教と神祇信仰との関係を述べた。第三章は、神仏習合や仏教の土着化に伴う神観念・神祇秩序の変化の過程で登場した新しい神々を扱った。その中心となったのは、神として祀られる人たちで、これが後天的に形成された「新しい」信仰であることを述べた。第四章は、国土観の変遷と神祇信仰の関係、そして古代神話が中世においてどのように変容したかをみた。最後に第五章では、中世神道から近世神道への推移と国学の形成までを通観した。

このように、本書は古代から近世までの神（カミ）信仰・言説を扱ったが、特に詳しく検討したのが、中世の持つ意義である。すなわち、古代においては、人間の外部にあって〈祀る―祀られる〉という関係で人と対峙《たいじ》していた神々を、中世では、〈内なる神〉として自分たちの心の内部に見いだし、その道徳的主宰者と見なすようになる。それは、中世という時代こそ、神仏習合が最も深化し、その他の諸思想をも融合しつつ、神の教理化が進行したからであった。中世において神祇信仰は、本地垂迹《ほんじすいじゃく》説の影響を受けて、仏教における利益衆生の思想（救済論）を取り込んだ宗教に変貌を遂げたのである。

「神道」なる語が、現在のような意味で使われ始めたのは、まさにこのような変化の所産であった。このことをめぐって近年、興味深い指摘をしたのがマーク・テーウェン（Mark TEEUWEN）である。テーウェンは、「神道」の意味上の変化を根拠づけるものとして、発音が〔ジンドウ〕から〔シントウ〕へ清音化したことを挙げている（テーウェン 二〇〇八）。

テーウェンが根拠としたのが、良遍《りょうへん》が応永二十六年（一四一九）に高野山で行った『日本書紀』講義の聞書『日本書紀第一聞書』である（本書第二章第2節、第四章第2節参照）。同書によれば、良遍は「神道」という語について、

> 「神道（ジンドウ）」と読まず、「神道（シントウ）」と清《す》んで読むのは、「直（スク）」であるという意味である。「直」であるとは、ありのままという意である。

といい、それゆえに伊勢神宮では、社殿の茅《かや》の端を切らず、垂木《たるき》を削らず、舟車《しゅうしゃ》に装飾せず、衣服には文がないのである等と説明している（『神道名字事《しんとうみょうじのこと》』）。

テーウェンは、「ジンドウ」から「シントウ」への変化をもって、「神道」が神をめぐる言説

の教理的真髄を象徴する語になったことを示すと主張する。『日本書紀第一聞書』成立時期頃に「神道」の訓《よ》みが変化したのかどうかは不明であり、また、この当時に「神道」の語が神をめぐる新しい概念の表示になっていたのかどうかは、さらなる検討の余地があると思う。むしろ、テーウェンの指摘で私も強く同意するのは、『日本書紀第一聞書』が成った時期（一四〇〇年前後）を神道流派の登場と関連づけている点である。

本書第二章でもすでに述べたように、御流《ごりゅう》神道や三輪流《みわりゅう》神道といったものがその姿を現し始めるのは、南北朝期頃からと思われるが、『日本書紀第一聞書』には「仏法の儀式を借り、神道の多流と号し」「三宝院御流《さんぼういんごりゅう》とも云ふ。或《ある》ひは神道と号し」といった記述が見え、「神道」の語が、神祇をめぐる言説・儀礼を担う集団・系譜を指す呼称となっていたことがはっきりと読み取れるのである。

仏教から独立した宗教として「神道」が見えるようになるのは、まさにこの頃であろう。ただ正確には、十五世紀前半段階では、あくまで仏教内における神祇の専家にとどまっていた。それがはっきりと仏教から独立した存在となるのは、やはり吉田《よしだ》兼倶《かねとも》による吉田神道の登場である（井上寛司二〇〇六）。吉田神道は、その教理・儀礼がどんなに密教の大きな影響下にあったにせよ、系譜的に天神太祖《てんじんたいそ》―天照大神《あまてらすおおみかみ》―天児屋根命《あめのこやねのみこと》以来の中臣《なかとみ》＝卜部《うらべ》氏による相承と位置づけられていた。十六世紀に来日したキリスト教の宣教師は、仏教・儒教と並んで、神道を批判対象としているが、その内容が両部《りょうぶ》神道や山王《さんのう》神道ではなく、もっぱら吉田神道を中心としたものだったのは、吉田神道のみが仏教から独立していたからであろう（井手一九七八）。

〈固有〉なるものへの志向

仏教から自立した神道は、近世以降、儒教と一部習合することはあったにせよ、基本的に〈固有〉宗教として自己形成していく。その際に、自らの母胎である吉田神道をはじめとする中世神道説に対して、それが含み持つ仏教的影響を厳しく指弾し、このことを通して自らが中世神道より受け継いでいた仏教的要素の発見と自覚、削除に努めた。吉田神道の影響の濃い吉川神道・垂加神道や、神道五部書を聖典とする後期伊勢神道から国学への推移は、そのプロセスであったのだ。そして、このようにして仏教的要素を取り払ったところに〈固有〉なる神道が見いだせると信じたのである。

しかし、彼らが信じた〈固有〉なるものの多くもまた、実は中世神道説の世界から起こってきたものだった。たとえば、日本人の道徳的源泉とするような神道理解（序章で取り上げた津田左右吉の定義の⑤に相当）は、近世以降特に強調されるが（たとえば垂加神道の「敬」＝つつしみ、国学の「まごころ」等）、両部神道における〈内なる神〉の発見や吉田神道の心＝神観といった、仏教との濃厚な関係のなかで展開した中世神道説の思惟を前提にしなければ、実は成り立ち得ないのである。

古代の神祇信仰は、基本的には多神教的自然崇拝に過ぎず、人間の内面と関わる契機を持たない。神道とは、この信仰の基礎の上に、神仏習合思想・中世神道説によって生み出された神に対する思惟が成り、劣等感と優越感が交錯する対外意識が加わり、近世以降、さらに天皇教として再編されることを経て形成されたものであった。〈固有〉性への志向も、中世においては反本地垂迹説（神本仏迹《しんぽんぶっしゃく》説）のように、神仏関係を神中心に編成しなおす形で発現したものが、近世においては、骨がらみの仏教の影響ゆえに、かえって極端な仏教排除の言説として現れたのだといえよう。

ただし、排仏的言説や施策が一部で行われたにせよ、一般的信仰のレベルにおいては、神道と仏教との密接な関係は近世の終わりまで続いていたのであって、序章で述べたように、最終的には神仏分離・廃仏毀釈といった暴力的措置によって引き裂くことで、民族宗教としての〈固有〉なる神道が達成されたのである。

近代以降の神道の動向については、本書の範囲を越えるので詳しくは述べない。ただ、本書との関わりで一言だけ言っておきたい。現代の神道の信仰の姿が、一見素朴に見えたとしても、それは古代のプリミティブな自然崇拝の残存ではない。それは、中世・近世・近代における神道の形成・展開過程において、再解釈・再布置された結果として装われた素朴さであり「古代」なのである。なぜなら、仮構された〈固有〉性への志向こそが、神道の基本的性格なのだから。

補論　神道と天皇

はじめに

旧版の読者はお気づきのことと思うが、本書は天皇についての記述が少ない。処々で言及されてはいるものの、天皇と神道との関わりをまとめて述べたところがなかった。そこで今回の増補改訂に当たっては、補論として「神道と天皇」を立て、中世から近世前期に焦点を当てつつ、両者の関係について述べることとした。

神道の成立をめぐる議論と天皇

今日の神道への一般的理解として、神道は天皇制と不可分な関係にあると見なされている。もちろん、戦後の象徴天皇制の下では、天皇は宗教としての神道と切り離されている。しかし、宮中では神事が天皇の「私的行為」として執行されているし、神社本庁の総裁や伊勢神宮の祭主なども、皇族出身の女性が務めている。天皇と神道は戦後においても決して切り離れてはいないのである。

ただ、天皇と神道との関係がこのように密接不離なものとなったのは近代に入ってのことである。本書の冒頭でも述べたように、「神武創業之始」に回帰すると宣言した明治新政府は、神仏分離を断行しただけでなく、伝統的な儀礼をも大きく改変した。中でも著しく変貌したのが宮中儀礼である。仏事が排除されただけでなく、神事のあり方も全く変わった。その中心が宮中三殿である。皇霊殿《こうれいでん》・賢所《かしこどころ》・神殿の三殿は、古来より存在したかのように見えるが、前近代から引き継がれているのは、天照大神の霊代《たましろ》とされる神鏡（八咫鏡《やたのかがみ》）を祀る賢所だけで、皇霊殿と神殿は新しく創造されたものだ。皇霊殿は神武天皇以来、代々の天皇の霊を祀るが、近代以前において宮中にあったのは天智天皇と、その子孫である光仁天皇以降の霊牌《れいはい》である。また、神殿には全国の天神地祇を祀っているが、前近代には宮中八神以外の神など祀られてはいなかった。これらを祀っていたのは吉田神道の大元宮斎場所《だいげんぐうさいじょうしょ》であって、おそらく発想としてはその模倣である。

近代神道が天皇を頂点として作り上げられているとしても、それが近世から準備され近代において実体化したのかというと、神道を論ずる多くの論者はそのようには考えていない。むしろ、幾多の改変にもかかわらず、神道と天皇の関係は古代以来つづいていたとしているのである。この問題は、本書の序章で述べた神道の成立時期のついての議論と結びつく。ここでその対立点を、あらためて整理しておこう。

これをめぐっては、大きく古代成立説と中世成立説に分けることができる。双方の説には、単に時期の相違ということを超えて、神道とは何かという問いに対する根本認識の違いがある。古代成立説は、神道とは本質的には祭祀・儀礼の体系であって、教理やイデオロギーなどは付加的要素だと考える（「神道には教えがない」という通俗的な物言いもこのような神道観に由来する）。今日の神社祭祀の形式は、律令祭祀を起源とするから、その形成を以て「神道」のはじまりとする。律令祭祀の中心には大嘗祭などの天皇自身が執行する天皇祭祀が置かれているのだから、天皇は神道のはじまりから直接に結びついていることになる（岡田莊司二〇二二）。かかる認識に基づいて近代神道は構築されている。神道が宗教ではなく国家の宗祀であるとする主張も、ここから来ている。このような理解は、国家との結びつきを断たれた戦後においても、神道を「習俗」の範疇に入れ、素朴な自然宗教の延長線上に置こうとする傾向として引き継がれている。

一方の中世成立説では、「神道」をそれまでの神信仰が一定の教説と組織を持つようになった存在として捉える。具体的な成立時期や形成の過程については、中世説に立つ論者の中でも相違があるので、ここでは筆者の見解を示す。まず鎌倉時代に伊勢神宮周辺において両部・伊勢神道書などの教理書が現れ、次第に各地に分散していく。そして南北朝時代以降になると、それらを担う神道流派（御流神道、三輪流神道、山王神道）が出現する。ただ、これらの流派は基本的に仏教教団に属するものであり、神道独自の存在ではなかった。これを変えたのが吉田神道であり、ここにおいて神道は仏教とは別の「宗教」として独立するのである。

では、神道中世成立説に立った場合、天皇との関係はどのようになるであろうか？　たとえば井上寛司は、「中世日本紀」とよばれる中世に新しく創出された神話叙述を、天皇王権の神聖性を再構築するために作り出されたものと捉え、天皇の権威と中世神道との密接な結びつきを強調する（井上寛司二〇〇六、二〇一一）。

それに対し、私は別の見解を持っている。中世神道及び中世日本紀が、天皇の起源・系譜等について多く述べているのは事実である。しかしながら、中世段階において、これらの言説と実際の天皇との関係は基本的に薄い。天皇及びその周辺の公家たちによって信奉されていなかったどころか、そのような言説が存在することも知られておらず、王権権威の再構築にはほとんど寄与していない。ただ、度会行忠や家行・常良といった伊勢外宮関係者についていえば、大覚寺統に接近を図ることで、伊勢神道を〈王権神学〉としていこうという指向があったのは事実である。しかし、南朝の衰亡とともに、それも消えていってしまった。神道が、天皇王権と具体的な関係を持つようになるのは中世末期からである。そのはじまりは吉田神道であり、さらに近世に入ると、儒家神道・国学・水戸学・復古神道などによって神道は〈王権神学〉となっていったのである。

ただし、限られた紙数の中で、中世から近世に至る神道と天皇との関係の変遷と、多岐に亙るその諸相を網羅的に辿ることは難しい。そこでここでは、本書の主題である中世を中心に、神道の影響が宮中に本格的に浸透し始める垂加神道までを扱いたい。

中世神道説と天皇

中世神道は、伊勢神宮周辺で起こった両部神道と伊勢神道より始まる。『麗気記』や神道五部書などの伝書が製作され、撰者は空海・最澄などの祖師や奈良時代の神宮祠官に仮託された。ではこれらのテキストが、天皇王権の〈神学〉というべき存在になったのかというと、必ずしもそのようなことはない。

たとえば、両部神道書の代表的著作である『麗気記』は醍醐天皇が受けた秘伝という形を取るが、同書が何れかの天皇の叡覧に実際に供せられた形跡は全くない。その伝授・相承が行われたのは専ら寺院においてであった。鎌倉時代に成立した他の両部神道書である『中臣祓《なかとみのはらえ》訓解《くんげ》』『両宮形文深釈《りょうぐうぎょうもんじんしゃく》』『両宮本誓理趣摩訶衍《りょうぐうほんぜいりしゅまかえん》』などについても同様で、顕密寺院や度会氏などの神主一族間での相伝あるいは書写があるのみである。しかし、これらの伝授に添えられていたと思しき「血脈」を記した文書には、天神七代・地神五代および神武天皇に始まる代々の天皇名が連なるのが常であった。

南北朝期以降になると、両部神道書や印信の類の相伝を専ら担う神道流派が形成される。その代表的流派である御流神道は、「御流」の名を冠することから分かるように、天皇からの伝授・相伝を主張する。具体的には、嵯峨天皇より空海に伝授された秘伝という形式を取るのである。もちろん、このような秘伝が天皇の血統に伝えられた事実は全くない（伊藤聡二〇一六

a)。

いっぽう、伊勢神道については、積極的に王権との接近を図っている。同神道の事実上の創始者と目される度会行忠は、『伊勢二所太神宮神名秘書』という伊勢神道の教説をまとめた著作を関白鷹司兼平の命により撰述し、彼を通じて亀山院に献げようとした。また、度会常良は後醍醐天皇と関係が深く、その寵姫の阿野廉子《れんし》に『大神宮両宮之御事』を奉っている。さらに、度会家行は『類聚神祇本源』を後宇多・後醍醐両帝の叡覧に供している。南北朝の争乱では伊勢において南朝方として活動、その中心だった北畠親房と行動を共にし、彼に伊勢神道の秘事を伝えた。

このように外宮度会氏一門には、南朝と接近することで、自分たちが作り出した伊勢神道を〈王権神学〉へ昇格させようとする強い意志が存在した。しかし、伊勢から北畠親房が去り、南朝王統も吉野に逼塞せざるを得ない状況のなか、伊勢神道が目指した〈王権神学〉への道は閉ざされていく。ただ、伊勢神道の教説は北畠親房が『元元集《げんげんしゅう》』のような著作を編むことで、伊勢神宮の外でも知られるようになった。能作品の中には親房の著作を介して伊勢神道の影響が及んでいるものもある（伊藤聡二〇二〇a）。

また、神道五部書などの伝書も、その一部が密教寺院などに伝えられ、両部神道書と共に書写相伝された。特に尾張国中島郡大須《おおす》（現岐阜県羽島市桑原町大須）にあった真福寺（近世に入って、今の名古屋市中区大須に移転）には、度会行忠自筆の『御鎮座伝記（大田命訓伝《おおたのみことくんでん》）』をはじめとする、伊勢神道書の「原本」そのものが伝来している(岡田荘司二〇〇六)。しかしながら、これらの伝書が北朝の系統を引く天皇の周辺にもたらされることはなかったのである。

即位灌頂について

中世における王権と神道との関係を論ずる際に逸すべからざる事柄に、即位灌頂がある。「灌頂」とは本来、密教における伝法の際に行う儀礼で、頭頂部に水を灌《そそ》ぐことからかく呼ばれる。即位灌頂とはその儀礼作法を天皇の即位儀礼に組み込んだものである(阿部泰郎二〇一八、伊藤正義二〇二二、上川二〇〇七、松本郁代二〇〇五)。具体的には、天皇が高御座《たかみくら》(即位壇)に登るのに際して、手に大日如来の智拳印を結び、口では偈頌《げじゅ》を唱える作法で、天皇が大日如来と一体となることを意味している。そして所作の伝授は、即位時の関白が行った。その初例は十一世紀中頃の後三条天皇の即位儀礼のときとされるが、実際に定着し恒例化したのは鎌倉中期以降のことである。以後、天皇即位の作法のひとつとして孝明天皇の即位のときまで実修された。

後三条の即位灌頂には密教僧の成尊《せいぞん》が大きく関わっていたといわれる。彼については本論第二章でも述べたように『真言付法纂要抄』を著して、天照大神と大日如来とが一体であることを最初に説いており、両部神道の前提を用意したといえる人物である。ただ、即位灌頂の登場は、両部神道書が出現する以前のことであって、当初は無関係だった。

ところが、鎌倉末期より南北朝期にかけてできた複数の両部神道書（『天照大神口決《てんしょうだいじんくけつ》』『神代巻秘訣』等）には、即位灌頂の由来について説かれるようになる。その内容は、東寺即位法と天台即位法に分けられる。東寺即位法は、藤原鎌足が赤児のときに不思議な狐から教えられたダキニ天（天照大神の化身でもある）の真言と印契を、天智天皇（中大兄皇子）に伝授し、以後鎌足の子孫（藤原氏の嫡流）が代々の天皇の即位時に授けるようになったとされる。一方の天台即位法では、周の穆王《ぼくおう》の鍾愛の慈童（稚児）が王より彼に授けられた『法華経』四要品《しようぼん》の偈句を書き写した葉に溜まった露を飲んでいたお蔭で、八百歳の齢を保ったという説話に因み、代々の天皇にこの偈句が伝授されるようになったという。

このような内容を持つ即位灌頂の由緒は、両部神道系の神道灌頂の印信のひとつとして多くの密教寺院で相伝されている。神道灌頂とは、『麗気記』や『日本書紀』及び両部神道の秘伝の、師から弟子への伝授儀式である。その本尊として仏像ではなく三種神器図が掲げられることになっており、これ自体が天皇の即位儀礼を模している。しかも、神道灌頂に伴って伝授される諸印信の中には、東寺即位法や天台即位法の印契や由緒を記す印信が含まれているのである。

これらの由緒・秘伝は、密教諸流派が王権との密接な関係を説明するべく伝えるものであるが、いっぽう天皇及び朝廷の側が、これらを王権の正当性を保証するものとして重要視していたわけではなかった。あくまで、宮廷の外の民間で流布する言説なのである。東寺即位法の鎌足説話をもとに幸若舞の『入鹿《いるか》』が出来たり、天台即位法の慈童説話が能の『菊慈童（枕慈童）』の素材となるなど、王権神話であるこれらの説話は、さまざまに脚色された文芸作品として広く享受されたのである（阿部泰郎二〇二〇、伊藤正義二〇一二）。

王権神学としての吉田神道

中世神道において〈王権神学〉たることを当初から意識していたのが、吉田兼倶《かねとも》の吉田神道（唯一神道）である。兼倶は、唯一神道の道統を受け継ぐト部《うらべ》氏（ただし、大中臣《おおなかとみ》氏の系譜と結びつけて、初代に天児屋根命《あめのこやねのみこと》を据える）の先祖たちが、神道の秘事を歴代の天皇に伝授し続けてきたとする。彼の主著『唯一神道名法要集《みょうほうようしゅう》』には「唯受一流血脈《ゆいじゅいちりゅうけちみゃく》」として、天児屋根命以来の血統を記し、それらに並べて、院・天皇の名を記して、その神道師範であることを示す。これは、彼の出た吉田家と同族の平野家から成る両卜部氏が、中世において〈日本紀の家〉〈神道の家〉と認められていたのを、兼倶流に読み替えたものである。この血脈からも、彼が天皇王権の〈神学〉として唯一神道を位置づけようとする指向を明確に持っていたことが分かる。

兼倶がその根本祭場として建立した大元宮斎場所も、神武天皇自らが神々を祀った神社の根元であり、その後も都移りとともに場所を変えながら、天皇が祭司を務める道場として構想されている。ただ、これが現実の神社として出現するのは文明十六年（一四八四）のことで、それ以前の前史は、兼倶が机上で作り上げた架空の物語でしかない。ところが、後土御門天皇が

「大元宮」の勅額を与えたことで、公的な認証を得るに至ったのである。ともあれ、兼倶は教理と儀礼の双方において、天皇とその師範である吉田卜部氏による神道を作り上げようとしたのである。

脇田晴子は、戦国時代に入って足利将軍の権威・権力が失墜したことによって、相対的に天皇権威の上昇が起こったことを指摘、そのとき吉田神道の役割が大きかったとしている（脇田二〇〇三）。吉田神道では「宗源宣旨《そうげんせんじ》」を通じて、地方の由緒縁起の不確かな神社に、天皇や中央にゆかりのある神号の使用を認めることで、その支配権を強化していったが、宣旨は天皇の名のもとに行われるので、このことによって天皇の権威への再認識が促進されたというのである。

さりながら、その後の吉田神道の発展の歴史を見る限り、天皇よりもむしろ、有力大名や天下人との密接な結びつきを持つことで、その神祇界での覇権を確立していっている。吉田神道の伸張にとってとりわけ大きな役割を果たしたのは、秀吉・家康の神格化に関与したことである。すなわち、秀吉の場合、その死後に吉田神道当主兼見《かねみ》の仲介により、朝廷から「豊国大明神《ほうこくだいみょうじん》」という神号が下賜され、遺骸を埋葬した場所に豊国神社という壮大な神社が造営された。一方の家康については、当初は吉田神道式の埋葬・祭神化が久能山で行われたが、天台宗の天海僧正の介入により、最終的に日光東照宮に東照大権現として、天台（一実）神道式で祀られた。ただし、久能山にも東照宮の社殿とともに、家康を葬った宝塔が残されており、吉田神道が関与した痕跡は残っている。

本論でも述べたように（二六五頁）、暴力的に支配権を掌握した天下人が、天皇の伝統的権威を相対化するには、神格化が最も有効な方法だった。吉田神道による人の神格化のプロセスが、これまでと最も違うのは、時間的に迅速であり（死んだ後にすぐ神となれる）、且つ怨霊（御霊）化を経由しない点にあった（怨霊となって祟りを起こすから神として祀るではこまるのである）。つまり、吉田神道は間接的に天皇権威の相対化に力を貸していたとも言えるのである。

林羅山の神道＝王道論

織豊時代に新しく登場した儒者たち（これ以前の日本では「儒者」という職能者はいなかった）は、当初から神道と儒教を関連付けようとした。これが儒家神道である。儒家神道については、すでに旧版の第五章でも述べているので重複もあるが、本補論では、特に天皇に関わる事柄を中心に説明しておこう。

儒家神道のベースとなっているのは、やはり吉田神道である。近世儒学のパイオニアであると同時に儒家神道の鼻祖であった林羅山は、若いころ吉田神道を学んでいた。『神道伝授鈔』等の彼の神道の著作には〈神〉が遍在することや、「心＝神」観など、吉田神道由来の神観念がそのまま継承されている。

しかし、吉田神道になかった要素もある。ひとつが人倫的・道徳的傾向である。たとえば

『神道伝授鈔』では「神は天地人の霊也」「心は神明の舎なり」「神は……目に見へぬ所にみちみちて天地にわたりていつもあり」と言っている。これは吉田神道の神観念そのものである。ところが羅山はそれに続けて、「善をすれば、我心の神にしたがふゆへに、天道にかなふ。悪をすれば我心の神にそむくゆへに、たちまちつみをうく」と、神の道徳的役割を強調する。このような神理解は吉田神道には見られないものである（伊藤聡二〇一六a）。神道を「神の道（かみのみち）」と訓じて、その道徳性を強調する傾向は、儒家神道より始まる。これは神道を「聖賢の道」たる儒教の「道」と重ね、神道を以て日本の儒教と見なそうとする指向に基づくものである。

もうひとつが、神道を天皇政治と重ね合わせることである。彼はこのことを「神道ハ則王道ナリ」（『神道伝授鈔』理当心地神道）と表現している。これは、他国のように王朝交替も断絶もなく、天照大神の子孫たる天皇の血統が続いている日本の政体を指している。なぜ羅山が王統の連綿性を神道の定義と結びつけたかというと、どんなに虚弱な存在となっても廃絶させることなく、神孫を国王として推戴し続けることに比類無き道徳性が体現されており、それこそが日本の「王道」そのものだと考えたからである。羅山だけでなく、儒者・国学者を問わず、日本の道徳的優越性を説く言説において、必ずといっていいほどこの王統の連綿性が挙げられるのである（伊藤聡二〇一二年b）。本論でも述べたように（二五六頁）、羅山は天皇位の象徴たる三種神器が知（鏡）・仁（玉）・勇（剣）を体現するといっており、それが天照大神より瓊々杵《ににぎの》尊《みこと》（天皇の始祖）へ授与されることに、神道＝王道たることの根拠を見いだすのである（『神道伝受鈔』二・三種神器）。

「神道」の内実が王統の連綿性を意味し、それが統治者としての道＝「王道」であるとすると、実際には天皇は統治者ではなく、徳川氏が統治しているという現実はどうなるのか。しかも、羅山自身は幕府に仕える儒者なのである。

羅山がこのことの説明に苦慮している形跡はない。その意味で彼の論はあくまで机上のものであって、政治実践と結びつくものではなかったと言えよう。ただ、天皇が統治能力を欠くことになった原因について、仏教の存在を挙げていることが注目される。これについては本論でも述べているが（二六六頁）、再度触れておこう。彼はその著『本朝神社考』の中で、仏教の伝来した結果、「王道既に衰え、神道漸く廃」れたと明言する。つまり、仏教によって天皇はその統治能力を喪失し、神道も廃れたというのである。だから、徳川の世は必然ということになるわけである。

垂加神道の宮廷への浸透

今述べたように、羅山においては、天皇と神道との関係は、あくまで理論上のものだったが、実際に天皇や公家にその教えを説き、彼らを感化するに至ったのが垂加神道である。垂加神道は、山崎闇斎が本業の朱子学を土台に、吉田神道・伊勢神道・忌部神道などの同時代の神道説の要素を組み合わせて作り上げたものである。彼もまた、「神道衰へ王風降り」（「東鑑《あづまかがみ》暦算改《れきさんかい》補序《ほのじょ》」）とか、「中葉漸く衰へて、胡仏入り来り、神道愈ゝ《いよいよ》廃《すた》れて、王道愈ゝ《いよいよ》弛《すつ》る」（「伊勢太神宮儀式序」）と述べており、羅山と同じく王道＝神道との理解であり、それが仏教のために衰退したとの認識に立つ。ここで興味深いのは、武家が統治権を握っている現状を「素戔烏尊天の下を治め玉ふの権武家に帰す」（「東鑑暦算改補序」）と表現していることで、現状を天照大神の代わりに素戔烏尊が地上を治めていることに擬《なぞら》えているのである。つまり本来のあるべき姿ではないとの含意がある（朴二〇〇二）。闇斎および垂加派が宮廷に接近しようとする前提は、当初からあったのである。

　これが宮廷に入り込む機縁は、闇斎が六十三歳のときに弟子となった公卿の正親町公通《おおぎまちきんみち》（一六五三～一七三三）の存在が大きい（磯前・小倉二〇〇五）。闇斎が天和《てんな》二年（一六八二）に死去すると、その家柄ゆえに道統上の後継者となった。闇斎の垂加神道の弟子には、ほかに玉木《たまき》正《まさ》英《ひで》・若林強斎《わかばやしきょうさい》・跡部良顕《あとべよしあきら》など重要な人材が多数おり、彼らと比べると公通は凡庸だった。しかしながら、その存在ゆえに、垂加流が宮廷に入り込み、何人もの公家たちを門人にしていくのである。

　公通及び正親町家の影響力はその後次第に衰えるが、公家社会の中に「神道」（垂加神道）が学問のひとつとして定着していく。このことと関連して、宮廷で力を持つ吉田神道への垂加神道側からの批判も起こった（吉見幸和『弁卜抄俗解』）。これに対し吉田家では、垂加派を破門された松岡雄淵《まつおかおぶち》（一七〇一～八三）を学頭に招き教学組織を整えていった。同様に神祇伯白川家も、本来の「神道」の宗家として存在感を示し始めるのである（井上智勝二〇〇七）。

　公家たちの「神道」学習への熱情は、一八世紀中葉になるとさらに高まる。中でも垂加派の竹内式部《たけのうちしきぶ》（一七一二～六八）は、桃園天皇周辺の若い公家たちに垂加神道を講じ、排仏論を展開した。さらには桃園天皇への『日本書紀』講義が計画された。そして式部の講義に感化されて「王政復古」の可能性まで執沙汰されるまでに至る。宝暦《ほうれき》八年（一七五八）このような若い公家たちの動きを、朝廷の上層部も座視できなくなり、幕府に訴えた。その結果、式部は追放され、複数の公家が免官・蟄居となった。これが宝暦事件である（大貫二〇一三）。

　その後の宮廷では垂加神道ではなく国学が優勢になっていくが、ともあれ垂加神道によって、尊王と排仏とを基調とする「神道」が、宮廷に根づくことになったのである（磯前・小倉二〇〇五）。

おわりに

　中世に起こった神道は、両部神道・伊勢神道にせよ、山王神道や御流神道・三輪流神道にせよ、王権の中枢あるいはその周辺で形成されたのではなく、伊勢神宮や顕密寺院の中で相承され発展していったものである。それらは、王権との接近を試みる場合はありながらも、必ずしもそれが果たせない外部的言説であった。個人的に関心を示したり、信奉したりする院・天皇や公家がいても、それが王権の〈神学〉的なものとなることはなかった。「神道」とは、天皇の由来や神聖性について説きつつも、あくまで民間で流布する言説だったのである。その意味で、自身が宮廷社会の一員である吉田兼倶の吉田神道の登場は、天皇王権と神道との関係を変える画期と言えた。しかしながら、神祇界におけるその覇権の確立は武家権力と結びついた結果であった。

近世の儒家神道・諸流神道・国学といった系譜も、基本的には民間の言説であって、朝廷はもちろん幕府によってもオーソライズされたものではない。吉田神道の役割も、全国神社の組織化の要としてであって、その言説が幕藩体制のイデオロギーとして機能していたわけではなかった(だから、各方面からの吉田神道批判が規制されることはなかったのである)。

このように考えてくると、垂加神道が宮廷に進出を果たしたことの意味は、すこぶる大きいものだったと言えるだろう。垂加神道によって初めて、「神道」という名の言説の体系は宮廷の公家たちの拠って立つ教説・イデオロギーとして受容されたのである。

垂加神道が宮廷で学ばれるようになった一八世紀中葉は、幕藩体制が最も安定していた期間であって、王政復古など想定もできなかった。しかし、ここで根づいた尊王意識や排仏的雰囲気は、その後も受け継がれていく。幕末に至り、民間で平田派の復古神道が拡がり尊王攘夷運動が起こったとき、宮廷の公家たちもいち早く呼応したこと、彼らの仏教への敵意の激しさ、そして明治になって宮廷から仏事が速やかに排除されたことも、垂加派の撒いた種が花開いた結果なのであろう（どんな花だったかはともかく）。

今日見られる天皇と神道の関係は決して古くから連綿と受け継がれたものではない。近世のある時点で起こった変化の所産なのである。ただ近世段階では、それはあくまで言説レベルだった。それが近代に至り、長い間宮廷に続いてきた文化的伝統を、実際に塗り替えてしまったのである。

補注

序章

（1）「習合」という用語は、吉田兼倶の『唯一神道名法要集』の「両部習合神道」の語に由来する（二四三頁参照）。近世に入り、特に排仏論的傾向を持つ儒者や神道家は、仏教系神道を揶揄して「習合者流」と呼んだ。「神仏習合」の語は、「習合」という歴史上の言葉を、学術用語として流用するようになったものである。そのような経緯を踏まえ、吉田一彦氏は、近年「神仏融合」の語を提唱している（吉田編 二〇二一、吉田二〇二四）。

第一章

（1）「オニ」の語源については、長い間『和名類聚鈔』由来の「隠」説が定説とされていたが、近年、疫神の呼称である「瘟鬼」（おんき）の「瘟（uen）」から来ているのではないかとの説が浮上している（山口二〇〇一、二〇一三、小山二〇二三）。いずれにせよ「オニ」と訓ぜられた「鬼（神）」は、疫病をもたらす疫神を指す外来の神であった。それが日本に土着するにつれ、疫神としての性格が薄れ、あるいはその要素を内包しつつも拡散し、鬼（＝オニ）と称する、日本独特の霊格となっていったもといえる（吉田二〇二四）。

（2）これに先だって『続日本紀』養老四年（七二〇）から翌五年条に、大隅・日向の隼人の反乱をめぐる記事があり、朝廷が派遣した副将軍の凱旋に伴って、殺生を禁じ、放生（ほうじょう）を行ったとある。そこには八幡についての言及はないが、永観二年（九八四）に成った『三宝絵』下「八幡放生会」には、「辛島ノ勝氏ガタテマツレル日記」を引いて、養老の隼人との戦の際、戦勝のために八幡に祈願したこと、そして戦後に多数の兵を殺した罪を贖うために放生を行うよう託宣があったことが記されている。後世のものだが、もし『三宝絵』の記事に一定の史実性を認めるなら、八幡の登場はさらに二十年近く遡ることになる（伊藤聡二〇一六b）。

（3）「本地垂迹」の語の直接の典拠とされるのは、鳩摩羅什の弟子のひとり僧肇（そうじょう）『注維摩詰経』序の「非本無以垂跡、非跡無以顕本、本跡雖殊而不思議一也（本に非ざれば、以て跡を垂ることなく、跡に非ざれば、以て本を顕すことなし。本跡殊なりと雖も而も不思議一なり）」という一節である。ただここでは「垂跡（迹）」の語はあるが「本地」はない。このことについて吉田一彦氏は、神を仏菩薩の化身と捉える「垂迹」の思想がまず受容され、それに対応する「本地仏」を立てる「本地垂迹」説に発展したとしている（吉田二〇〇六）。

（4）日本の主要な神々が仏菩薩の垂迹・化身だとされたことを、神（カミ）信仰（神道）が仏教に完全に包摂されて自立性を失った状況と否定的に捉え、中世後期以降の反仏教的、排仏的な動きこそが、神道本来の姿を取り戻すためのものだったと評価されることが多い（少なくとも、近世の神道家や国学者はそのように意識していたし、明治維新の神仏分離もそのような歴史認識に基づいて実施されたのである）。しかし、本地垂迹説以前の神（カミ）信仰においては、神は個人の救済にはまったく関与することはなく、タタリの動機も往々にして恣意的で身勝手なものであった。そのような存在こそが神なのである。そんな神が、本地垂迹説が拡がることによって、仏菩薩と同様の慈悲心を備えるようになり（仏菩薩の垂迹・化身なのだから当然である）、ついには現世と来世における救済をも担うようになった。

　つまり、本地垂迹説が広がった結果、神への信仰は衰えたのではなく、むしろ高まったのである。さらに、神とは仏菩薩が日本の人びとに親しい姿で顕現したという認識から、仏を信仰するよりも、神を頼りにした方が効果があると考える者も出てきたのである（詳しくは一二九〜一三〇頁参照）。

（5）神祇祭祀から陰陽道祭祀への移行の背景には

タタリの多様化がある。タタリの主体が在地の神々だけでなく、御霊やモノノケなどと多様化してくると、それが何なのかを確かめるとき、これまでの神祇官人による亀卜では手に負えなくなってくる。代わって重要度が増していくのが、天体観測技術や式盤を用いた陰陽師である。彼らは出現した「怪異」を判定して、それへの対処方法を提案する職務を担うようになった。もっとも、神祇官も排除されたわけではなく協働で、占法を行うようになった（小坂一九八〇）。

第二章

（1）『三角柏伝記（みつのかしわでんき）』『中臣祓訓解』が両部神道の最初期の著作であり、その成立を平安末～鎌倉極初であるとすることは現在定説化し、本書もその説に従って叙述している。ただ、近年この点についての疑問がいくつか出されている。『三角柏伝記』『中臣祓訓解』の神観念についての叙述が整いすぎていること、『三角柏伝記』は奥書に従えば、一一七〇年代の成立となるが、書中に一二四〇年代に中国からはじめてもたらされた可能性がある『老子』注釈書の『道徳真経直解』からの引用があること（伊藤聡二〇一六a、二〇二五）、さらに同書の書名の由来である「三角柏」伝来の由来につき、これが菩提僊那によって天竺からもたらされたとするのは、栄西が大陸から請来した菩提樹の話がもとになっているのかもしれないこと（伊藤聡二〇一一a、谷口二〇〇九）、等である。いずれも決定的な証拠を欠くことから、従来の定説を覆すに至っていないが、今後の研究で変わる可能性がある。この時期の神道書は、そのほとんどが奥書・識語を捏造して古い伝来を装う傾向があるので、成立時期の問題は、今なお流動的である。

（2）近年の研究の結果、『天地霊覚秘書』には『碧巌録』の著者としても名高い宋代の禅僧、圜悟克勤（えんごこくごん／一〇六三～一一三五）の言行をまとめた『圜悟心要』からの引用があることが分かった（小川二〇一四）。これが禅僧によりもたらされたものであることは疑いない。伊勢神宮における新しい神道書の成立には、禅僧たちが決定的に重要な役割を果たしていた。もちろん初期の禅僧は兼修が普通であったから、禅宗の印可を受けた後も密教僧や天台僧であることをやめるわけではない。少なくとも、初期の両部神道書の作成には、禅密兼修の禅僧が関わっていた可能性が高いのである。しかも、伊勢神道の樹立者である度会行忠は、『天地霊覚秘書』など初期の両部神道書から強い影響を受けている。両部神道にしろ、伊勢神道にしても、その成立をめぐっては、大陸からの新来の思想・信仰との関係を抜きには語れないのである。

（3）近年、真福寺本『大田命訓伝（おおたのみことくんでん＝『御鎮座伝記』）』（巻子本）の軸木に「行忠之」の文字が確認され、同本が行忠の所持本（おそらく自筆本）であることが確定した。その結果、『伝記』を含む神宮三部書（『御鎮座伝記』『御鎮座次第記』『御鎮座本紀』）が行忠の製作であることがほぼ確実となったのである（岡田荘司二〇〇六）。

（4）天台宗には、記家（比叡山において、宗門以外の記録や故実を専門とした人々）の担った山王神道以外にも、いくつかの神道説が存在する。慈円がその著作で展開する神祇思想は山王神道に先行する独特のものであったし、良助法親王（一二六八～一三一八）に仮託される『与願金剛地蔵菩薩秘記』『厳神霊応秘記（ごんしんれいおうひき）』等の伝書は、山王三聖（さんのうさんしょう）を中心に展開される山王神道とは異質な教説を持つ（水上二〇〇八）。そのほか寺門派には、新羅明神（しんらみょうじん）を中心におく独自の神祇・神道説があった（『寺門伝記補録』等）。

（5）中世においても少なくとも鎌倉時代までは、仏＝本地、神＝垂迹という発想の枠組みは基本的に変わらなかったが、「法性神」のような従来の本迹関係から逸脱する神格も登場することで自ずと相対化されていった。また、「内なる神」（一三四頁参照）という観念の登場は、衆生救済という局面においても、神が仏の前に立つ可能性を開くものとなった（少なくとも日本という空間においては）。このようななか、鎌倉末～南北朝時代以降、一部ではあるが神を本地、仏を垂迹とする「神本仏迹」説が唱えられるようになった（伊藤聡二〇一二a）。

そのベースになったのが「法性神」の観念である。法性神と法身仏が本迹関係ではなく同体であるとすれば、インドその他の地では仏本神迹であっても、「神国」日本においては神本仏迹たり得るというのである。

　このような説は、真言宗系の両部神道書よりも、天台系の山王神道書にいっそう顕著に現れる。なかでも、天台僧ながら伊勢・両部神道を深く学んだ慈遍は、神本仏迹説の代表的論者であった。彼は、その著作『天地神祇審鎮要記』において、神は、仏の出現以前の存在であるから、当初は諸神の本地は仏ではあり得ず、仏教が伝来して諸神が仏菩薩の垂迹といわれるようになった、と主張している。

　室町時代に入ると、神本仏迹説は一般にも広がり、『太平記』や幸若舞『百合若大臣（ゆりわかだいじん）』などにも、同説が見いだせる。この神本仏迹説に儒教を加え、儒・仏二教とも神道の派生に過ぎないと唱えたのが、吉田兼倶の根本枝葉花実説である。

第三章

（1）「モノノケ」に漢字を宛てるとき、従来は「物怪」と表記することが多かった。しかし、「モノノケ」は「物気」（モノの気配）であり、（物怪）とは明確に区別されていたことが、近年の森正人氏の研究により明らかになった（森二〇一九）。「物怪」とは、死霊のことではなく、天あるいは神仏からの警告の意味を込めた異常現象のことで、森氏はその訓みを「モノノサトシ」とした。ただ、後世になると、「物怪」と「物気」とは区別されなくなり、「物怪」＝モノノケとされるようになった。そのため、平安文学作品の活字化において、その底本に「ものゝけ」とあるところに「物怪」の語を宛てている場合が多く、その結果として当時に書き分けられていたことが見えなくなってしまった。

　また、本論では「モノノケ」を幽霊の系譜のはじまりと書いているが、平安時代の「モノノケ」が完全な霊体であるのに対して、近世の「幽霊」は肉体を伴っていると見なし得る場合が多く、必ずしもストレートにはつながらない。霊魂と肉体の関係をめぐる観念の大きな変化が、この間にあったことをうかがわせる。
(2) 本論では、『神業類要』の記述に依拠して神霊社として埋葬地を神社化することが、兼俱の遺志に基づいてすぐさま始まったように書いているが、実際には当初は仏事供養を行っており、神霊社として実際に祀るようになるのは、兼見の時代からであるらしい(伊藤聡二〇二二)。
(3) 中世の神話をめぐる記事のなかでしばしば採り上げられる話題が「一女三男」である。これは伊弉諾・伊弉冉二尊によって生み出された、アマテラス・ツクヨミ・スサノヲ・ヒルコの四神を指す。一女がアマテラス、残りが男であることは自明と思えるが、本論で述べているように、アマテラスを男神とする説があることから、その場合に女神は誰かということが問題になった。
そのときしばしば女神とされたのが、月神であるツクヨミである。世界中で多く見られるのは、太陽神=男、月神=女という解釈だが、日本の古代神話では逆転している。ただ、後世になるとこのことを不都合と考える人たちも出てきた。そのため、特に中世では太陽神たるアマテラスが男神とされることが増えてきたのである。そのような場合、ツクヨミが女神に配されたのである。特に高野山の女神である丹生都比売がツクヨミと同体とされており、そのこともあってツクヨミ=女神説が広まった。ただヒルコを以て女神とする場合もあり、『神道集』「神道由来之事」などは、その説を採っている。

第四章

(1) 九世紀までの「神国」の用例を見て特徴的なのは、この語が使われるのは新羅や渤海、あるいは蝦夷など、自分より下位にあると日本側が〈主観的〉に考えている国に対する場合のみであり、上位と仰ぐ中国に対しては全く使用されないことである。つまり、初期の「神国」という言葉の意味合いは、後述する中国に対する「小国」意識と対をなしている(伊藤聡二〇二一b)。
(2) 村井章介氏は、王朝貴族たちの〈穢れ〉観について、天皇を浄の中心に置き、そこから皇都→畿内→外国と同心円上に順次拡がっていく〈浄―

穢〉の構造を指摘している（村井一九八八）。このような穢れの認識は中世にも引き継がれ、異国人は往々にして鬼類の者として表象される。鬼とは〈穢れ〉をもたらす疫神でもあり追却（祓）される対象である。

（3）寛平九年（八九七）に宇多上皇が、醍醐天皇のために記した『寛平御遺誡（かんぴょうのごゆいかい）』のなかには、外国人を召見するときは、簾の中から見よ、とあり、直接会って顔をさらすことをしないように命じている（所一九八五）。この遺訓は以後も長く守られた。たとえば、後白河法皇が宋人と直接対面したことに対して、九条兼実はその日記『玉葉』のなかで「我が朝延喜以来未曽有の事なり。天魔の所為か」と憤っている。このような伝統が正式に廃されたのは、明治天皇が仏・蘭の公使を引見する慶応四年（明治元年）のことである（荒木二〇一三）。

（4）「宗廟（そうびょう）」とは、祖先を祀る霊屋（みたまや）のことである。日本は個々の天皇の陵墓への祭祀であっても、祖先を集合的に奉祭する宗廟を作る風習はなかった。そのため律令でも、中国の「享」にあたる祖先祭祀の規定はない。ところが、八幡神が応神天皇と一体と考えられるようになるにつれ、八幡神の社を天皇の祖先の廟として「宗廟」と呼ぶようになった（吉原一九九三）。これに引かれて伊勢神宮に対しても宗廟の呼称が使われるようになり、ここに二所宗廟観（にしょそうびょうかん）が確立した（井上正望二〇一八）。同じく神社のなかで「廟」の名で呼ばれるものとしては仲哀天皇の「香椎廟」、天神＝菅原道真の「北野廟」がある。なお、神社を「宗廟」と呼ぶことは、その原義から言っても明らかな「誤用」であるから（祖先神を祀る神社は、代々の祖先を奉斎する施設ではない）、近世さらに近代に至って、神道は先祖崇拝を本質とするのかという問題と相まって論争となった（木村二〇二四）。

（5）最近の研究では、『日本書紀』成立の翌年の養老五年講書も、実際に行われたとする説が有力である。ただし、弘仁以後の講書とは違い、お披露目のようなものであったのではないかと推測されている（水口二〇一一、長谷部二〇一八）。

(6)『史記』張良伝によれば、張良は「黄石公(こうせきこう)」という不思議な老人から兵法の秘伝を授けられ、それによって天下一の軍師となり劉邦の漢朝創始に寄与したという。後世、張良に授けられた兵書が、日本にも伝えられたとの伝承が生まれた。主な説としては、①平安中期に入唐した大江維時(これとき/実際には彼は渡唐していない)が日本に持ち帰り、子孫の匡房を介して源義家に伝わり、以後源氏の血統が相伝した、②吉備真備が請来したが、それを受け継いだ鬼一法眼(きいちほうげん)より源義経が謀を以て入手した、などがある(石岡一九七二)。神功皇后入手説はこれらに遅れて成立したようである(金一九九四)。現存する『張良一巻書』は兵法といっても、陣中・戦闘中における呪術作法を列挙したもので、しかも和文で書かれた純然たる日本撰述書である。

(7)近世の神功皇后への崇敬・信仰には、それまでの軍神的な側面に加え、安産の神としての信仰が加わった(応神天皇を宿しながら出征したことに因む)。いっぽう、神功皇后を第十五代天皇とすることに対して、『大日本史』で知られる水戸学の学者たちは、天皇王統に属さない皇后を天皇の歴世に入れることに否定的立場を取った。しかし、削除するだけだと、後世の天皇の代数にずれが生じてしまう。そこで、代わりに天皇に昇格させたのが大友皇子である。大友皇子は、父の天智天皇の死後、叔父の大海人皇子(天武天皇)との戦い(壬申の乱)に敗れて死んだのだが、生前に天皇位に就いたと見なしたのである(水戸学では「大友天皇」と呼んだ)。この解釈は明治に入ってから正式に認められ、大友に「弘文」の諡号を贈り、天皇のひとりとカウントした(星野一九七六)。ただ、そのことで神功皇后の軍神的評価が毀損されはしなかった。実際に海外侵略を始めた近代日本国家の軍事的栄光を象徴する存在となったのである。明治十四年(一八八一)発行の紙幣に皇后の肖像が採用されたのはそのことを如実に物語る(塚本一九九六)。

第五章

(1)兼倶は、このほかにもさまざまな改竄・偽作を行っている。このことをめぐる近年の大きな発見は、兼好法師についてである。兼好は昔から卜部吉田氏の出身とされ、「吉田兼好」と通称されてきた。その根拠は『卜部氏系図』に兼好の名が見えるからだが、小川剛生氏によって、これが兼倶による系図改竄の結果であることが明らかにされた（小川二〇一四、二〇一七）。兼好について、彼を中世神道と関連づけようとする論考があるが、全く成り立たないこととなった。

『豊葦原神風和記』などの著作で知られる慈遍（一〇一～一〇二頁参照）についても、『卜部氏系図』を根拠として兼好の兄弟とされていたが、慈遍を吉田卜部氏と関連づけたのも兼倶である可能性が濃厚である（同前）。

さらに「八雲神詠伝」（二四四頁参照）の由緒をめぐって、定家が兼倶の先祖である兼直より伝授を受けたとか、日蓮が卜部兼益から三十番神を教えられたとかいうのも、同じく兼倶による捏造である（野上二〇一九）。ただ、この時代の面白さは、これらのフェイクが容易に信じられてしまったことにある。特に「八雲神詠伝」などは、定家の子孫である冷泉家がその存在を認めたばかりでなく、自ら「家元」として直接伝授をはじめることで、正統な定家以来の和歌秘伝となってしまった。まさに嘘から出た真である。

（2）天道は、室町から戦国織豊時代あたりまでは、人びとの運命を掌り、天皇や神仏などの伝統権威をも凌駕圧伏できる超越的存在として意識されていた。キリシタン門徒がデウスの訳語として「天道」の語を使っていたことにも（『貴理師端往来（きりしたんおうらい）』）、この言葉の持つ含意が表れている。江戸時代になると、為政者が天下の泰平と安穏を保つことが「天道にかなふ」（『本佐録（ほんさろく）』）として、幕藩体制を擁護するための政治イデオロギーに変化していった。「おてんとさん（お天道さま）」として太陽の異称となっていくのも、このような傾向の所産と言えよう。

（3）朱子の理気説に従うなら、理は「太極」であって、「神」は実は気である。しかし、羅山はそれを枉（ま）げて、「神」を理とする。これは両部・伊勢・吉田神道を貫流する根元神（大元尊神）の神観念に羅山が倣った結果で、こういうところに、羅山が理気説と神道との完全なる融合を目指しているわけではないことが透けて見える（つまり、一種の知的操作にとどまる）。だから、理当心地神道が林家の後裔に受け継がれていくことはなかったのである（伊藤聡二〇二〇b）。

（4）儒家神道についての根本的な疑問は、なぜ多くの儒者たちが在来の信仰である神道に関心を抱き、しかもそれを儒教と結びつけようとしたのかということである。

神仏習合の長い伝統を持つ日本文化論のコンテキストにおいては、異なった思想同士を付会するような現象は「よく見られる」ことであって、日本文化になじんだ者にとっては、さして不可解ではない。

しかしながら、東アジア地域の他の儒教文化圏において、かかる現象は極めて特異である。たとえば、李氏朝鮮の朱子学者たちにとって、儒教の経伝と土着信仰である巫堂（ムーダン）の習俗とを、教理的に結びつけ関連づけることなど、そもそも発想としてあり得ないだろう。ところが日本では、日本朱子学のパイオニアたる林羅山からして儒教（特に朱子学の理気説）で粉飾した神道理論（理当心地神道）を唱えるのである。山崎闇斎に至っては朱子学としての学派（崎門）のほかに、神道専門の流派（垂加神道）を立てた。それは後に近世神道最大の流派へと成長することになる。

なぜ、日本の儒者たちは両者を接続しようとするのか。そこには近世日本における儒教の正当性の問題があると考えられる。近世の日本社会は、仏教に代わって儒教が中心となったとよくいわれるが、幕藩体制は厳密な意味において儒教国家ではない。徳川氏の覇権は軍事的成功（天下人）によってもたらされたものであり、その後も徳川氏が日本国を統治することの正当性を、その圧倒的軍事力に依拠するという立場は、江戸時代を通じて変わることはなかった（渡辺一九九七）。政治を担当する武士たちは、父祖の武勲によって為政者の地位を占めるのであり、儒教的な徳目と教養は、習得していることが望ましくはあっても、必要不可欠なものとはされない。したがって儒教的教養は、しばしば遊芸的道楽と隣接する。

このような日本社会において、なぜ儒教は必要なのか。そもそも儒教は日本社会に適合した思想なのか、といった問いが儒者たちに突きつけられたのである。それに対して彼らは、日本社会の中にあらかじめ埋め込まれている徳目として、神道を見いだす。神道と儒教とが本源的に同一とすることで、日本における儒教の存在意義を主張したのである。もちろんこのような見解に対しては、徂徠学派のように反対する意見もあったのだが（荻生徂徠や太宰春台は、「神道」の「道」とは「巫祝（ふしゅく）の道」であって、聖人の「道」とは何の関係もないと言った）、彼らのような存在はむしろ例外で、多くが神道と儒教の本源的同一を受け入れた。

儒家神道におけるかかる主張は、国学にも引き継がれる。たとえば、賀茂真淵は『国意考』の中で、日本に仁義礼智といった徳目が存在しないのは、これらは言挙げしなくても、自ずから日本人に身に付いているからだと述べている。このような自らを本来的に道徳的存在と見なす自己認識は、実は現代の日本人にも受け継がれている傾向である。

（5）白川神祇伯家は、近世における吉田神道批判の風潮に乗じて、急速にその勢力を伸ばしていった。吉田家に対抗して白川家独自の裁許状を発行したが、後発の白川家は、発給した神職を同家の門人に組み入れるという方針を採用した。その背景には、幕藩体制下における「神職」（禰宜・神主・神人［じにん］・鑰取［かぎとり］等）の地位の不分明さがある。「神職」は厳密な意味においては、特定の身分ではない。律令官制に属する公家・地下官人の宮司・神官もいるいっぽう、村落においては祭礼等において代々神事を司る百姓身分の者も多くいる。彼らは、社会的には一般俗人と同じである。

特に後者の「神職」としての地位を示すのが、吉田家や白川家の発行する裁許状である。裁許状は、具体的には白張（しらはり／白装束）や烏帽子などの着用を許可するものであって、身分を認定するものではない。ところが、裁許状を得た中には、これを根拠に神職らしい名を名乗ったり、刀を帯びる者もあった。これらの行為は、彼らの身分上昇の願望の所産でもあった。近世中期以降になると、これら「神職」たちは、神道や国学を学ぶなかで、単に身分の上昇を求めるだけではなく「宗教者」として自覚するようになる（もちろん全員ではないが）。白川家による門人化は、このような「神職」の宗教者化の趨勢に応えるもので、吉田家はこの点において遅れを取ることになったのである（井上智勝二〇〇七、伊藤聡二〇一六c、間瀬二〇二二）。

（6）本文中では『八箇祝詞』を根拠に、忌部神道の成立を中世末期としている。しかし、その後『八箇祝詞』の識語に、今出河一友（いまでがわくにとも）の名を見いだしたことから、同書は近世に偽作されたものと見解を改めた（伊藤聡二〇二〇）。今出河一友（生没年不詳）は、十七〜十八世紀の大和を中心に活動した神道家で、三輪社・石上社・率川（いさがわ）社等に関する縁起等を多数偽作した（向村二〇二一）。これらの縁起は、中世に遡る年号を記した奥書識語を持つものの、そのほとんどが今出河による捏造である。『八箇祝詞』が今出河による偽書だとすれば、忌部神道の成立も、近世に入って以降ということになる。

忌部神道を作り上げたのは、おそらく十七世紀に生きた広田担斎という人物で、中世の『日本書紀』注釈書とされる忌部正通『神代巻口訣』を偽作し、これを根本伝書として忌部神道という流派を創始したと考えられる（海野二〇〇五、伊藤聡二〇二〇b）。つまり、十七世紀に偽書によって神道の一流派が作られ、十八世紀にさらに後人によって別の偽書が加上されたというわけである。

ちなみに、今出河一友の作成になる偽縁起のいくつかは、近現代の叢書にも歴史史料として収録されているので注意が必要である。同様の例に、椿井政隆（つばいまさたか／一七七〇〜一八三七）による「椿井文書」がある（馬部二〇二〇）。

（7）高野山では、日光院英仙（一六六六〜一七四五）が、吉川神道の道統を引く人物より吉田神道の伝授を受け、御流神道の上に吉田神道の要素を加味した「唯一御流神道」を唱えた（木下二〇一九、二〇二一）。この法流は高野山の中心的神道流派となるばかりでなく、全国各地に広がっていった。密教の伝統的な御流神道に、近世神道の本流である吉田神道を結びつけることによって、排仏や神仏習合批判に流れる状況への適応を図ったのである。

また南山城の西福寺では活済（一七〇八〜七七）によって、玉水流という御流神道系の一流が成立した。この流派は、智積院の能化（のうげ／住職）であった鑁啓（ばんけい／一七一八〜九四）に伝授されることで、新義真言智山派の正統の神道となり、各地の智山派の寺院に広まった。しかし、近代を迎えると密教の法流で神道の相承を行うことの意味はなくなってしまい、次第に廃れていった。ただ、玉水流で行われた神道灌頂の本尊図・道具類・指図・次第書等は現在も西福寺にそのまま残されており、往時の神仏習合の実態を知るための貴重な資料となっている（伊藤聡編二〇二一）。

(8) 儒者や神道家の排仏論を待つまでもなく、近世の現世主義・世俗主義に仏教界は対応を余儀なくされた。その結果仏教の教えは世俗の法や倫理観と対立しないことを強調する傾向が強まったのである。三河武士出身の鈴木正三（すずきしょうさん／一五七九〜一六五五）が先駆的存在で「世法則仏法」（『万民徳用「ばんみんとくよう」』）と言って職分に応じた各々の世俗での渡世がそのまま仏法だと説いている。その他、白隠（一六八六〜一七六九）や徳本（一七五八〜一八一八）など近世の世間的に名声を得た僧たちは、皆同じような傾向がある。今日僧侶の法話などで、世間的な常識が仏法に通ずるなどと説いたりするのは、近世から始まる新しいありようなのである。

(9) 中巌円月（一三〇〇〜七五）は、呉太伯が天皇家の祖だと説いた「日本書」なる書を著したらしいが、桃源瑞仙の『史記抄』等によると、朝廷の命令で処分されてしまったという。にもかかわらず、近世になると、多くの儒者がこの説に注目し、史実であるとしたのである。同説は、多くの批判を受けていったんは下火になるが、一八世紀後半になると、藤貞幹（とうていかん／一七三二〜九七）が、神武天皇は鸕鶿草葺不合尊（うがやふきあえずのみこと）の子ではなく、海神の娘であった母と南方からやって来た呉太伯の子孫との間の子どもであるとの説（『衝口発』）を主張している（伊藤聡二〇二〇b）。

(10) 吉見幸和は、神道五部書などを偽書として指弾するいっぽう、『日本書紀』を中心とする公的な史書に絶対的な信頼を置くことを標榜した（阿部秋生一九四四）。これは「国史官牒」主義とよばれるが、このような姿勢をさらに否定していくのが本居宣長の「からごころ」批判である。

(11) 近年、平田篤胤の研究が活況を呈している。その背景には、彼の著作の草稿や関係する書簡などを含む平田家伝来の文献・文書が、一括して国立歴史民俗博物館に寄贈され、それらが公開されたことが大きい。その結果として、多くの著作の執筆過程や、篤胤のオリジナルと、死後に刊行された際に後継者たちによって付加された部分との判別が可能になり、その思想形成や展開が、より正確に跡づけることができるようになったからである。

あとがき

本書は、古代から近世までの神道の流れを概観する意図のもとに執筆された。筆者は今までに、神道を通覧する著作には二度ほど関わっている（『ワードマップ神道』新曜社、一九九八年、『日本史小百科　神道』東京堂出版、二〇〇二年）。しかし、いずれも共著であり、しかも自分の専門とする中世を担当するのにとどまっていた。その意味で、今回自分だけで通史（近現代が入っていないが）を扱う機会が得られたのは、ありがたいことであった。

「神と仏の日本史」という副題が示すように、神道とは神祇信仰（あるいは神〔カミ〕信仰）と仏教（およびその他の大陸思想）との交流のなかで、後天的に作り出された宗教であるという立場に筆者は立っており、本書はその形成の軌跡と展開の過程を辿ることを目指したものである。ただし、神道という観念の形成史のみではなく、神道の周辺における神（カミ）をめぐるさまざまな信仰と言説について通史的に叙述したつもりである。

一般的には、自然環境と融和した日本人の感性（今現在、これほど皮肉な物言いはないが）を体現するものとナイーブに賛美したり、あるいは日本の国家主義的イデオロギーの温床として嫌悪するといった、旧来からの神道観は今なお根強い。しかし近年、歴史学、宗教学、日本思想史、日本文学研究等の分野で、「日本固有の民族宗教」といった説明に還元できない神道の複合的性格をめぐる議論や、宗教・思想・文芸が交錯するその歴史についての研究が活発化している。本書は、かかる新しい神道像を一般読者に向けて開示することを企図している。なるべく分かりやすい記述を心がけ、資料の引用は一部を除き現代語訳にした。先学の諸研究への言及は丸括弧で示し、巻末の参考文献一覧と対応させた。しかし、新書という性格上、ひとつひとつ注記していないところも多い。御寛恕願いたい。

なお、本書は基本的に書き下ろしであるが、内容の一部に、以前書いた拙稿を改稿の上取り込んでいる。その主なものは次の通りである。

- 「祀られる歴史上の人物」（井上順孝編『神社と神々―知れば知るほど』実業之日本社、一九九九年）
- 「唯一神道と吉田兼倶」（『国文学解釈と鑑賞』六〇―一二、一九九五年）
- 「変容する「日本紀」―「中世日本紀」の系譜」（『歴史読本』四四―四、一九九九年）
- 「中世神話論」（大久保良峻・佐藤弘夫・末木文美士・林淳・松尾剛次編『日本仏教34の鍵』春秋社、二〇〇三年）
- 「中世の神仏」（高木昭作・末木文美士編『日本文化研究―神仏習合と神国思想』日本放送出版協会、二〇〇五年）

・「中世における古代神話の継承と変容」(『古代文学』五〇、二〇一一年)

最後に、本書が出来るにあたって、ご尽力下さった編集者の高橋真理子さんと太田和徳さんに感謝申し上げる。そもそも、この企画を提案してくれたのが中公新書編集部にいた高橋さんだった。そのときは「すぐに書けますよ」などと言っておきながら、いたずらに時が過ぎていった。高橋さんはそんな私を我慢強く待って下さり、昨年の後半には、ようやく完成間近というところまで漕ぎ着けた。ところがその段になって、高橋さんは別の部署に移ることになってしまった(どうもごめんなさい)。代りに担当となったのが太田さんで、この後の校正・索引・図版の手配等の作業で本当にお世話になった。おふたりには、心より御礼申し上げます。

二〇一二年三月

著者

増補版　あとがき

拙著『神道とは何か―神と仏の日本史』が刊行されてから既に十二年になる。その間、一年か二年の間隔で版を重ねて、既に第九版にまで来ている。増刷の機会ごとに、気がついた誤記・誤植、事実関係の誤り等を修正してきた。

しかしながら、十年も経つと、単なる字句の直し以上の加筆・修正を必要とする箇所もいくつか目についてきた。その中には、刊行後の早い段階から書き足したく思っていたものや、後になって書き漏らしていたことに気づいたところもある。また、新しい研究が出て、それまでの説明を改めなくてはならないところも出て来た。このように気になるところが増えてきたが、増補改訂を行う機会もなかった。

そうして今年、十刷をという話があった折に、新しい研究の進展を盛り込んだ加筆・修正をしたい旨を申し出たところ、可能であるとの返答を頂いた。ただ、本文自体を大幅に改稿するのは難しいということなので、補注を付して本文内容の修正や追加を行い、併せて補論を付けることにした。

こうして、三十余の補注と補論「神道と天皇」を加えることができた。補注は本文で説明が簡略にすぎた箇所の補足もあるが、多くは初版刊行後の十年余の間に見いだした知見をもとに書き加えたものである。また旧版が、天皇と神道の関係という、多くの人が関心を持つ問題について、正面から取り扱っていないことに気づき補論を立てた。ただし、国学や水戸学さらに近代以後といった、神道がまさに〈天皇教〉になった時期ではなく、その前史ともいうべき中世～江戸前期について専ら解説した。これは、神道と天皇とが多くの点で結びついていなかった中世の状況について述べることで、神道が歴史を通じて天皇と不即不離の関係にあったという通説的理解に修正を求めようとする意図に基く。

さて、筆者は、本書の旧版刊行から今日までの間、専門書一冊（『神道の形成と中世神話』吉川弘文館）、選書二冊（『神道の中世―伊勢神宮・吉田神道・中世日本紀』中央公論新社、『日本像の起源―つくられる〈日本的なるもの〉』KADOKAWA）を上梓し、その他四冊の資料集（『真福寺善本叢刊〈第三期〉神道篇』2・3・別巻1、臨川書店、『寺院文献資料学の新展開第十巻 神道資料の調査と研究Ⅰ　神道灌頂玉水流と西福寺』臨川書店）を編集した。また、吉川弘文館から出した『日本宗教史』全六冊の編者のひとりとなったほか、監修・編著者として『中世神道入門』（勉誠出版）を仲間たちと刊行した。さらに、本来専門とする中世の枠を超えて、斎藤英喜さんと一緒に『神道の近代』（勉誠出版）を編集した（その斎藤さんは去年、突然として逝ってしまわれた）。その他『日本思想史事典』（丸善出版）の編集幹事として、項目選定や執筆にも当たった。これらの作業を通じて、些かなりとも知見が拡まっていることと思う。

筆者の研究・著書以外でも、ここ十年の間に神道、特に中世神道に関する重要な研究書が陸続として刊行されている。主だったものを挙げれば、原克昭『中世日本紀論考—註釈の思想史』(法藏館)、鈴木英之『中世学僧と神道—了誉聖冏の学問と思想』(勉誠出版)、舩田淳一『神仏と儀礼の中世』(法藏館)、小川豊生『中世日本の神話・文字・身体』(森話社)、Anna Andreeva, *Assembling Shinto: Buddhist Approaches to Kami Worship in Medieval Japan* (Harvard University Asia Center)、多田實道『伊勢神宮と仏教—習合と隔離の八百年史』(弘文堂)、星優也『中世神祇講式の文化史』(法藏館)等がある。また、本書でも多くを負っている、阿部泰郎・伊藤正義・岡田莊司・吉田一彦氏の諸論考も、一書にまとめられて、近年刊行されている。

これらによって見いだされた新たな視点・論点を、今回の補注では反映させようと努めた。もちろん、必ずしも十分とは言えないのではあるが、神道研究(就中中世《なかんずく》)が、今現在も生産的・精力的な研究分野として活動している現況を知ってもらいたいのである。

神道に関する一般読者を視野に入れた概論書・解説書は、拙著刊行後も次々と出版されているが、専門研究の成果を踏まえて執筆されているのは、岡田莊司・小林宣彦編『日本神道史〔増補新版〕』(吉川弘文館)、島薗進『教養としての神道—生きのびる神々』(東洋経済新報社)、佐藤弘夫『日本人と神』(講談社)、斎藤英喜『神道・天皇・大嘗祭』(人文書院)くらいである。他の多くは、昔ながらの神道像の再生産や、主観的な神道論に基づくものであって、そこには最新の研究動向はあまり反映されていない。このような現状において、まだまだ本書の役割は残されていると考え、今回増補改訂を加えた新版を刊行するに至った。

本書の刊行に当たっては、旧版の執筆のきっかけを作ってくださった高橋真理子さんをはじめ、太田和徳さん、黒田剛史さん、そして増補版の編集者の吉田亮子さんには本当にお世話になった。ここに心より御礼申し上げます。

二〇二五年一月

伊藤　聡

参考文献

麻生磯次『宣長の古道観』（至文堂、一九四四年）
阿部秋生『河村秀根』（三省堂、一九四二年）
――『吉見幸和』（春陽堂書店、一九四四年）
――「儒家神道と国学」（『日本思想大系39　近世神道論・前期国学』岩波書店、一九七二年）
阿部泰郎「宝珠と王権―中世王権と密教儀礼」（『岩波講座　東洋思想　第一六巻　日本思想2』岩波書店、一九八九年）
――『中世日本の宗教テクスト体系』（名古屋大学出版会、二〇一三年）
――『中世日本の世界像』（名古屋大学出版会、二〇一八年）
――『中世日本の王権神話』（名古屋大学出版会、二〇二〇年）
天野文雄『翁猿楽研究』（和泉書院、一九九五年）
新井大祐「中世後期における吉田家の神社研究と『延喜式』「神名帳」―梵舜自筆『諸神記』を通路として」（伊藤聡編『中世文学と隣接諸学3　中世神話と神祇・神道世界』竹林舎、二〇一一年）
荒木敏夫『日本古代の王権』（敬文舎、二〇一三年）
飯沼賢司『八幡神とはなにか』（角川書店〔角川選書〕、二〇〇四年）
石岡久夫『日本兵法史―兵法学の源流と展開』上巻（雄山閣、一九七二年）
石毛忠「戦国・安土時代の倫理思想―天道思想の展開」（日本思想史研究会編『日本における倫理思想の展開』吉川弘文館、一九六五年）
――「南北朝時代における天の思想―『梅松論』をめぐって」（『日本思想史研究』一、一九六七年）
――「江戸時代初期における天の思想」（『日本思想

史研究』二、一九六八年）
――「『心学五倫書』の成立事情とその思想的特質―『仮名性理』『本佐録』理解の前提として」（『日本思想大系28　藤原惺窩　林羅山』岩波書店、一九七五年）
石田一良「神道と日本文化史―神道着せ替え人形論」（石田『カミと日本文化』ぺりかん社、一九八三年）
――『愚管抄の研究―その成立と思想』（ぺりかん社、二〇〇〇年）
伊勢市教育委員会社会教育課編『伊勢市の文化財』（伊勢市教育委員会、一九八一年）
磯前順一・小倉慈司編『近世朝廷と垂加神道』（ぺりかん社、二〇〇五年）
井手勝美「ハビアンと『妙貞問答』」（『季刊日本思想史』六、一九七八年）
――『キリシタン思想史研究序説―日本人のキリスト教受容』（ぺりかん社、一九九五年）
伊藤聡「吉田斎場所の由緒の偽作について」（『東洋哲学論叢』一、一九九二年）
――「雑書の世界」（『国文学解釈と教材の研究』四六―一〇、二〇〇一年）
――「『頼朝之最期』における弁才天本身顕現譚をめぐって」（『説話論集第一六巻』清文堂出版、二〇〇七年ａ）
――「神仏習合理論の変容―中世から近世へ」（『宗教研究』三五三、二〇〇七年ｂ）
――「食とタブー―特に肉食禁忌をめぐって」（小峯和明ほか編『文学に描かれた日本の「食」のすがた―古代から江戸時代まで』（至文堂、二〇〇八年）
――『中世天照大神信仰の研究』（法藏館、二〇一一年ａ）
――「神道諸流の形成」（伊藤聡編『中世文学と隣接諸学3　中世神話と神祇・神道世界』竹林舎、二〇一一年ｂ）
――「中世神道の形成と無住」（長母寺開山無住和尚七百年遠諱記念論集刊行会編『無住　研究と資料』あるむ、二〇一一年ｃ）
――『神道の成立と中世神話』（吉川弘文館、二〇一六年ａ）
――「神祇信仰史のなかの八幡」（『八幡神の遺宝―南九州の八幡信仰』鹿児島県歴史資料センター黎明館、二〇一六年ｂ）
――「『差上申一札之事』解説」（中山一麿編『神と仏に祈る山―美作の古刹　木山寺社史料のひらく世界』法藏館、二〇一六年ｃ）
――「三輪流神道と天照大神」（『大美和』一三一、二〇一六年ｄ）
――『神道の中世―伊勢神宮・吉田神道・中世日本

紀』（中央公論新社〔中公選書〕、二〇二〇年a）

――「忌部正通『神代巻口訣』と忌部神道」（山下久夫・斎藤英喜編『日本書紀一三〇〇年史を問う』思文閣出版、二〇二〇年b）

――「中世の神仏関係から近世へ―特に神本仏迹説をめぐって」（吉田一彦編『神仏融合の東アジア史』名古屋大学出版会、二〇二一年a）

――『日本像の起源―つくられる〈日本的なるもの〉』（KADOKAWA〔角川選書〕、二〇二一年b）

――「三輪流神道の形成」（伊東貴之編『東アジアの王権と秩序―思想・宗教・儀礼を中心として』汲古書院、二〇二一年c）

――「中近世移行期における吉田神道の意義」（『歴史評論』八六三、二〇二二年）

――「両部神道の形成―鎌倉時代を中心に」（智山勧学会編『鎌倉仏教―密教の視点から』大蔵出版、二〇二二年）

――「中世神道における道教受容―特に鎌倉時代の両部・伊勢神道書について」（土屋昌明編『道教文化と日本―陰陽道・神道・修験道』勉誠社、二〇二五年）

伊藤聡編『寺院文献資料学の新展開　第十巻　神道資料の調査と研究Ⅰ　神道灌頂玉水流と西福寺』（臨川書店、二〇二一年）

伊藤正義「中世日本紀の輪郭―太平記における卜部兼員説をめぐって」（『文学』四〇―一〇、一九七二年）

――『伊藤正義中世文華論集　第四巻　文学史と思想史の間』（和泉書院、二〇二三年）

井上正「神仏習合の精神と造形」（『図説日本の仏教6　神仏習合と修験』新潮社、一九八九年）

井上智勝『近世の神社と朝廷権威』（吉川弘文館、二〇〇七年）

井上寛司『日本の神社と「神道」』（校倉書房、二〇〇六年）

――『「神道」の虚像と実像』（講談社〔講談社現代新書〕、二〇一一年）

井上正望「日本における宗廟観の形成―宇佐宮・香椎廟と伊勢神宮」（『歴史学研究』九六八、二〇一八年）

岩崎武夫「天王寺西門考」（岩崎『続さんせう太夫考』平凡社〔平凡社選書〕、一九七八年）

岩田勝『神楽源流考』（名著出版、一九八三年）

岩本裕『仏教と女性』（第三文明社〔レグルス文庫〕、一九八〇年）

上島享『日本中世社会の形成と王権』（名古屋大学出版会、二〇一〇年）

上野大輔「日本近世仏教の諸問題―宗教社会史の視座よ

り」（『新しい歴史学のために』二七三、二〇〇九年）
海野一隆「『神代巻口訣』は後世の偽作」（海野『東洋地理学史研究　日本篇』清文堂出版、二〇〇五年）
海老沢有道『日本キリシタン史』（塙書房〔塙選書〕、一九六六年）
――「清原枝賢について」（海老沢『地方切支丹の発掘』柏書房、一九七六年）
江見清風「唯一神道論」（江見『神道説苑』明治書院、一九四二年）
遠藤潤『平田国学と近世社会』（ぺりかん社、二〇〇八年）
大江篤『日本古代の神と霊』（臨川書店、二〇〇七年）
大桑斉『日本近世の思想と仏教』（法蔵館、一九八九年）
大貫大樹『竹内式部と宝暦事件』（錦正社、二〇二三年）
大野晋『一語の辞典　神』（三省堂、一九九七年）【新潮社〔新潮文庫〕、二〇〇一年（改題『日本人の神』）、河出書房新社〔河出文庫〕、二〇一三年】
岡直己『神像彫刻の研究』（角川書店、一九六六年）
岡田章雄『キリシタン・バテレン』（至文堂〔日本歴史新書〕、一九五五年）
岡田荘司「中世初期神道思想の形成―『中臣祓訓解』・『記解』を中心に」（『日本思想史学』一〇、一九七八年）
――「『伊勢宝基本記』の成立―度会神道成立の一齣」（『神道史研究』二八―四、一九八〇年）
――「近世神道の序幕―吉田家の葬礼を通路として」（『神道宗教』一〇九、一九八二年）
――「両部神道の成立期」（安津素彦博士古稀祝賀会編『神道思想史研究』同会、一九八三年）
――「度会行忠自筆『御鎮座伝記』（大田命訓伝の発見」（『神道宗教』二〇二、二〇〇六年）
――「吉田兼倶と吉田神道・斎場所」（『国立歴史民俗博物館研究報告』一五七、二〇一〇年）
岡田精司『神社の古代史』（大阪書籍、一九八五年）
小川剛生「卜部兼好伝批判―「兼好法師」から「吉田兼好」へ」（『国語国文学研究』四九、二〇一四年）
――『兼好法師―徒然草に記されなかった真実』（中央公論新社〔中公新書〕、二〇一七年）
小川豊生『中世日本の神話・文字・身体』（森話社、二〇一四年）
荻原千鶴「近世の日本神話研究」（荻原『日本古代の神話と文学』塙書房、一九九八年）
小原仁「摂関・院政期における本朝意識の構造」（佐伯有清編『日本古代中世史論考』吉川弘文館、一九八七年）
オームス、ヘルマン『徳川イデオロギー』（ぺりかん社、

一九九一年）
小山憙子「キリシタン宗門と吉田神道の接点―「天道」という語をめぐって」（『キリシタン研究』八、一九八〇年）
折口信夫『古代研究』民俗学篇第二冊（大岡山書店、一九三〇年）→『折口信夫全集』第三巻
鏡島寛之「神仏関係における法性神の問題」（『宗教研究』三―三、一九四一年）
景山春樹『神道美術』（雄山閣出版、一九七三年）
――『神像―神々の心と形』（法政大学出版局、一九七八年）
數江教一『日本の末法思想』（弘文堂、一九六一年）
上川通夫「中世の即位儀礼と仏教」（『日本中世仏教形成史論』校倉書房、二〇〇七年）初出、一九八七年
神田千里「戦国日本の宗教に関する一考察」（『東洋大学文学部紀要』六一〔史学科篇・三三〕二〇〇八年）
――『宗教で読む戦国時代』（講談社〔講談社選書メチエ〕、二〇一〇年a）
――「中近世日本の在来宗教とキリスト教」（深沢克己編『ユーラシア諸宗教の関係史論―他者の受容、他者の排除』勉誠出版、二〇一〇年b）
岸野久『ザビエルと日本―キリシタン開教期の研究』（吉川弘文館、一九九八年）
木南卓一編『雲伝神道研究』（三密堂書店、一九八八年）
木下智雄「日光院英仙が相伝した唯一神道の聖教について」（『印度学仏教学研究』六七―二、二〇一九年）
――「日光院英仙の唯一神道相承譚―「吉川惟則」をめぐって」（『仏教文学』四六、二〇二一年）
金光哲「神功皇后の兵法書『張良一巻書』」（『東アジア研究』七、一九九四年）
――『中近世における朝鮮観の創出』（校倉書房、一九九九年）
木村悠之介「久米邦武筆禍事件と「国家神道」再々考―帝国憲法制定直後における「宗廟」と「宗教」をめぐって」（『史学雑誌』一三三―七、二〇二四年）
清原貞雄『国学発達史』（国書刊行会、一九八一年〔一九二七年刊本（六文館）の複製〕）
櫛田良洪『真言密教成立過程の研究』（山喜房仏書林、一九六四年）
――『続真言密教成立過程の研究』（山喜房仏書林、一九七九年）
久保田収『中世神道の研究』（神道史学会、一九五九年）
――「中世における神功皇后観」（神功皇后論文集刊行会編『神功皇后』皇學館大學出版部、一

九七二年）
――『神道史の研究』（皇學館大學出版部、一九七三年）
――『神道史の研究　遺芳編』（皇學館大學出版部、二〇〇六年）
倉田信靖「羅山・闇斎・藤樹学における排仏容神論の思想史的研究」（『東洋研究』四六、一九七七年）
栗田直躬『中国上代思想の研究』（岩波書店、一九四九年）
黒田智『中世肖像の文化史』（ぺりかん社、二〇〇七年）
黒田俊雄「中世宗教史における神道の位置」（『日本中世の社会と宗教』岩波書店、一九九〇年）
黒田日出男『龍の棲む日本』（岩波書店〔岩波新書〕、二〇〇三年）
甲田利雄「四角祭考」（『史学文学』五―三、一九六八年）
神野志隆光『古事記と日本書紀―「天皇神話」の歴史』（講談社〔講談社現代新書〕、一九九九年）
――『「日本」とは何か―国号の意味と歴史』（講談社〔講談社現代新書〕、二〇〇五年）
――『複数の「古代」』（講談社〔講談社現代新書〕、二〇〇七年）
――『変奏される日本書紀』（東京大学出版会、二〇〇九年）
――『古代天皇神話論』（若草書房、一九九九年）
河野省三『旧事大成経に関する研究』（芸苑社、一九五二年）
――『近世神道教化の研究』（宗教研究室、一九五五年）
小坂眞二「禊祓儀礼と陰陽道―儀礼次第成立過程を中心として」（『早稲田大学大学院文学研究科紀要』別冊三、一九七六年）
――「九世紀段階の怪異変質にみる陰陽道成立の一側面」（竹内理三編『古代天皇制と社会構造』校倉書房、一九八〇年）
――「陰陽道の成立と展開」（雄山閣出版編『古代史研究の最前線第四巻　文化編下』雄山閣出版、一九八七年）
小島鉦作『伊勢神宮史の研究　小島鉦作著作集第二巻』（吉川弘文館、一九八五年）
小林健三『日本神道史の研究』（至文堂、一九三四年）
――『垂加神道の研究』（至文堂、一九四〇年）
小松和彦『神になった人びと―日本人にとって「靖国の神」とは何か』（光文社〔知恵の森文庫〕、二〇〇六年）
小峯和明『『野馬台詩』の謎―歴史叙述としての未来記』（岩波書店、二〇〇三年）
――『中世日本の予言書―〈未来記〉を読む』（岩波書店〔岩波新書〕、二〇〇七年）

子安宣邦『宣長と篤胤の世界』（中央公論社〔中公叢書〕、一九七七年）
――『本居宣長』（岩波書店〔岩波新書〕、一九九二）【岩波書店〔岩波現代文庫〕、二〇〇一年】
――『「宣長問題」とは何か』（青土社、一九九五年）【筑摩書房〔ちくま学芸文庫〕、二〇〇〇年】
――『平田篤胤の世界』（ぺりかん社、二〇〇九年）
小山聡子『鬼と日本人の歴史』（筑摩書房〔ちくまプリマー新書〕、二〇二三年）
西郷信綱『国学の批判』（未来社、一九六五年）
斎藤英喜『読み替えられた日本神話』（講談社〔講談社現代新書〕、二〇〇六年）
――『陰陽道の神々』（思文閣出版、二〇〇七年）
阪本是丸『国家神道形成過程の研究』（岩波書店、一九九四年）
坂本賞三『藤原頼通の時代―摂関政治から院政へ』（平凡社、一九九一年）
向村九音『創られた由緒―近世大和国諸社と在地神道家』（勉誠出版、二〇二一年）
佐々木馨「神国思想の中世的展開」（佐々木『中世仏教と鎌倉幕府』吉川弘文館、一九九八年）
佐々木令信「三国仏教史観と粟散辺土」（黒田俊雄編『大系仏教と日本人2　国家と天皇―天皇制イデオロギーとしての仏教』春秋社、一九八七年）
佐藤弘夫『神・仏・王権の中世』（法蔵館、一九九八年）
――『アマテラスの変貌―中世神仏交渉史の視座』（法蔵館、二〇〇〇年）
――『神国日本』（筑摩書房〔ちくま新書〕、二〇〇六年）
佐藤眞人「平安時代宮廷の神仏隔離」（二十二社研究会編『平安時代の神社と祭祀』国書刊行会、一九八六年）
下出積與『日本神祇と道教』（吉川弘文館、一九七二年）
新川登亀男『聖徳太子の歴史学―記憶と創造の一四〇〇年』（講談社〔講談社選書メチエ〕、二〇〇七年）
末木文美士『日本仏教思想史論考』（大蔵出版、一九九三年）
――『日本宗教史』（岩波書店〔岩波新書〕、二〇〇六年）
――『中世の神と仏』（山川出版社、二〇〇三年）
――『近世の仏教―華ひらく思想と文化』（吉川弘文館、二〇一〇年）
菅野扶美「乙護法試論―歌謡の場としての宗教周縁部」（中世歌謡研究会編『新間進一先生古稀記念梁塵』桜楓社、一九八七年）
菅原信海『山王神道の研究』（春秋社、一九九二年）

――『日本思想と神仏習合』春秋社、一九九六年
鈴木耕太郎『牛頭天王信仰の中世』（法藏館、二〇一九年）
鈴木泰山『禅宗の地方発展』（畝傍書房、一九四二年）【吉川弘文館、一九八三年】
鈴木英之『中世学僧と神道―了誉聖冏の学問と思想』（勉誠出版、二〇一二年）
曽根原理『神君家康の誕生―東照宮と権現様』（吉川弘文館、二〇〇八年）
平重道『吉川神道の基礎的研究』（吉川弘文館、一九六六年）
――「近世の神道思想」（『日本思想大系39　近世神道論・前期国学』岩波書店、一九七二年）
高木豊『鎌倉仏教史研究』（岩波書店、一九八二年）
――『仏教史のなかの女人』（平凡社〔平凡社選書〕、一九八八年）
高島元洋『山崎闇斎―日本朱子学と垂加神道』（ぺりかん社、一九九二年）
高取正男『神道の成立』（平凡社、一九七九年）【平凡社〔平凡社ライブラリー〕、一九九三年】
――「排仏意識の原点」（高取『民間信仰史の研究』（法藏館、一九八二年）
高橋美由紀『伊勢神道の成立と展開』（大明堂、一九九四年）【（増補版）ぺりかん社、二〇一〇年】
高橋悠介『禅竹能楽論の世界』（慶應義塾大学出版会、二〇一四年）
滝川政次郎「八十嶋祭と陰陽道」（『國學院雑誌』六七―一～三、一九六六年）
田中貴子『聖なる女―斎宮・女神・中将姫』（人文書院、一九九六年）
田中久夫「安土桃山時代における天道の思想」（『歴史地理』八一―四、一九四二年）
田村円澄「神仏関係の一考察」（『史林』三七―二、一九五四年）
谷省吾『垂加神道の成立と展開』（国書刊行会、二〇〇一年）
谷川健一『魔の系譜』（紀伊國屋書店、一九七一年）【講談社〔講談社学術文庫〕、一九八四年】
谷口耕生「栄西の入宋と東大寺復興」（東アジア美術文化交流研究会編『寧波の美術と海域交流』中国書店、二〇〇九年）
圭室文雄『江戸幕府の宗教統制』（評論社、一九七一年）
――『神仏分離』（教育社〔歴史新書〕、一九七七年）
塚本明「神功皇后伝説と近世日本の朝鮮観」（『史林』七九―六、一九九六年）
辻善之助「本地垂迹説の起源について」（辻『日本仏教史之研究』金港堂書籍、一九四二年）
――『明治仏教史の問題』（立文書院、一九四九年）
逵日出典『八幡神と神仏習合』（講談社〔講談社現代新

書〕、二〇〇七年）
津田左右吉『日本の神道』（岩波書店、一九四九年）→『津田左右吉全集』第九巻
――『日本古典の研究』下（岩波書店、一九五〇年）→『津田左右吉全集』第二巻
――『シナ仏教の研究』（岩波書店、一九五七年）→『津田左右吉全集』第十九巻
津田博幸『生成する古代文学』（森話社、二〇一四年）
土田健次郎『江戸の朱子学』（筑摩書房〔筑摩選書〕、二〇一四年）
テーウェン、マーク「神祇、神道（ジンドウ）、そして神道―〈神道〉の概念史をさぐる」（彌永信美訳、『文学』九―二、二〇〇八年）
寺崎保弘『長屋王』（吉川弘文館、一九九九年）
所功「『寛平御遺誡』の復原」（所『平安朝儀式書成立史の研究』国書刊行会、一九八五年）
直木孝次郎「森と社と宮」（直木『古代史の窓』学生社、一九八二年）
中野幡能『八幡信仰史の研究（増補版）』（吉川弘文館、一九七六年）
――『八幡信仰』（塙書房〔塙新書〕、一九八五年）
中村生雄『日本の神と王権』（法藏館、一九九四年）
成沢光「〈辺土小国〉の日本―中世的世界像の一側面について」（成沢『政治のことば―意味の歴史をめぐって』平凡社〔平凡社選書〕、一九八四年）
西田長男「天理図書館蔵吉田文庫本妙貞問答」（『ビブリア』五七、一九七四年）
――「本地垂迹説の成立とその展開」（西田『日本神道史研究』第四巻、講談社、一九七八年a）
――「明治維新政府の宗教改革」（同前、第七巻、講談社、一九七八年b）
西山克「豊臣「始祖」神話の風景」（『思想』八二九、一九九三年）
――「中央王権と鳴動」（今谷明編『王権と神祇』思文閣出版、二〇〇二年）
――「物言う墓」（東アジア恠異学会編『怪異学の技法』臨川書店、二〇〇三年）
野上潤一「吉田神道と『古今和歌集』註釈一斑」（『仏教文学』四四、二〇一九年）
野崎守英『本居宣長の世界』（塙書房〔塙新書〕、一九七二年）
芳賀幸四郎『中世禅林の学問および文学に関する研究』（日本学術振興会、一九五六年）
羽賀祥二『明治維新と宗教』（筑摩書房、一九九四年）
萩原龍夫『中世祭祀組織の研究』（吉川弘文館、一九六二年）
――『神々と村落』（弘文堂、一九七八年）
萩原龍夫編『伊勢信仰I』（雄山閣出版、一九八五年）

朴鴻圭『山崎闇斎の政治理念』（東京大学出版会、二〇〇二年）
長谷部将司「日本紀講書と受容―八世紀における日本書紀の普及について」（遠藤慶太ほか編『日本書紀の誕生―編纂と受容の歴史』八木書店、二〇一八年）
葉貫磨哉『中世禅林成立史の研究』（吉川弘文館、一九九三年）
馬部隆弘『椿井文書―日本最大級の偽文書』（中央公論新社〔中公新書〕、二〇二〇年）
林兼明『神に関する古語の研究』（冨山房、二〇〇〇年）
原克昭『中世日本紀論考―註釈の思想史』（法藏館、二〇一二年）
原田正俊『日本中世の禅宗と社会』（吉川弘文館、一九九八年）
東より子『宣長神学の構造―仮構された「神代」』（ぺりかん社、一九九九年）
樋口浩造『「江戸」の批判的系譜学―ナショナリズムの思想史』（ぺりかん社、二〇〇九年）
肥後和男「林羅山の神道思想」（肥後『近世思想史研究』ふたら書房、一九四三年）
平野豊雄「国学思想論」（本郷隆盛・深谷克己編『講座日本近世史9　近世思想論』有斐閣、一九八一年）
福永光司『道教思想史研究』（岩波書店、一九八七年）
――「鬼道と神道―中国古代の宗教思想と日本古代」（源了圓・楊曽文編『日中文化交流史叢書4　宗教』大修館書店、一九九六年）
福間光超「近世初期儒家の排仏論―とくに藤原惺窩と林羅山を中心として」（『龍谷史壇』六六・六七、一九七三年）
藤井学「日蓮と神祇」（藤井『法華文化の展開』（法藏館、二〇〇二年）
古田紹欽『日本仏教思想史』（角川書店〔角川選書〕、一九七一年）
北條勝貴「祟・病・仏神―『日本書紀』崇仏論争と『法苑珠林』」（あたらしい古代史の会編『王権と信仰の古代史』吉川弘文館、二〇〇五年）
――「〈神身離脱〉の内的世界―救済論としての神仏習合」（『上代文学』一〇四、二〇一〇年）
星野良作『研究史　壬申の乱（増補版）』（吉川弘文館、一九七八年）
穂積陳重『実名敬避俗研究』（刀江書院、一九二六年）【講談社〔講談社学術文庫〕、一九九二年（改題『忌み名の研究』）】
堀一郎「日本文化の潜在意志としての神道―ベラ教授とエリオットの所見をめぐって」（堀『聖と俗の葛藤』平凡社、一九七五年）
前田勉『近世神道と国学』（ぺりかん社、二〇〇二年）
牧野和夫『日本中世の説話・書物のネットワーク』（和

泉書院、二〇〇九年）
増尾伸一郎「『地神経』と〈五郎王子譚〉の伝播―地神盲神の語り物と土公神祭文・五行神楽の古層」（『日本文学』四七―七、一九九八年）
間瀬久美子『近世朝廷の権威と寺社・民衆』（吉川弘文館、二〇二二年）
松村武雄『日本神話の研究第四巻　綜合研究篇』（培風館、一九五八年）
松本郁代『中世王権と即位灌頂―聖教のなかの歴史叙述』（森話社、二〇〇五年）
――『天皇の即位儀礼と神仏』（吉川弘文館、二〇一七年）
松本三之介「国学の成立」（『岩波講座日本史　第十二巻近世四』岩波書店、一九六三年）
丸山真男『日本政治思想史研究』（東京大学出版会、一九五二年）
――「歴史意識の「古層」」（丸山編『日本の思想6　歴史思想集』筑摩書房、一九七二年）→丸山『忠誠と反逆』（筑摩書房、一九九二年）【筑摩書房〔ちくま学芸文庫〕、一九九八年】
三崎良周『密教と神祇思想』（創文社、一九九二年）
水上文義『台密思想形成の研究』（春秋社、二〇〇八年）
水口幹記「奈良時代の『日本書紀』講書―養老講書をめぐって」（水口『古代日本と中国文化―受容と選択』塙書房、二〇一四年）
水谷類「国司神拝の歴史的意義」（『日本歴史』四二七、一九八三年）
溝口睦子「記紀神話解釈の一つのこころみ」（『文学』四一（10）（12）四二（2）（4）、一九七三～七四年）
宮崎英修『日蓮宗の守護神―鬼子母神と大黒天』（平楽寺書店、一九五八年）
宮地直一『神祇史大系』（明治書院、一九四一年）
三輪正胤『歌学秘伝の研究』（風間書房、一九九四年）
村井章介『アジアのなかの中世日本』（校倉書房、一九八八年）
――「王土王民思想と九世紀の転換」（『思想』八四七、一九九五年）
村尾次郎「呉太伯説研究―北畠親房卿と中巌円月」（『建武』五―五、一九四〇年）
村岡典嗣『本居宣長』（岩波書店、一九二八年）
――『宣長と篤胤』（創文社、一九五七年）
村上重良『国家神道』（岩波書店〔岩波新書〕、一九七〇年）
――『慰霊と招魂―靖国の思想』岩波書店〔岩波新書〕、一九七四年）
村山修一『神仏習合思潮』（平楽寺書店、一九五七年）
――『本地垂迹』（吉川弘文館、一九七四年）
――『陰陽道史総説』（塙書房、一九八一年）
――『天神御霊信仰』（塙書房、一九九六年）

百川敬仁『内なる宣長』(東京大学出版会、一九八七年)
森正人『古代心性表現の研究』(岩波書店、二〇一九年)
安井良三「物部氏と仏教」(『日本書紀研究』三、塙書房、一九六八年)
安丸良夫『神々の明治維新―神仏分離と廃仏毀釈』(岩波書店〔岩波新書〕、一九七九年)
――「近代転換期における宗教と国家」(安丸『文明化の経験―近代転換期の日本』岩波書店、二〇〇七年)
柳田国男「人を神に祀る風習」(『民族』二―一、一九二六年)→『柳田国男全集』第九巻(筑摩書房〔ちくま文庫〕)
――『先祖の話』(筑摩書房、一九四六年)→『柳田国男全集』第九巻〔ちくま文庫〕
山折哲雄「古代における神と仏」(山折『神と翁の民俗学』講談社〔講談社学術文庫〕一九九一年)
――「日本の神」(山折編『日本の神1　神の始源』(平凡社、一九九五年)
山口建治「オニ(於邇)の由来と『儺』」(『文学』二〇〇一年十一―十二号、岩波書店)
――「瘟神の形成と日本におけるその波紋　―オニ(鬼)の発生と怨霊・御霊」(『年報　非文字資料研究』九、二〇一三年)
山下克明『陰陽道の発見』(NHK出版〔NHKブックス〕、二〇一〇年)
山下久夫『本居宣長と「自然」』(沖積舎、一九八八年)
山田雄司『崇徳院怨霊の研究』(思文閣出版、二〇〇一年)
――『跋扈する怨霊―祟りと鎮魂の日本史』(吉川弘文館、二〇〇七年)
山本ひろ子『変成譜―中世神仏習合の世界』(春秋社、一九九三年)【講談社〔講談社学術文庫〕、二〇一八年】
――『異神―中世日本の秘教的世界』(平凡社、一九九八年)【(改訂新版)戎光祥出版、二〇二四年】
――『中世神話』(岩波書店〔岩波新書〕、一九九八年)
山本陽子『絵巻における神と天皇の表現―見えぬように描く』(中央公論美術出版、二〇〇六年)
義江彰夫『神仏習合』(岩波書店〔岩波新書〕、一九九六年)
義江明子「古代における「私」の成立―「私氏神」をめぐって」(義江『日本古代の氏の構造』吉川弘文館、一九八六年)
吉田一彦「多度神宮寺と神仏習合」(梅村喬編『伊勢湾と古代の東海―古代王権と交流』名著出版、一九九六年)、
――『古代仏教をよみなおす』(吉川弘文館、二〇〇六年a)

――「垂迹思想の受容と展開―本地垂迹説の成立過程」（速水侑編『日本社会における仏と神』吉川弘文館、二〇〇六年b）
――『神仏融合史の研究』（名古屋大学出版会、二〇二四年）
吉田一彦編『神仏融合の東アジア史』（名古屋大学出版会、二〇二一年）
吉原浩人「八幡神に対する「宗廟」の呼称をめぐって―大江匡房の活動を中心に」（『東洋の思想と宗教』一〇、一九九三年）
米原正義『戦国武士と文藝の研究』（桜楓社、一九七六年）
脇田晴子『天皇と中世文化』（吉川弘文館、二〇〇三年）
和田萃「古代の祭祀と政治」（岸俊男編『日本の古代7 まつりごとの展開』中央公論社、一九八六年）
――「日本の神々」（和田『日本古代の儀礼と祭祀・信仰』下、塙書房、一九九五年）
和田大円『雲伝神道』（雲伝神道講伝会、一九二六年）
渡辺浩『東アジアの王権と思想』（東京大学出版会、一九九七年）【増補新装版、二〇一六年】

ナ 行

ハ 行

【書名】

タ 行

ナ 行

ハ 行

索　引

【人名】

ア　行

カ　行

伊藤 聡（いとう・さとし）

1961年岐阜県生まれ．早稲田大学大学院文学研究科博士課程満期退学（東洋哲学）．博士（文学）．國學院大學日本文化研究所兼任講師，早稲田大学非常勤講師などを経て，現在，茨城大学人文社会科学部教授．専門は日本思想史．

著書『中世天照大神信仰の研究』（法藏館，2011／第34回角川源義賞）
『神道の形成と中世神話』（吉川弘文館，2016）
『神道の中世─伊勢神宮・吉田神道・中世日本紀』（中央公論新社，2020）
『日本像の起源─つくられる〈日本的なるもの〉』（KADOKAWA，2021）
編著『中世神話と神祇・神話世界』（竹林舎，2011）
真福寺善本叢刊〈第三期〉神道篇・第二巻『麗気記』（臨川書店，2019）
同　第四巻『御流神道』（臨川書店，2021）
日本宗教史３『宗教の融合と分離・衝突』（共編，吉川弘文館，2020）
日本宗教史５『日本宗教の信仰世界』（共編，吉川弘文館，2020）

神道《しんとう》とは何《なに》か　増補版《ぞうほばん》
中公新書 *2845*

2012年４月25日初版
2021年12月25日９版
2025年２月25日増補版発行

著　者　伊藤　聡
発行者　安部順一

本文印刷　三晃印刷
カバー印刷　大熊整美堂
製　　本　小泉製本

発行所　中央公論新社
〒100-8152
東京都千代田区大手町 1-7-1
電話　販売 03-5299-1730
　　　編集 03-5299-1830
URL http://www.chuko.co.jp/

Published by CHUOKORON-SHINSHA，INC.
Printed in Japan　ISBN978-4-12-102845-7 C1214